經營顧問叢書⑳

有趣的生活經濟學

沃夫特・凱頓　編著

憲業企管顧問有限公司　　發行

《有趣的生活經濟學》

序　言

這是一本針對社會大眾人士所撰寫的「經濟學」現象。

　　在大多數人眼中，經濟學顯得沉悶乏味，因為它的內容枯燥令人望而生畏。即使是最基礎的經濟學教科書，也充斥著定理、模型和統計資料，於是經濟學這門本應當經世致用、服務大眾的學問漸漸遠離了我們的生活。

　　經濟學到底是什麼？難道經濟學只能成為少數經濟學者在課堂上的欣賞品？

　　很多人認為，經濟學不過是經濟學家們的經濟學，與我們普通老百姓有何關係呢？晦澀難懂的經濟學如同「空中樓閣」，既看不懂也用不上，於是便產生了很多笑話用來諷刺經濟學家，以此來挪揄經濟學的華而不實。

　　問：要多少個經濟學家才能把一個壞燈泡換掉？

　　答：八個人。一個人負責把燈泡換上，剩下的七個人負責保持所有其他條件不變。

問：要多少個芝加哥學派的經濟學家才能把一個壞燈泡換掉？

答：一個也不用。要是燈泡壞了，萬能的自由市場機制自然會把它換掉，如果市場沒有更換，那就說明沒有換燈泡的需求，就不必去更換。

問：要多少個新古典學派的經濟學家才能把一個壞燈泡換掉？

答：那就要看當時的工資水準和物價指數如何了。

問：要多少個凱恩斯學派的經濟學家才能把一個壞燈泡換掉？

答：越多越好。因為這樣可增加就業、刺激消費，經濟就這樣發展起來了。

問：如果我們派1000個經濟學家去換燈泡，他們多久能換好？

答：永遠也換不好。這1000個經濟學家會先分成10個派別，每個派別會分別擁戴一個自己的精神領袖，然後眾多派別開始口水大戰，紛紛尋找對自己有利對他人不利的證據，然後報紙、雜誌和電視臺也陸續加入戰鬥，最後還是沒人去換燈泡。

這個故事嘲諷經濟學派別林立，只是不能解決社會經濟問題的「上層建築」。實際上，這樣評價對經濟學來說確實有失偏頗，經濟學之所以成為一門科學，必有其可取之處。驀然回首之時，我們會發現經濟學原來就在我們身邊，我們的一舉一動幾乎都與經濟學有著千絲萬縷的聯繫。例如，商品價格起伏漲跌，口袋裏的鈔票價值增減，是買房還是炒股⋯⋯每一件小事

背後其實都有一定的經濟規律和法則可循，我們的生活已經離不開經濟學。用經濟學原理來反觀我們的生活，其實我們就是生活在一個經濟學樂園裏，人生時時皆經濟，生活處處皆經濟。

本書以經濟學故事或趣聞來引領讀者熟悉經濟學概念，以通俗化語言解釋經濟學現象，進一步開拓你的經濟學視野。

經濟學這個概念看似深奧，但它就在你身邊。其實你每天都在不自覺地運用經濟學打點你生活的方方面面。

本書的特色就是將一些基本的經濟學概念融入日常生活的所見所聞以及各種有趣的故事當中，尤其是身邊的、貼近生活的故事中，通過一個個活潑生動的故事，來解釋生活中的常見經濟現象，以此引導讀者去領略經濟學的魅力與智慧。

本書在內容上不拘泥於教科書或課本，不是簡單羅列經濟學的各種概念，而是用說事的方式解讀經濟學的一些基礎知識點，把故事說明白，使讀者能夠讀進去，而且覺得有收穫。書中的大部份例子其實也都是身邊的故事，有些包含了歷史典故，而我們所做的就是從經濟學的視角出發，以通俗易懂的語言和方式向讀者講述這些故事。

書中巧妙地點出經濟學知識，通俗易懂，即使你此前從未接觸過經濟學，也能夠輕鬆讀懂。

本書本著普及經濟學常識之目的，盡可能地把理論講得通俗易懂，希望能讓大家更深刻地體會經濟生活，無論是誰，都可以從本書中獲得收益。

本書將為改變你的經濟生活而盡微薄之力。

2010 年 7 月

《有趣的生活經濟學》

目　錄

1

修築長城的經濟學

匈奴遠遁大漠，凱旋的秦軍卻轉攻為守，修築長城。究竟是什麼導致了秦始皇停止進攻，反而耗盡全國的財力、人力去修築長城呢？

西元前 215 年，黃河之濱，秦朝大將蒙恬率領以步兵為主的秦軍與匈奴騎兵展開了一場生死之戰，一舉收復河套地區。匈奴望風而逃，遠遁大漠。然而凱旋的秦軍得到的命令卻不是再接再厲，而是轉攻為守，修築長城。究竟是什麼導致了秦始皇停止進攻，反而耗盡全國的財力、人力去修築長城呢？

試著像經濟學家一樣，從成本和收益的角度出發去分析一下這個問題。

首先，要把很少騎馬的農夫轉變為強大的騎兵，不僅要花費大量的時間、金錢，同時因為農民當了兵不能從事農耕，還要蒙受生產上的損失。況且有了強大的軍隊，要送他們到草原深處作戰，糧草軍餉的運輸和損耗也是一筆很可怕的開銷，當時運到北方前線 1 石糧食，運糧的人在途中就得吃掉 192 石。

相反，遊牧民從小到大在馬鞍上度過一生，平時用來照料

畜群和狩獵上的精力，戰爭時可以立即用來摧毀敵人。他們把人員和財富轉向軍事的成本是很低的，他們甚至可以邊放牧邊打仗，完全沒有後勤供給的問題。

從收益上講，農耕民族佔領了草原，幾乎得不到什麼好處，那裏土地貧瘠，種不了糧食，部落遊牧，收稅你都找不著人。而騎馬的遊牧民族來去如風，掠奪農耕民族積累的財富卻輕而易舉，收益驚人。

成本低，收益高，遊牧民族怎麼會不熱愛戰爭呢？而他們的農民鄰居可就倒了黴了，打贏了也要被高昂的戰爭成本拖垮。漢武帝曾經在對匈奴的戰爭中取得了輝煌的勝利，可是也大大削弱了自己的經濟實力，導致了漢朝的衰落。明成祖五出漠北，苦戰多年，戰果累累，但人力物力同樣耗費巨大，內外俱疲。

要想讓雙方的戰爭成本我消彼長，一個行之有效的辦法就是修築長城。有了長城，流動的戰場將會變為固定的戰線。騎馬的草原部落再也不能來了就搶，搶了就跑，很可能什麼都沒搶到就在城牆上撞個頭破血流。而對於農耕民族來講，因為不用訓練那麼多的軍隊（尤其是騎兵），訓練成本得以降低，又因為有固定的根據地，熟悉農活的士兵們完全可以就地屯墾，後勤的負擔也小多了。因此，秦始皇修建長城的意義就在於，大大提高了遊牧民族的戰爭成本，降低了收益，同時又降低了農耕民族的戰爭成本。

明朝成化年間，韃靼部落常常進犯陝北、甘肅一帶，朝廷裏曾經為究竟是大軍征討以示天威，還是就地修築長城防守了

事而激烈爭論。大臣們算了一筆賬，長城修築費用不過花費 5 萬勞工兩個月時間，最多價值 102 萬兩銀子；而 8 萬大軍征討河套，每年價值 154 萬兩白銀的糧草，加上 825 萬銀兩的運費，總計 979 萬兩白銀，成化皇帝明智地選擇了修長城。

好處還不止這些。有了長城，軍人們就可以在邊牆內屯墾種地，每年得糧 6 萬多石，而當時要運這麼多糧到前線，起碼要花掉 14 萬兩銀子。即使減去士兵們的勞務費，長城也至少為明朝省下了 12.6 萬兩銀子，年投資報酬率為 12.36%。

長城對於小規模的騷擾，基本可以有效對付；對於大規模的進襲，則至少可以遲滯敵方的行進速度。敵人不敢輕易進犯，明朝常規的邊防費用也日益節省，估計每年可以節省國庫銀近百萬兩，可以看做投資收益為 120%。考慮到長城修好以後，原來設想的 8 萬大軍就可以回家，979 萬兩銀子的額外負擔也解除了，在這個項目上，造價 102 萬兩的長城一年因節省取得的投資收益高達 1042%。顯然修築長城在財政上非常划算，比大軍征討便宜得多。

不過除了修長城之外，還有沒有更好的辦法呢？

現代著名經濟學家科斯曾經講過一個「農夫與牧牛人」的故事。一個農夫有個牧牛人做鄰居，莊稼總是被牛啃吃。遇到這種情況，我們腦子裏蹦出來的第一個想法肯定是農夫應該把牧牛人告到法院去，要求賠償全部損失。可是不要忘了，打官司是要花大量的錢和時間的，很可能最後拿到的賠償還不如付出的多。所以，善良的農夫也許不會去告狀，而是考慮在農田和牧場之間築起一道籬笆。不過修築籬笆需要買木料和釘子，

至少也得哼哧哼哧地花上幾天時間。還有沒有更省事的法子呢？有，農夫可以直接付點錢給牧牛人讓他管住自己的牛，這筆錢可能比築籬笆的費用還低。

故事聽起來似乎很不公平，農夫憑什麼給牧牛人錢？可事實上，這種辦法對雙方最為有利。牧牛人不希望把農夫欺負得太厲害，因為人家告上法庭去自己會受罰，人家築起籬笆自己也沒有任何收益，答應農夫管住自己的牛倒是可以得到一筆錢。而對農夫來說，不管是法院的訴訟費、築籬笆的材料費，還是收買牧牛人的錢，都是在與牧牛人打交道過程中產生的費用，經濟學上可以稱之為交易費用。只要能夠降低這筆交易費用，採取什麼方式是無所謂的。

中國古代農耕民族與遊牧民族的故事也可以這樣解釋。像漢武帝、明成祖那樣大規模地討伐草原民族，就好比是農夫把牧牛人告上了法庭，花費很多，卻未必能彌補自己的損失。歷朝歷代修長城就好比是農夫築了一道籬笆，比打官司划算得多，可並不是最省錢的。如果把修長城的錢省下來，拿出一部份付給遊牧民族，或者是與他們開展邊境貿易，除了在感情上覺得屈辱之外，其實卻是最為經濟、有效的。

其實，更樂於採用這種辦法的恰恰不是中原的受害者，而是北邊的劫掠者。蒙古的俺答汗曾經向明朝政府表示，他們南下劫掠，無非是想得到錦帛、茶葉等物，可是動手去搶的話，恰恰難以得到這些細軟，只能搶到人口和牲畜，偏偏他們那裏並不缺少人口和牲畜。而且，儘管在武力上佔據優勢，但出動軍馬也所耗不菲，況且還要和明軍打仗，死傷人員。算來算去，

怎麼也不如雙方互市來得划算，所以，他們誠懇希望和明朝發展邊境貿易。

1570年，雙方達成協議，正式實現了和平和雙邊貿易。從此邊境休養生息，數千里地區的軍民安居樂業，軍費節省了70%。這只是直接收益，間接的收益可以說是無法計算的。雙邊貿易不但避免了由於戰爭造成的經濟損失，而且邊境一帶由於處於農牧區的分界線，戰爭的受害者們一下子變成了貿易的受益者。著名的「晉商」就是從那時開始逐步奠定了發展的基礎。

到了清朝的時候，這種賄賂遊牧民族的方法被發揚光大。清朝皇帝冊封了大量蒙古王爺，並與蒙古貴族聯姻。這些王爺和貴族有草場領地的收入外，還享受優厚的朝廷俸祿和皇帝賞賜，這無異於一種滿蒙聯盟中的「內部交易」：農夫給牧民一筆錢，牧民保證不讓牛踐踏農田。整個清代，人們再也沒有修築過長城。

用經濟學的方法分析古代歷史，你會發現很多我們不明就裏的事情原來都包藏著古人的智慧。他們具有絲毫不亞於今人的理性，懂得用最有效的方法解決問題。

2

為何由儉入奢易，由奢入儉難

中國歷史上的商朝，紂王登位之初，天下人都認為在這位精明的國君的治理下，商朝的江山一定會堅如磐石。有一天，紂王使用象牙做了一雙筷子，十分高興地用這雙象牙筷子就餐。他的叔父箕子見了，勸他收藏起來，而紂王卻滿不在乎，滿朝文武大臣也不以為然，認為這本來是一件很平常的小事。箕子為此憂心忡忡，有的大臣莫名其妙地問他原因，箕子回答說：「紂王用象牙做筷子，必定再不會用土制的瓦罐盛湯裝飯，肯定要改用犀牛角做成的杯子和美玉製成的飯碗，有了象牙筷、犀牛角杯和美玉碗，難道還會用它來吃粗茶淡飯和豆子煮的湯嗎？大王的餐桌從此頓頓都要擺上美酒佳餚了。吃的是美酒佳餚，穿的自然要綾羅綢緞，住的就要求富麗堂皇，還要大興土木築起樓臺亭閣以便取樂了。對這樣的後果我覺得不寒而慄。」僅僅 5 年時間，箕子的預言果然應驗了，商紂王恣意驕奢，斷送了商湯綿延 500 年的江山。

有位商人，他已經非常富有了，卻仍然住在一間很小的舊房子裏。有一次，他在一筆生意中賺到了很大一筆錢，為了犒

賞自己，這個人決定買一個十分考究的新沙發。為此，他花掉了 3 萬美元。這相當於他幾年的生活花銷。漂亮的沙發運來了，華貴而又高雅，可是擺放在如此簡陋的房間裏，那個人左看右看都感覺不舒服，原來，是房屋中間的茶几不配套，為此，美國人又更換了茶几。但是，他仍然瞅著不顧眼，於是，便將桌子、椅子依次換掉，最後，將全部傢俱都換掉了。

這時，房間裏的新傢俱已經煥然一新，但他又發現房子顯得太破舊了。於是，又找來工人，將舊房拆掉，建起一幢和新傢俱般配的新房。至此，他的花費已經高達 30 萬美元，不但如此，房屋、傢俱的維護費每年還需要幾萬美元。

為了一個沙發，這個人瀕臨破產的邊緣。他看著眼前的一切，回想起以前每年只花幾千美元清閒自在的簡單生活，心中後悔不迭。

「棘輪效應」最初來自對蘇聯計劃經濟制度的研究，美國經濟學家杜森貝利後來使用了這個概念。古典經濟學家凱恩斯主張消費是可逆的，即絕對收入水準變動必然立即引起消費水準的變化。針對這一觀點，杜森貝利認為這實際上是不可能的，因為消費決策不可能是一種理想的計劃，它還取決於消費習慣。這種消費習慣受許多因素影響，如生理和社會需要、個人的經歷、個人經歷的後果等。特別是個人在收入最高期所達到的消費標準對消費習慣的形成有很重要的作用。杜森貝利認為，對於消費者來說，增加消費容易，減少消費則難。因為一向過著高生活水準的人，即使實際收入降低，多半不會馬上因此降低消費水準，而會繼續保持相當高的消費水準。即消費「指

標」一旦上去了，便很難再降下來，就像「棘輪」一樣，只能前進，不能後退。

所謂的棘輪效應的概念可以解釋為人的消費習慣形成之後有不可逆性，即易於向上調整，而難以向下調整。尤其是在短期內，消費是不可逆的，其習慣效應較大。這種習慣效應，使消費取決於相對收入，即相對於自己過去的高峰收入。

實際上棘輪效應可以用宋代政治家和文學家司馬光一句著名的話「由儉入奢易，由奢入儉難」來概括。棘輪效應是出於人的一種本性，人生而有慾，「饑而慾食，寒而慾暖」，這是人與生俱來的慾望。人有了慾望就會千方百計地尋求滿足。從經濟學的角度來說，一方面，資源的稀缺性決定了不能放任棘輪效應任意發揮作用，無限制地利用資源來滿足人類無盡的慾望；另一方面，利用棘輪效應的特點來拉動經濟的增長和繁榮。

18世紀法國有個哲學家叫鄧尼斯‧狄德羅。有一天，朋友送他一件質地精良、做工考究的睡袍，狄德羅非常喜歡。可他穿著華貴的睡袍在書房走來走去時，總覺得傢俱不是破舊不堪，就是風格不對，地毯的針腳也粗得嚇人。於是，為了與睡袍配套，舊的東西先後更新，書房終於跟上了睡袍的檔次，可他卻覺得很不舒服，因為「自己居然被一件睡袍脅迫了」，就把這種感覺寫成一篇文章叫《與舊睡袍別離之後的煩惱》。200年後，美國哈佛大學經濟學家茱麗葉‧施羅爾在《過度消費的美國人》一書中，提出了一個新概念——「狄德羅效應」，或「配套效應」，專指人們在擁有了一件新的物品後，不斷配置與其相適應的物品，以達到心理上平衡的現象。

人們分到或買到一套新住宅，為了配套，總是要大肆裝修一番，鋪上大理石或木地板後，自然要以黑白木封牆再安裝像樣的燈池；四壁豪華後自然還要配紅木等硬木傢俱；出入這樣的住宅，顯然不能再破衣爛衫，必定要有「拿得出手」的衣服與鞋襪；就此「狄德羅」下去，有的人最終會覺得男主人或女主人不夠配套，遂走上了離妻換夫的路子。

狄德羅效應給人們啟示：對於那些非必需的東西儘量不要。因為如果你接受了一件，那麼外界的和心理的壓力會使你不斷地接受更多非必需的東西。

如何才能擺脫「狄德羅效應」的擺佈呢？大哲學家蘇格拉底有他的處理方式。

有一天，幾位學生慫恿蘇格拉底去熱鬧的集市逛一逛。他們七嘴八舌地說：「集市裏的東西可多了，有很多好聽的、好看的和好玩的，有數不清的新鮮玩意兒，衣、食、住、行各方面的東西應有盡有。您如果去了，一定會滿載而歸。」他想了想，同意了學生的建議，決定去看一看。

第二天，蘇格拉底一進課堂，學生們立刻圍了上來，熱情地請他講一講集市之行的收穫。他看著大家，停頓了一下說：「此行我的確有一個很大的收穫，就是發現這個世界上原來有那麼多我並不需要的東西。」

隨後，蘇格拉底說了這樣的話：「當我們為奢侈的生活而疲於奔波的時候，幸福的生活已經離我們越來越遠了。幸福的生活往往很簡單，比如最好的房間，就是必需的物品一個也不少，沒用的物品一個也不多。做人要知足，做事要知不足，做學問

要不知足。」

　　社會學家早已發現，人類具有一種奇怪的心理。在沒有得到某種東西時，心理很平衡，生活很穩定：而一旦得到了，反而開始不滿足，認爲自己應該得到更多。古人云：「人心不足蛇吞象」，大概正是這種心理的真實寫照吧。

3

追求複利，讓生活重覆美好

　　從前有個國王一直心情不好，所以發佈公告說如果誰能使國王的心情舒暢，將滿足他一個願望，無論這個願望是什麼都可以。於是有一個人自告奮勇地請求覲見，說可以使國王心情舒暢。這人就是發明國際象棋的人，他把象棋推薦給國王，國王玩過之後非常高興，心情也開朗了，於是問這個人，你有什麼願望或者說想要什麼就儘管說吧，這個人就說：「陛下，我的願望很簡單，就是您把這個棋盤放上米粒就可以了，放的標準呢是這樣的，在第一個格子上，放 2 粒米，第二個格子上放 4 粒米，第三個格子上放 16 粒米，以此類推，一直放到棋盤的第 64 個格子。」國王說，這簡單呀，吩咐僕人抬兩袋米來，按照要求放米，兩袋米很快放完了，又拿了幾袋也一會兒就放進去

了。這時一個謀臣說，我們先算一下需要多少米吧，於是就進行了詳細的計算，不算不知道，一算還真嚇了一跳，原來第 64 個格子需要的米數是個天文數字，因為，第 64 格要放 2 的 64 次方等於 18446744073709551616 粒米。整個國家足足需要 10 年才能生產出這麼多米！

在 1626 年 9 月 11 日，荷蘭人彼得‧米紐伊特從印第安人那裏只花了 24 美元就買下了曼哈頓島。如果我們換個角度來重新計算一下呢？如果當時的 24 美元沒有用來購買曼哈頓，而是用來投資理財呢？我們假設每年 8%的投資收益，這 24 美元到 2004 年會是多少呢？說出來嚇你一跳：43070466341053.9 美元，也就是 43 萬多億美元。這不但能夠購買曼哈頓，買下紐約也不在話下。這就是理財複利的魔力。

在人生中，積累創造財富的過程，不是百米短跑，也不是馬拉松式的長跑，而是在更長甚至數十年的時間跨度上所進行的耐力比賽。只要堅持複利的原則，即使起步的資金不太大，也能因為足夠的耐心加上穩定的「小利」而很漂亮地贏得這場比賽，積累起巨額資本。

據說曾經有人問愛因斯坦：「世界上最強大的力量是什麼？」他的回答不是原子彈爆炸的威力，而是「複利」。著名的羅斯柴爾德金融帝國創立人梅爾更是誇張地稱複利是世界上的第八大奇蹟。

複利就是利滾利或利上加利，一筆存款或者投資獲得回報之後，再連本帶利進行新一輪投資，這樣不斷循環，就是追求複利。所以，在複利模式下，一項投資所堅持的時間越長，帶

來的回報就越高。在最初的一段時間內，得到的回報也許不理想，但只要將這些利潤進行再投資，那麼你的資金就會像滾雪球一樣，變得越來越大。經過年復一年的積累，你的資金就可以登上一個新臺階，這時候你已經在新的層次上進行自己的投資了，你每年的資金回報也已遠遠超出了最初的投資。

這種由複利所帶來的財富的增長，被人們稱爲「複利效應」。不但投資理財中有「複利效應」，在和經濟相關的各個領域其實也廣泛存在著複利效應。一個國家的發展也是複利效應，一個國家只要有穩定的經濟增長率，保持下去就能實現經濟繁榮，從而增強綜合國力，改善人民的生活。

巴菲特用了 40 年的時間，以平均每年 24%——看來並不太高的年度投資收益率，實現了 2700 多倍的資產增值，成爲全球第二富人，憑藉的就是 40 年這個足夠的時間杠杆和經年累計後的神奇複利。

複利就是人們俗稱的「利滾利」、「利疊利」、「利生利」、「利長利」，是一種計算利息的方法，按照這種方法，利息除了會根據本金計算外，新得到的利息同樣可以生息。複利計算的特點是把上期末的本利加盈利作爲下一期的本金，在計算時每一期本金的數額是不同的。

複利累進理論可以說是經濟學理論中最偉大的奇蹟之一，它也是促使世界巨富們財富持續增長的最大奧秘。很多投資者難以獲得巨大成功的主要原因之一，就在於他們不瞭解複利累進理論的價值，或者即使瞭解但沒有耐心和毅力長期地堅持下去。要想讓資金增長更快，在投資中獲得更高的回報，就必須

對複利累進理論給予足夠的重視。

具體到生活中的投資理財，假設你現在投資 10000 元，通過你的運作每年能賺 15%，那麼，連續 20 年，最後連本帶利變成了 163665 元了，想必你看到這個數字後感覺很不滿意吧？但是連續 30 年，總額就變成了 662117 元了，如果連續 40 年的話，總額又是多少呢？答案或許會讓你目瞪口呆，是 2678635 元，也就是說一個 25 歲的年輕人，投資 10000 元，每年盈利 15%，到 65 歲時，就能成爲雙料百萬富翁了。當然，市場有景氣有不景氣，每年都掙 15%難以做到，但這裏說的收益率是個平均數，如果你有足夠的耐心，再加上合理的投資，這個報酬率是有可能做到的。

既然複利需要穩定的收益率，那麼怎樣投資才能既穩健而又能獲得比較滿意的回報呢？現實生活中有許多投資方式，例如創辦自己的公司，或者投資不動產與證券等。當然，大部份人首選的投資方向還是自己的企業，因爲資金掌握在自己手中，風險更小，收益也更看好。

如果進行證券投資，最令人關注的就是股票。它的風險最大，但同時收益也可能最大。若對股市的歷史進行總結與分析，你會發現短期持有股票的風險極大，而長期持有股票的風險則極小。

從經驗上看，分散投資也可以在一定程度上降低風險，有利於得到更穩定的年報酬率。最理想的分散投資應當是投資在互不相關的投資品種上，例如股市、房地產、黃金、古董等。無論投資什麼，可能都會有比較高的收益率甚至是暴利，可暴

利通常很難持久，這是一個經濟規律。虧損時也不要放棄，而是要總結經驗，以利再戰。

應該說，複利揭示了成功投資最簡單的本質。無論是投資還是人生，「複利」的魅力來自持之以恆地堅持。在現代社會異常激烈的競爭中，能夠勝出的法則是：狹路相逢勇者勝，勇者相逢智者勝，智者相逢韌者勝。使用單利的計算方式去經營和剛開始就使用「眼前利莫亂取，百年利盡謀之」的複利計算方式去經營，其所帶來的收益自然會不同。

在具體運用複利效應中，我們需要注意那些問題呢？以下幾點可供大家參考。

(1)要享受複利效應的甘美果實，就必須堅持長期投資。與其總幻想一夜暴富，不如細水長流，做長期投資。

(2)多傾聽專業人士的意見，但是要有自己的判斷，不要被他人一遊說就糊裏糊塗地作出了投資決策。

(3)儘量將盈利變成投資。很多人在贏利的時候輕易地把盈利部份消費掉而在虧損的時候卻不得不縮水本金。

(4)要知道市場在某種程度上是不可預測的，雖然我們需要用過去的數據來預測未來，但是要記住過去的業績並不能代表將來。

(5)不要被貪婪所誘惑，要適可而止，要想辦法克制自己的貪婪。

(6)成功會培養人的自信，但過度自信有時候會使人作出錯誤的決定。不要認爲靠自己的智慧能絕對地把握市場的變化，投資就意味著風險。

(7)要學習,不要放棄給自己充電。投資賺錢有運氣因素,但每次都想靠運氣那是不行的。資本市場是有規律可循的,不然那會有巴菲特、羅傑斯、索羅斯等投資名家的輝煌成就。只要學到本事就不愁沒錢賺。

(8)要有決心和耐心。小額虧損並不是壞事,總結出來爲什麼會錯,下次儘量避免犯同樣的錯誤。隨著你市場經驗的積累,你會領悟很多,你將更有能力面對市場。

明白了複利作用的威力後是很容易激起人的貪欲的,會夢想以高複利迅速達到致富的目的,但是想要把握住更多的機會時反而失去了本應有的機會。千萬不要夢想通過短期暴利來加速複利的增長,這是誰也無法做到的,能保證一個長期增長的較高的複利就已經是相當成功的業績了。

心得欄 ---------------------------------

4

「不可替代」就是王者

　　小李是做網站編輯的，其實就是遊弋在網路裏搜羅五花八門的帖子。由於公司的網站論壇剛剛做起來，很需要先在量上進行擴充，小李就整天重覆著複製、粘貼的簡單動作，雖然有些單調，但好在總算有飯碗端著。閒暇時間也比較多，不過，他比較喜歡聽歌，因此，他配了一副耳機。後來老闆抽出精力來主抓網站，想把它發展起來，因此急需幾個網站策劃高手、管理高手、寫作高手等專業人才，於是一下子就招進來五六個人，加上原來的人馬，共有十多人了。小李的工作便顯得微不足道，他們幾乎分擔了小李的工作，使得小李空閒愈來愈多了，小李心裏有種預感，待在公司的日子不長了。果真，一天，老闆把小李叫進辦公室，說了一通在公司工作認真的好話，然後一個「但是」就把小李辭掉了。

　　小李很沮喪，由此也深深悟出了一個道理：要想在職場無往不勝，你必須要有自己的一套本領，你的工作必須無可替代。

　　與小李相反，接下來這個故事裏的馬哈里卻是個無法替代的人。

　　芝加哥煤炭集團公司的馬哈里，是一名有 20 多年經驗的普通而不平凡的員工，從燒鍋爐到司爐長、班長、大班長，至今他仍深情地愛著陪伴他成長並成熟的鍋爐運行崗位。就是在這個崗位上他當上了鍋爐技師，成為美國遠近聞名的「鍋爐點火大王」和鍋爐「找漏高手」；就是這個崗位，讓他感受到了一名工人技師的榮耀和自豪。

　　馬哈里有一副聽漏的「神耳」，只要圍著鍋爐轉上一圈，就能在爐內的風聲、水聲、燃燒聲和其他聲音中，準確地聽出鍋爐受熱面是那個部位管子有洩漏聲；往錶盤前一坐就能在各種參數的細微變化中，準確判斷出那個部位有洩漏點。

　　除了找漏，馬哈里還練就了一手鍋爐點火、鍋爐燃燒調整的絕活。在用火、壓火、配風、啟停等多方面，他都有獨到的見解。鍋爐飛灰回燃不暢，他提出技術改造和加強投運管理建議，實施後使飛灰含碳量平均降低到 8%以下，鍋爐熱效率提高了 4%，為企業年節約 32 萬美元。針對鍋爐傳統運行除灰方式存在的問題，馬哈里提出「恒料層」運行，經實施，解決了負荷大起大落問題，使標煤耗下降 4 克/千瓦時，年節約 2000 多萬美元。

　　由於他對集團公司作出了非凡的貢獻，他的薪水也一年比一年高漲，現在是他同行的 10 倍以上。馬哈里學歷不高、工種一般、職務很低，但他卻成為社會公認的技術能手和創新能手。

　　為什麼那些有技術有才能的人在企業裏是香餑餑，老闆見了又是笑臉，又是加薪，還生怕他們跳槽？就是因為這個世界上有技術有才能的人很少，找到一個能夠替代的人非常不容易。

業務水準的高低直接關係著我們的服務、產品和工作品質。要做一個無法替代的員工，就必須做到精業，對自己所從事的事業精益求精，刻苦鑽研業務知識，做本行業的尖兵。

在經濟學中有個替代效應。比如你到市場買水果，一看柳丁降價了，而蘋果的價格沒有變化，在降價的柳丁面前，蘋果好像變貴了似的，這樣你會多買柳丁而不買蘋果。所以一種物品價格的變化，會產生兩種效果：一是物品價格下降，相當於你的實際收入提高了，你會買更多的這種物品，從而獲得更多的滿足，經濟學家把這叫做收入效應；二是一種物品價格降低了，別的同類物品價格沒變，與價格下降了的物品相比，相當於別的物品實際價格上升了，所以你會多買價格下降的物品，來替代價格沒變的物品，經濟學家把這叫做替代效應。

好多人發出這樣一種慨歎，說自己剛進一個公司的時候，老闆對他是如何如何的器重，而當他把才華全都獻給公司的時候，自己的末日也就來了。按情理說，一個曾經對公司做出貢獻的員工，應當受到公司的尊重和妥善安置，過河拆橋式的老闆也確實是沒有良心的老闆。但從另外一個方面來說，也是替代效應在發揮作用。一開始，你能夠進公司，是老闆千里挑一挑出來的人才，在老闆的眼裏無可替代，老闆當然對你很器重，可在公司發展的過程中，一旦你才華用盡，老闆就要另請高明來替代你了。

市場是無情的，面對員工的停步不前，如果老闆不讓新員工替代才能用盡的老員工，市場就會讓別的企業替代這個企業。市場優勝劣汰企業，而企業也在優勝劣汰員工，你想要保

住你的職位，並得到升遷，你就必須不斷地學習、充電。在錯綜複雜的市場中，如果你總能做到思維超前，新意迭出，應對自如，你還會被別人替代嗎？俗話說要活到老，學到老，用經濟學的話說，就是不學習就會跟不上時代，就要被後來者替代。

在這個處處充滿了博弈和競爭的社會裏，誰能夠真正做到無可替代，誰就是王者。

在職場上，沒有終身的僱傭關係，如果你的發展跟不上職業的發展，那麼在職場你可能就成為可有可無的人。為了更好地發展，就要努力提升自己的價值，使自己成為那個不可或缺的人。在平時工作之餘，不妨問問自己：我是不是這裏不可或缺的人？在這個組織裏我有什麼安身立命的資本？

心得欄 ------------------------------

5

跳槽有風險，離職有成本

　　一家公司副總經理任賢旺為跳槽付出了較大代價。任賢旺在原公司年薪為 120 萬元，一年多前，另一家同類公司以 300 萬元的年薪挖走了他，並與他簽訂了 5 年的工作合約。孰料在新公司裏，任賢旺的業績遠不如預期的那麼理想，不到一年就被新東家炒掉了。他想到別的公司去應聘，可是由於他跳槽失敗的事早已傳開了，誰也不願意接受他。跳槽失敗，任賢旺在行業內的口碑很差，已經沒法在行業內呆下去，最後不得已轉了行。萬事開頭難，他在新的行業裏，舉步維艱，對於當初的輕率跳槽，任賢旺悔恨不已。

　　工作不如意就跳槽，這是大多數人的想法。可是經常跳來跳去的人，往往都忽略了時間的機會成本。如果這項成本太高，那麼就要考慮清楚再跳。

　　從經濟學的角度上看，每一個人都面臨著權衡與取捨，簡單地說，就是有時候很多選擇都是不可兼得的，即「魚和熊掌不可兼得」的關係。那麼，肯定有讀者會問，既然魚和熊掌不可兼得，那麼我應該做出怎樣的選擇？也就是說，前文並沒有

告訴我們，在「魚」與「熊掌」之間，我們應該做出怎樣的選擇，這就需要我們學習經濟學中的另一個重要概念：機會成本。

所謂機會成本，是指在分配使用資源的決策過程中，因為選取了某個方案而放棄其他方案所喪失的「潛在收益」。這個潛在利益是指可能實現的所得。簡單說來，機會成本是指為了得到某種東西而所要放棄的另一樣東西。比如，一個人購買了一套房屋，如果全部用於居住，則不能再出租獲利，也就是說，這個人在居住的同時也失去了用於出租獲利的機會。當然，反過來說，這個人如果出租房屋，那麼就不能再居住。顯然，這個人在選擇居住或者出租前，一定要衡量一下兩種機會成本的大小，從而做出選擇。

在面臨「魚」與「熊掌」的選擇時，我們需要比較魚和熊掌的價值，或者說比較兩者能夠帶給我們的利益。如果一個人選擇了「魚」，那就意味著他不可能再同時獲得「熊掌」，換句話說就是他為了獲得魚，就必須放棄熊掌。從經濟學的觀點來看，「熊掌」就是「魚」的機會成本。

機會成本主要應用在投資過程中。在投資決策時，放棄次優方案而損失的潛在利益，就是選取最優方案的機會成本。機會成本的運用非常廣泛，大至社會，小至個人，都會經常遇到。

一位投資者需要在股票和國債之間進行選擇，並且只能二者擇其一，他在投資股票時必須放棄國債，在投資國債時必須放棄股票。假如國債收益為 5%，而投資股票收益為 8%，那麼放棄國債投資的機會成本為 5%，同時，放棄股票投資國債機會成本是 8%。將兩個機會成本進行對比，為了獲得更多的利益，他

就會選擇投資股票，因為他為此付出的機會成本更小。

投資離不開機會成本，而集資也是如此。當人們需要籌集資金時，需要在融資租賃和貸款之間進行比較。到底那一種方式的融資成本高？這時，如果不把機會成本加進去的話，就可能會得出一個不正確的結論。比如人們通常感覺融資租賃的融資成本比銀行貸款高，實際上這並不是絕對的，有時還是錯誤的，主要原因就在於人們在融資時沒有把機會成本考慮進去。其關鍵在於人們有時只考慮了利息因素，而沒有考慮到銀行貸款有著很高的難度。為了爭得銀行貸款而不辭勞苦，為之付出的機會成本未必就會比融資租賃低。

在市場領域，考慮機會成本，對於事業的成功有著至關重要的作用。而對於我們每個人的生活而言，也需要經常考慮機會成本。每個人都想擁有一個美好的人生，但「有所得必有所失」，人生不僅需要有一個良好的心態，還需要一個清醒的頭腦，例如大學生在考研究所的時候就要保持清醒的頭腦，仔細考慮機會成本的問題。

重新選擇意味著一切從頭開始。但時間是有機會成本的，人生並沒有留給我們足夠的時間「打草稿」。走過很長一段路之後再回頭，我們丟掉的不僅是寶貴的時間，還有機遇。重新定位時，我們需要付出的可能是加倍的努力。這好比買股票，在適當的時候拋出會得到最大的利潤，如果拋出得太早或太晚，雖然也會有一定的利潤，但與原本應該獲得的收益相比，還會有些相對的損失；再好比機遇，在適當的時候抓住最適合你的機遇，也許就會給你帶來不一樣的人生，不過有些機遇雖然抓

住了，但不是在最適當的時候，也許人生就不會登峰造極。

浪費時間的同時，機會成本會變大，時間越久，成本越高，二者的關係是成正比的。如果只爲了一時的高薪水，沒有想到適合與不適合，重新定位、充電、找工作的過程和在一開始就選擇一份合適的工作相比較，就是在浪費時間，也就是說，前者的時間機會成本更高。所以，如果每個人在做人生與事業的選擇前，仔細考慮一下時間機會成本，想必損失就會大大減少。

俗話說：「做生不如做熟。」跳槽是極具風險的。因爲你到新單位，工作適應需要很長一個過程。那怕是有經驗的人，前3個月都得用來適應、磨合。新單位、新的上下級關係、與不同部門打交道、與部門同級的相處都需要你重新調整適應。而新的工作內容，那怕和你原來的工作內容一樣，還是有一個上手的過程。新環境的適應需要時間，而達到舊環境的那種和諧更需要時間。這也是很多人跳槽後有強烈挫敗感的原因。所以，如果不是工作滿意度非常低，千萬記住：別著急跳槽。

在職場上，90%的麻煩與困擾不能依靠跳槽來解決，頻繁跳槽極有可能會造成經驗上的斷層，之前從業的經驗積累將付諸東流。工作一不舒服就想「動」，這種衝動做法是非常不明智的。假如只是對工作不滿意，不妨和老闆談談，看看能不能增加工作內容，或是在公司內部換個工作內容。頻頻跳槽不僅害了人家，更害了自己。

跳槽，是一件有預謀的事。它事實上是一個人的職業發展規劃。如何做好個人發展規劃，我認爲，可以採用下面的個人規劃五步法：

⑴分析自己的性格

每個人的性格都是不同的。有的人性格外向，善於言談，人際關係能力強，喜歡在公眾面前發表自己的言論；有的人則性格內向，忠厚老實，喜歡獨立地去思考問題；有的人對事情執著，遇到挫折不氣餒；有的人則脆弱，容易被失敗擊垮；有的人喜歡挑戰性的工作，壓力越大鬥志越旺盛；有的人則喜歡安定平穩的生活，不能忍受過大的壓力……任何事情都具有雙面性，有好就有壞。先要分析自己的性格，看看自己到底具備上述性格中的那些方面，看看自己性格中的長處、短處。如果是熱情、善談、喜歡有挑戰的人，相對來說比較適合做行銷、公關等工作；如果自己內向、認真，可能適合做財會工作。準確分析自己的性格，一方面便於找到適合自己的崗位，另一方面可以提醒自己在工作中注意克服性格的不足。

⑵分析自己掌握的知識、技能

每個人都有自己擅長的知識，技能。有的人喜文，有的人喜理；有的人動手能力強，有的人操作能力弱，有的人思想跳躍跨度大，有的人邏輯思維能力強……分析自己學習過和掌握的知識技能，羅列出那些是自己精通的，那些是自己熟悉的，那些是自己的弱項。然後再分析自己所從事的工作，勝任崗位要求需要具備那方面的知識和技能，結合自己的實際，確認自己和崗位相吻合的條件，以及不足之處。如果崗位要求具備較高的電腦水準，而自己這方面欠缺，就可以通過參加學習班或找人傳授相關知識，來提高自己這方面的知識和技能，只有做到上述這些方面，才能讓自己在工作中立於不敗之地。

⑶分析自己掌握的或能夠調配的資源

資源不但包括金錢，還包括自己在社會上的人脈。俗話說得好「有多大的能力辦多大的事」，也就是說要盡可能去做力所能及的事情。我們都知道如果要開辦公司，就要有一定的資金，最少要保證 10 個月沒有利潤還能維持公司的運營。同樣的道理，如果從事一項工作，不可能所有的事情都是自己擅長的，如果碰到自己不擅長的事情，就要想自己能夠調動的資源，同學、朋友、親戚中，有誰擅長此類事情或從事過相關行業，自己就可以去取經，直接掌握問題的關鍵點，避免工作中走彎路。

⑷確認自己的發展目標

黃憲仁讀過 MBA，畢業 4 年多換了至少 4 次工作，涉及了不同的行業，每份工作都沒有超過 1 年，已經 34 歲了，還沒有找准自己的位置，還不知道自己適合做什麼。沒有認真分析過自己，沒有做好個人的發展規劃。跳槽一定是有目的、有選擇的跳，最好先採用上述方法，確認了個人的發展目標，圍繞這個目標，有目的、有選擇的跳，這樣才能讓自己更快地接近或實現目標。如果沒有確認自己的目標，盲目地跳槽，特別是頻繁換行業的跳槽是最不可取的，因為當今社會，工作經驗和行業優勢已經成為獲取成功的必不可少的條件之一，所以確認個人的發展目標尤為重要。

⑸堅持不懈走下去

世上沒有不勞而獲的事情，任何人的成功都不是偶然的，一定有了很長時間的積累，一定具備了一定的實力才能成功。認準了自己的目標，一定要堅持不懈地走下去，不管遇到什麼

挫折，都不要放棄，同時一定要認真學習，只有這樣，才能獲得成功。

　　跳槽時不能忽略的一點，就是不要讓職業道路失去連續性。因為，職業生涯具有螺旋上升性，最講究「連續」。以往的積累是你作為一個職業人最寶貴的財富。缺乏職業可持續發展的跳槽，會使自己陷於不利的局面，會使自己喪失職業競爭力。

6

「價比三家」有必要

　　陳立文準備買一台液晶電腦，他當然知道「IBM」、「惠普」、「戴爾」等牌子比較響的電腦品質比較好，但價格也比較貴。陳立文不打算多花錢，但又需要買一台品質過關的電腦，於是，他請一位從事電腦維修的白先生幫忙。白先生建議他買「飛天」牌電腦，這種電腦品質還不錯。白先生與陳立文一起到電腦銷售店買這種牌子的電腦，經過他們多家比較，發現「飛天」牌電腦品質還可以，於是，陳立文就買了台『飛天』牌電腦，這台電腦至今使用了 4 年，品質一直很好，沒有出現過任何毛病。

　　劉太太喜歡與一些朋友聊生活上的瑣事，她聽到一位女伴說，買家用電器是買耐用消費品，更需要貨真價實和售後服務

到位，而 H 牌在這兩個方面都做得不錯，所以，她寧願多出點錢也要買 H 牌的家用電器。於是她也到電器商場比較了一下價格，最後購買了 H 牌的洗衣機和冰箱。後來，她買的這兩件家用電器由於她使用不當出了一點小毛病，她根據商家的承諾打電話要求商家來維修，商家立刻派人來維修，也沒有收取任何費用。打這以後，她逢人就說：「買家用電器還是買 H 牌的好，不能圖便宜幾百塊錢，其實，只有品質好，售後服務好，也等於是省了錢。」

劉太太購物很會精打細算，因為她知道，消費者對市場上的商品所掌握的信息肯定不如商家，但她通過與女伴們聊天也等於獲取了比較完全的市場信息。並且她認為，商品的品質應當是首先要考慮的因素，因為品質好就可以多使用幾年，也可以省掉不少維修費用。我們假定，這位劉太太購買的兩件家用電器價格總共為 6000 元，可以使用 10 年，10 年中所用的維修費總共為 1000 元。那麼，折合每年使用了 700 元的家用電器。假定她如果購買另一個商家的家用電器的總價格為 5000 元，使用時間為 8 年，8 年中所用的維修費為 3000 元。那麼，她每年使用了 1000 元的家用電器，比 H 牌的家用電器使用費每年高出 300 元。所以，她購買 H 牌的家用電器每年可以省 300 元。

俗話說「貨比三家」，此話不假。很多時候，同樣的商品在不同超市裏，價格完全不同。我們來看一個例子：某女士曾經在某大型超市購得一件大衣，價格為 6600 元，而該大衣在一家小超市則只賣 4600 元。這兩件商品的外表、質地、品牌甚至款式都一模一樣，但價格竟然相差 2000 元之多。花 6600 元買大

衣的顧客知道此事後，心裏非常不平衡。

為什麼會這樣？在不同的超市裏，同樣的商品難道還會有什麼差別？讓我們用經濟學的思維來分析一下。

⑴成本不同

首先，在商品的來源上看，由於進貨管道不同，商品的價格就不同。例如，同一種產品，如果是直接聯繫廠商，從廠商處大批量進貨，則商品價格會較為低廉。若從其他經銷商手中進貨，就會增加購入成本。如果是品牌差異性小的商品，從不同的生產者處採購同樣的商品時，因存在生產效率的差異，商品在出廠時原價可能不同。其次，在運輸的過程中，不同的交通工具費用不同，增加的成本也就不同。例如，水運運輸和陸路運輸，費用就不相同。最後，超市規模的大小也是其中一個因素，經營費用也是成本，會有一部份均攤在商品的價格中。

⑵商家可以自由定價

根據市場經濟的原理，在市場上，價格應由銷售者自由決定，並由市場來調節。管理部門只會要求銷售者「明碼標價」，其他方面並不會干涉。於是，只要銷售者的定價過程沒有違法，就有完全的定價權。各大超市的打折促銷只能算作一種銷售策略，並不違反任何規定。

掏錢的是消費者，若是買貴了，當「冤大頭」的肯定也是消費者。但至今為止，各家超市的同種物品的價格仍有差別，政府也沒有採取任何手段來干涉。從整個市場經濟運行來看，在市場上的價格差異應是允許存在的。消費者在購買商品時，多走幾家，多看看，在多次比較之後再進行選擇，自然就不容

易在價格上吃虧了。

我們經常看到，一些大型超市和商場每隔一段時間就會進行大減價，這其實是一些商家的定價策略。有些顧客到商場要比較很久才會購買，有些顧客則相反。所以，對於商家來說，最好是以高價套住忠誠的、不願挑選的顧客，再以低價吸引喜歡買便宜貨的顧客，而中間價位對兩種顧客都沒有吸引力。這還不是問題的全部，因為商品價格比較穩定的話，往往會讓一些粗心大意的顧客也知道那裏有價廉物美的商品。所以，商家總是不斷地一會高價，一會又低價，有意打亂價格。這樣，就使一些比較懶散的顧客不會花很多時間來挑選物美價廉的商品。所以，只有多花時間，比較商品的價格，比較其品質，多跑幾個地方，多進行挑選，認真觀察，才能真正買到價廉物美的商品。

我們購物時大都會貨比三家，比價格、比品質、比售後服務、比款式、比花色品種，任何的比較都需要認真觀察和鑑別。作為消費者，必須多花點時間進行比較，必要時可以請朋友幫忙鑑別，判斷，儘量獲得更多的信息。只有這樣，才能買到物英價廉的商品。

7

是節儉還是消費

　　孫啟明是一家企業的高級管理人員，收入豐厚，家庭生活富足。可是孫啟明卻常常因兩個人的花錢而生氣，一個是他的父親，另一個是他的兒子。這生氣不是因為別的，卻是因為父親的過分節儉和兒子的過度消費。

　　孫啟明的父親是一個十分節儉的人。雖年已七旬，但勤儉的習慣卻一直未改。為了節省一點電費，他的父親看電視時是從來都不開燈的，冷氣機從裝上到現在他自己是捨不得開的。為了能免費理髮，他的父親能步行找義務理髮攤兒。為了省錢，他的父親不僅堅持自己蒸饅頭，而且也很少買菜，常常是逛菜市場時順便就撿上一些菜回來。父親過生日時孫啟明說到飯店裏去吃頓飯，可他卻說：「還是在自己家吃實惠，割斤肉，擀點兒麵，比去飯店吃強多了。」

　　與父親形成鮮明對比的是孫啟明的兒子。為了玩遊戲，硬是讓他媽給買了一台好電腦，遊戲光碟一買就是好幾盤兒。想學鋼琴，就讓他媽給買了一台鋼琴，還專門請了老師教他。到了夏天，兒子是進門就開冷氣機，冰箱裏好點的冰糕都是為他

準備的。中午和晚上沒有肉他是不會動筷子的。就這還不算，雙休日他還總要孫啟明帶他去肯德基裏撮一頓。對此，孫啟明沒有少說兒子，可是兒子卻振振有詞：「現在提倡消費，要擴大內需。我們應該響應號召，為社會多作貢獻。而且，您和我媽的收入也不應該在乎這點支出。」

孫啟明非常矛盾，常因父親過分的節儉而心疼地責怪他，但對兒子的過度消費雖然生氣卻又無可奈何。

18 世紀，荷蘭的曼德維爾博士在《蜜蜂的寓言》一書中講過一個有趣的故事。一群蜜蜂為了追求豪華的生活，大肆揮霍，結果這個蜂群很快興旺發達起來。而後來，由於這群蜜蜂改變了習慣，放棄了奢侈的生活，崇尚節儉，結果卻導致了整個蜜蜂群體的衰敗。

蜜蜂的故事說的就是「節儉的邏輯」，經濟學上叫「節儉悖論」。在西方經濟學史上，節儉悖論曾經使許多經濟學家備感困惑，但經濟學家凱恩斯從故事中卻看到了刺激消費和增加總需求對經濟發展的積極作用，他進一步論證了「節儉悖論」。

凱恩斯是 20 世紀最有影響的經濟學家，一生對西方經濟學作出了極大貢獻，「節儉悖論」就是他最早提出的一種理論，也稱為「節約反論」、「節約的矛盾」。

眾所週知，節儉是一種美德。從理論上講，節儉是個人積累財富最常用的方式。從微觀上分析，某個家庭勤儉持家，減少浪費，增加儲蓄，往往可以致富。即人們都相信節儉能使個人發家，使國家富強。但到了 20 世紀 30 年代，根據凱恩斯的總需求決定國民收入的理論，儲蓄與國民收入呈現反方向變

動，儲蓄增加國民收入就減少，儲蓄減少國民收入就增加。根據這種看法，增加消費減少儲蓄會通過增加總需求而引起國民收入增加，就會促進經濟繁榮；反之，就會導致經濟蕭條，所以節儉對於經濟增長並沒有什麼好處。

節儉悖論告訴我們：節儉減少了支出，迫使廠家削減產量，解僱工人，從而減少了收入，最終減少了儲蓄。儲蓄爲個人致富鋪平了道路，然而如果整個國家加大儲蓄，將使整個社會陷入蕭條和貧困。在資源沒有得到充分運用、經濟沒有達到潛在產出的情況下，只有社會每個成員都盡可能多地消費，整個經濟才能走出低谷，邁向更加充分就業、經濟繁榮的階段。

對於「節儉悖論」，要正確理解。目前，居民的高儲蓄不能有效轉化爲投資，居民消費需求不足，造成大量商品生產過剩，企業開工不足，失業人員增加，經濟增長受到影響。顯然，高儲蓄不利於解決消費需求不足的問題，也不利於經濟發展。

但另一方面，今天城市居民的生活方式在總體上正從節儉型向消費型轉變，人們對生活品質和生命品質的意識明顯增強。在這個過程中，難免會出現消費心理的某些畸形發展，比如出於面子需要和攀比心理所導致的炫耀性消費、奢侈浪費等非理性的現象。因此，我們不僅要鼓勵老百姓增加消費，也要大力提倡理性消費，理直氣壯地反對浪費。

節儉是中華民族的傳統美德，但並不是不去消費；而消費也不是奢侈地去浪費。無論如何，消費都應該控制在自己的經濟能力和經濟條件的範圍內，而不是盲目消費，甚至是浪費。

好的出發點不一定會帶來好的結果，有可能恰好相反。正

如節約是好的，但節約未必一定帶來好結果。

按照社會擴大再生產的需要，積累越多越好，也就是儲蓄大於消費是有利於擴大再生產的。但是根據凱恩斯主義的國民收入決定理論，當國民增加消費在收入中的比例時，將會導致更多的國民收入，使整個經濟呈現繁榮局面；而當國民降低消費在收入中的比例時，則會引起國民收入下降，使整個經濟陷入衰退。簡而言之，就是：揮霍導致繁榮，節約導致蕭條。

經濟大蕭條時期的景象就是節約悖論的一個生動而可歎的例子。由於人們對未來預期不抱任何希望，所以大家都儘量多儲蓄。但是，他們不願意消費的心理和行為又導致全社會的需求萎縮，生產停滯，經濟進一步蕭條，從而使其收入繼續下降。

節約的悖論是根據凱恩斯主義的國民收入決定理論推導出來的結論，它在資源沒有得到充分利用的情況下是存在的，是短期的。長期或當資源得到充分利用時節約的悖論是不存在的。

心得欄

8

買房還是租房

　　高天是一個普通的上班族。六年前，因為考慮到小孩入學，他在大學附近買了一套小房。最近他面臨要不要換房的問題。因為小孩一旦上小學，忙碌的夫妻二人無法兼顧接送小孩，只能讓父母過來同住。但現狀是，現有住房是一套一房一廳，如果不買房的話，接父母過來只能是一句空話；而如果咬牙買房的話，會讓他背上沉重的經濟負擔，而這也是他更加不願面對的。不過高天最終還是很好地解決了這個問題。他沒有買房，卻改善了居住條件。其實辦法很簡單，就是通過租房來實現改善居住條件。高天每月花 30000 元在自己所在社區內租住了一套兩房，而自己的那套小房，因為室內裝潢程度很好，以月租金 18000 元的標準租給了一個「小白領」。經過這麼倒騰，高天實際上只花 12000 元就住上了兩房。

　　範一豪畢業 3 年了，一直租房住。三年之前，範一豪在自己大學附近「淘」到一個附帶一廚一衛的單間，月租 6000 元。入住不到一週，房東找上門來，說已半年沒有交水電氣費，範一豪一下蒙了。後來才知道自己被先前的「房東」騙了，他只

是個「二房東」，以金蟬脫殼之招，把此前半年的水電氣費全部
轉嫁到了範一豪頭上。

交了這次「學費」之後，範一豪本以為日後租房不會再遇
煩心事，然而事實並非如此。範一豪曾為租到一個月付 7000
元的大單間而慶倖，可好景不長，才住了三個月樓下就貼出通
知：此房拆遷，請住戶月內搬走。

後來，範一豪斷斷續續租了 6 次房，有一個月搬了兩次家。
第一次搬，是因房東說要賣房；第二次搬，是房東要漲租金。
租房生涯損失了大筆不必要的租金不說，光那「找啊找」、「搬
啊搬」耗去的精力，就讓人頭疼。而每搬一次家，總不免要丟
棄一些物品。也正因此，範一豪每每想買些好的傢俱時，都因
搬家可能損壞或捨棄，而不得不打消念頭。

現在範一豪下定決心，與其每月為房東打工，不如用這筆
錢供房，而且買房對於資金的保存會更穩妥。無論如何要在明
年買下一套房，管它房價是高是低，那怕是去借錢，那怕是二
手房，那怕只有 40 平方米，只要有套自己的房，就安定了。

房價之離譜，堪稱 21 世紀市場經濟的一大奇觀，以至於有
房子的人都覺得自己成了百萬富翁，賣房子的人都認為磚頭比
黃金值錢，買房子的人都知道自己離破產不遠了，沒房子的人
都感到找不到活著的證據。而這種現象，用瘋狂來形容是遠遠
不夠的。

購買住房並非工薪階層唯一選擇，租賃其實更為合理，也
就是說，「宜租則租，宜買則買」。

那些情況下可以買房？那些情況下最好租房？其實是個選

擇上的問題。影響選擇的因素有很多，諸如即將成家，或者子女上學等，這些因素會促使人們做出購房選擇。而如果經濟能力稍微有些欠缺，抑或有別的投資方向，租房其實也並沒有什麼不妥當的地方。下面我們舉例來算一下 15 年後買房和租房兩者究竟區別在那裏？

先來看買房的：

首先，我們假設面積 70 平方米的目標房產當前價值 60 萬，假定打算解決住房問題的白領手上有 20.4 萬元現金，而且每個月可以自由支配 3606 元的閒錢。如果直接向開發商買房的話，購房者需首付 18 萬元（按首付比例 30%計算），並辦理商業性貸款 42 萬元，分 15 年還清。依據現有的利率 7.38%並優惠 15%計算，房貸的實際利率為 6.273%，每月月供為 3606 元，15 年利息總額為 22.9 萬元。加上買入時支付的 2%契稅和 2%的維修基金（以多層住宅為例），稅費共要支出 2.4 萬元。

將上述費用合計起來，買這套房子的成本包括現金 20.4 萬元（含首付 18 萬、稅費 2.4 萬），每月投入 3606 元，15 年後便是 64.9 萬（相當於貸款 42 萬、利息 22.9 萬）。換言之，15 年後，購房者花了 85.3 萬元擁有了一套住宅。

再來看租房的：

如果用同樣的資金來租同一套房產的話，為便於計算，將租房人手上的 20.4 萬元用作儲蓄，並將每月 3606 元閒錢拆開，假設月租金為 1706 元，剩下的 1900 元仍然用作儲蓄。其中，20.4 萬元用於 15 次 1 年期的定期存款，按複利算，新存款利率為 3.33%，15 年的利潤為 12.9 萬元。此外，每月 1900 元仍

按銀行存款，按單利計算，取平均的利率 3.33%，15 年下來，實際上存款利息約爲 8.5 萬元。

歸結起來，租房者花費的總資金仍爲 85.3 萬元不變，實際支出爲每月房租 1706 元，15 年後總額爲 30.7 萬元，而增加的利潤爲 12.9 萬＋8.5 萬＝21.4 萬元。換言之，租房者在 15 年後的資產爲 85.3 萬－30.7 萬＋21.4 萬＝76 萬。

在這個例子當中，買房與租房的區別在於：當投入同樣的資金，15 年後買房者擁有了一套住房，而租房者則手握 76 萬元。因此要比較的是這套當年價值 60 萬元的房子是否增值至 76 萬元。按照總價 60 萬元計算，該房產的單價爲 8571 元；若按照 76 萬元計算的話，單價必須達到 10857 元，也就是說，只有每平方米的房價上漲了 2286 元，買房者與租房者才打了個「平手」；如果漲幅持平，則買房者不划算；如果房價下跌，買房者虧得更多。

前幾年，如果有人問你租房合算還是買房合算時，你以及大多數人的回答可能都是：有錢，當然是買房合算。「租房子就像爲別人打工，而貸款買房則是爲自己打工。」誰都想擁有真正屬於自己的一個避風港，一個溫馨的小窩，在他們看來，「租的房子不是自己的家」。但現在，估計這些想法可能會變，現實會逼迫你慢慢來計算一切，認爲租房合算的人也就逐漸多了起來。甚至有人把自己唯一的住房賣了去租房子；一些本來打算買房結婚的年輕人，也重新考慮起租房結婚的可能性。有些人也表示目前更樂意租房子，認爲「買房的話，只能是爲銀行和房地產商打工，天天擔心有特殊事情花費，月月都爲月供發愁，

整個人都被金錢和房子奴役住，這種生活真的很累，精神壓力也太大了。」

　　租房或買房，到底孰虧孰贏？那個更合算。經濟學家算過一筆經濟賬，還銀行 20 年的借貸利息，相當於甚至高於租 20 年房的租金費用。比如以現在的房價，在北京一般的位置買一套 100 萬元左右的房子，首付款要 30 萬元，組合貸款 70 萬元 20 年期，每月要支付的利息就要 3000 多元，而同類房子月租金也就 2000 多元。如果再算上裝修和首付款的利息，每年節省的資金可能就有上萬元。這樣有些人就考慮了，如果將沒有支出的首付款和裝修費用投資到收益更高的地方，會不會更加合算呢？說不定房價真的會下降呢？或許應該用這筆錢更好地發展自己的事業。另外就是一些需要大量貸款才能購房的年輕人，對他們來說，大量的貸款會抑制他們的發展空間，選擇租房可能更合算。

　　如何考察一處房產的潛在價值呢？如果將購買的房子租出去，會賺錢嗎？我們用三個簡單的公式即可粗略地估算出房產大體的價值。作為普通人，雖然不能用嚴謹的方法得出專業數據，但可以通過簡單的方式作為自己的買房參考。

⑴用租金乘數進行估算

　　租金乘數是比較全部售價與每年的總租金收入的一個簡單公式，計算公式為：租金乘數＝投資金額÷每年潛在租金收入。

　　如果得出的結果小於 12，即在合理購買範圍之內。比如某套房子的售價 22 萬元，月租金 1500 元，那麼它的租金乘數約為 12 倍。一般來說，這個數字被看成大多數租賃房產的分界線。

但是，如果一處房產的租金乘數超過 12 倍，就很可能會帶來負現金流。假如若干年後這套房子的售價上漲到 60 萬元，而月租金卻仍不到 2000 元，租金乘數升到 25 倍，已經大大超過了合理的範疇。

投資者可以將房產的租金乘數與自己要求預期進行比較，也可在不同房產間比較，取其較小者。不過這個方法並未考慮房屋空置、欠租損失、營業費用、稅收等方面的影響。

(2)用 15 年租金收益比較購買價

這種計算方式也是國際專業理財公司評估物業的常用方法，其計算方法主要是以 15 年爲期比較房產購買價格。

如果該房產的年收益×15 年＝房產購買價，該物有所值；

如果該房產的年收益×15 年＞房產購買價，尚具升值空間；

如果該房產的年收益×15 年＜房產購買價，價值已高估。

比如某套房子在 2001 年時，年租金收益爲 18000 元，乘以 15 等於 27 萬元，大於當時的售價 22 萬元，因此是值得投資的。但是現在，就以 2000 元月租金計算，合理價值爲 36 萬元，遠遠小於當前 60 萬元的售價，價值已經被過度透支了。

(3)用投資回收期進行計算

投資回收期法考慮了租金、價格和前期的主要投入，比租金乘數適用範圍更廣，還可以估算資金回收期的長短，計算公式爲：

投資回收年數＝（首期房款＋期房時間內的按揭款）÷（稅後月租金－按揭月供款）×12

　　這種方法可簡略估算資金回收期的長短，一般來說，回收年數越短越好，合理的年數在 8 年至 10 年。在業內，又將該方法劃分爲兩種：一是即刻回報型，二是培養回報型。

　　即刻回報型：通常指購買的房產位於週邊配套完善、交通發達、商業氣氛非常成熟的地區，不需要培育，購買後出租即可獲得可觀的租金回報。但此類房產通常需求的資金量較大，資金門檻相對較高。

　　培養回報型：通常指位於非傳統的商業核心區，但是在市政規劃、消費人群增長等方面，都有著比較良好的前景，而這個過程便是培養的過程。這類房產通常售價較低，但可以放長線釣大魚，從長期看往往可以獲得比即刻回報型更高的投資報酬率。

　　以上三種方法是房產投資時最常用的估算方法，有的只需進行簡單的預測和分析即可幫助投資者快速作出判斷，有的還需要進行專業性的投資分析，計算另外一些指標以增加可靠性。比如，一處地段好的房產可能現在的租金報酬率不高，但具有較佳的升值前景，或者一套普通住宅能夠享受稅收減免，一定程度上能夠彌補過高的租金乘數。

9

別出心裁，打破常規思考路徑

在義大利，有一家從事鞋類設計、製作和銷售的公司的老闆西蒙娜·卡索拉說：「鞋子的最佳銷售方法是單隻出售。」在她設在米蘭的商店裏，所有顧客都可以任意挑選兩隻不同型號的鞋，消費者穿得合腳又可以享受特別的折扣。她之所以這樣做，是考慮到顧客腳的不對稱性和某些特殊原因。卡索拉說：「我們的目標就是要使顧客舒適、滿意，為什麼不可以提供合適的鞋呢？」卡索拉獲得了空前的成功。在佛羅倫斯舉行的男士時裝交易會上，在她推出的「鞋子單賣」的銷售方法後，訂單如雪片飛來，大有應接不暇之勢。她乘勢而上，又推出了手套單賣和襪子單賣。

這裏有一則近於黑色幽默的故事：美國鐵路兩條鐵軌之間的標準距離是 4.85 英尺。這個令人驚奇的標準，究竟從何而來？原來，這是英國的鐵路標準，因為美國的鐵路最早是由英國人設計建造的。那麼，為什麼英國人用這個標準呢？英國的鐵路是由建電車軌道的人設計的，而這個 4.85 英尺正是電車所用的標準。電車軌道標準又是從那裏來的呢？其實，最先造電

車的人以前是造馬車的,而他們是用馬車的輪寬做標準。好了,那麼馬車為什麼要用這個一定的輪距標準呢?因為如果那時候的馬車有任何其他輪距的話,馬車的輪子很快就會在英國的老路上撞壞的。

這是為什麼呢?因為這些路上轍跡的寬度為 4.85 英尺。這些轍跡又是從何而來的呢?答案是古羅馬人定的,4.85 英尺正是羅馬戰車的寬度。如果任何人用不同的輪寬在這些路上行車的話,他的輪子的壽命都不會長。再問:羅馬人為什麼用 4.85 英尺為戰車的輪距寬度呢?答案很簡單,這是兩匹拉戰車的馬的屁股寬度。這個寬度有利於戰車的馳騁。

這就是經濟學中的一個著名現象——鎖定效應。

該效應是由美國聖塔菲研究所研究員、斯坦福大學經濟與人口學教授布萊思·亞瑟提出的。他認為事物的發展過程對道路和規則的選擇有依賴性,一旦選擇了某種道路就很難改弦易轍,形成行為規劃後就很難改變這種規則。

那麼,為什麼會發生鎖定效應呢?

首先,與定勢效應有關。從本質上看,路徑鎖定後就會產生一種按照這一路徑走的心理定勢,以致不會再從別的方面去思考走別的路徑,從而產生鎖定效應。其次,與鎖定的路徑有關。鎖定效應的產生還與路徑的歷史背景有關。再次,與行為習慣的惰性有關。一經形成了規則就很難被打破,一旦形成了習慣,就很難被改變,這是因為習慣具有惰性,而路徑鎖定後所產生的行為很容易形成習慣。因此,鎖定效應就具有持久性、長效性,想要改變它是非常困難的。

很多人在創業中找不到財富增長點，就是因爲我們的想法做法與別人一樣，沒有新意自然吸引不來顧客。這種習慣性傳統性的思維模式，把我們帶進了一個找不到通道的迷宮。其實，不妨回頭去換一個角度和位置，換一個思維方式，甚至反過來從通常認爲荒唐不可取的相反方面去尋找方法，就有可能雲開霧散，獨享利潤。

人們總是從相近的、相似的角度去考慮問題，從而使自己陷入俗套。當今墨守成規、邯鄲學步、模仿跟風的經營理念已無立足之地，成功的果實總是屬於思路常新、富有創新、勇於開拓的人們。

在日本川崎市有一家叫做「岡田屋」的百貨商店，在其他商店只能勉強維持的時候，它卻長期保持生意興隆發達、業務不斷擴展，商店的銷售額和利潤年年增加。這是爲什麼呢？原來這家商店的老闆在長期的經營活動中善於觀察、動腦筋想辦法，創造出許多與眾不同的經營策略和行銷戰術。

在商業零售中，常常有因零錢不足而找不開錢的問題。岡田屋百貨公司早在 1961 年就想出了一個辦法，既解決了零錢不足的問題，又招來了顧客。這個辦法就是在百貨公司門口營業廳的收款台設立一個個「抽獎處」，顧客每支付一日元就可獲得一次抽獎的機會。顧客購物時往往要求不用找零，而用零錢抽獎。這種別出心裁的手法，滿足了顧客用小錢獲大獎的投機心理，爲商店增加了又一筆收入。關鍵問題還在於顧客都樂於到這個商店來「購物」和「碰運氣」。

這是一個別出心裁的創富路徑，是一種智力創富。它表明，每一個成功者都不應貪便宜而應該讓自己的腦子「多走些路」。

多數商家的觀念成了一種定式，對於已成模式的東西不敢去翻新，就像商家賺錢只知道打孩童和年輕人的主意一樣。殊不知，多關注「銀髮消費」，同樣存在生財機遇。可很多人的經商觀念仍然跳不出有獎促銷、優惠大酬賓等手段，使許多好的生財之道還淹沒在商海裏。而商機永遠只青睞那些會思考會開拓的人，那些敢於獨闢蹊徑開創適合現代消費商路的人，才能有機會去把握更寬廣的生財之道。

傳統的現念往往把產品劃分為高檔與低檔兩類，低價格靠薄利多銷，以數多量大取勝；高價格只圈定少部份消費者。這種銷售方法根本沒有考慮到消費者的思維模式和心理需求，尤其是其個性化的需求。一味只從生產、銷售的立場出發，不會創新思考和換位思考，就不可能有意外的收穫與驚喜。

心得欄 -

- -

- -

- -

- -

- -

10

「微利是圖」是長遠生財之道

　　有個農民人稱「花生米大王」，他經銷的花生米物美價廉。這個 20 幾歲的農民，是從身背一口袋花生米闖進城，逐漸發達起來的。這個農民賣了這袋花生米之後，發現這東西很好銷，但是賣花生米的人也不少。思來想去，他回去以自己最大的力量購買了幾千斤花生，運到之後，他又發現如果像別人那樣經營，根本賠不起，因為一無店鋪二無資本。於是他把這幾千斤花生只以比他收購價高出一點點的價格出手了。他覺得這種方式很不錯，雖然賺得少了一些，但轉得快，且總有些賺頭。於是他大膽購進 10 萬斤花生米，然後毅然將零售價從每斤 5.4 元降到 4.95 元。消息傳出後，群眾蜂擁前來購買，連一些大店鋪也爭相來他這裏進貨。從此，花生米價格也因此穩定下來。後來，他的花生米生意越做越大，終於形成了規模。

　　和「花生米大王」一樣，有個青年，跑到一個貧困地區聯繫校徽標牌業務，跑了許多天都一事無成。原因何在呢？那兒太窮，兩角錢一枚的校徽，學生們一是買不起，二是沒有那個習慣。青年人有些心灰意冷了。這一天，他來到一個小學碰運

氣，學校的老師很熱情，答應訂制一批校徽。說是一批，也就是 13 枚，因為全校師生只有 13 人。講好校徽每枚收費 10 元，他自知這是一筆賠錢的買賣，猶豫了片刻，最終還是咬牙答應下來。

青年人迅速到郵電所花了 3 元發了一個加急電報，請家裏在 3 日內趕制 13 枚校徽寄到這所學校。開模具、製作、寄包裹，這 13 枚校徽寄到這個小學時，僅成本就花了 70 多元，而收費只有 130 元。

幾個月之後，時逢鄉上舉辦中小學生運動會，這所小學的 12 名學生和一名老師戴著亮閃閃的校徽走進了運動場，看著他們胸前引人注目的校徽。其他學校的學生眼饞不已，當時就纏著自己的老師也要戴校徽。後來由鄉裏出面，為全鄉數千名小學生從青年人那兒訂制了漂亮的校徽。

受此影響，戴校徽之風刮遍了全縣。一年之後，鄰近的中小學校的學生幾乎都帶上了青年人代為訂制的校徽。他又趁機繼續推廣校徽標牌，開拓了一個長期的大市場。此後一年有了 10 多萬元的進賬。

告別了短缺經濟時代，走進了買方經濟時代，大批資金的投入，千辛萬苦的經營，一年到頭小算盤一打，也僅有蠅頭小利，這說明已進入微利時代。進入微利時代，別再指望一口吃成胖子、投機取巧一本萬利，生意已透明化了，一切都變得理性而有序，要想企業穩固，就要適應薄利多銷，適應細水長流。

消費者常常根據消費的經驗，將生意分成大小等級，以為那些投資少、單價低的生意是小生意，反之則是大生意，比如

經營房地產的必定是大老闆，而從事柴米油鹽的可能就是小商販。其實生意的大小是由需求的大小決定的。

做生意有兩種賺錢方式，一種是厚利少銷，一種是薄利多銷。厚利少銷主要是做富人生意，投入大回報高，但得不到富人認同也賺不到錢。對於剛走上創業路的年輕人來說，資金是瓶頸，所以做薄利多銷生意是首選。況且每一個行業競爭都十分激烈，在同等品質下，便宜的自然是消費者首選。不要怕賺得少，形成銷售規模，一樣能賺大錢。在現在物質極大豐富的買家市場中，薄利多銷已成了商業的大趨勢。

浙江義烏的小商品市場，在上海七鋪路 10 元買 3 雙的白色棉運動襪，在義烏賣 7 角；100 支裝的雙頭棉花簽在上海家樂福大賣場賣 1.2 元，那裏賣 0.19 元……賣 100 根牙籤只賺 1 分錢，一個姓江的商販，每天批發牙籤 10 噸，按 100 根賺 1 分錢計算，他每天銷售約 1 億根牙籤，穩穩當當進賬 1 萬元。

有個攤位賣的是縫衣針，粗的、細的、長的、短的一應俱全。平均 1 分錢兩枚，這個小商販一年賣針也能掙到 80 萬元。在義烏，靠做這樣只賺 1 分錢生意起家的老闆不計其數，人稱「螞蟻商人」。

「螞蟻商人」賺錢的秘訣是：家家自己開工廠，把成本拉到最低，每件商品只賺一分錢就賣！然而，就是這毫不起眼的一分錢利潤，培育出了數不清的義烏的百萬富翁、千萬富翁。

義烏一個半文盲的婦女，起初她給人家當保姆，後來在擁擠的街頭擺小攤賣膠捲。她認死理，一個膠捲永遠只賺一毛錢。市場上的柯達膠捲賣 22 元時，她只賣 14.1 元，不想，後來批

發量卻大得驚人，生意越做越大。現在，在義烏，她的攝影器材店，可以說搞攝影的無人不曉。一個農村婦女用她簡單的「只賺一毛錢」的真誠打敗了複雜的東西。

按傳統的思維習慣，每件商品起碼要賺幾毛錢這生意才能做，上述這些則是打破了習慣思維，說明薄利是沒有底線的，如果銷量大，每件商品賺 1 分錢也應竭盡全力去做。反之銷量小，每個商品賺幾塊錢也做不得。

所謂「薄利多銷」，就是在定價時適當降低商品的利潤率，使顧客看到商品價格實惠，促使商品銷量不斷擴大，在多銷中獲利。「薄利多銷」是一種適合有利於供求雙方的定價原則。因為人們購物總願意精心挑選、反覆比較，多數顧客願意購買那些物美價廉的商品。「薄利」商品同粗製濫造的商品是有著根本區別的兩類不同性質的商品，要落實「薄利多銷」的原則，就要保證商品的品質，只有這樣，才能贏得消費者的信賴，才能達到「多銷」獲利的目的。否則，商品品質很差，即使利再薄，以致「讓利賠本」也是不會受顧客歡迎的。

其實，薄利多銷這道理人們很早就懂。司馬遷說過：「貪賈三之，廉賈五之。」意思是說，貪小的商人要價太高，不能做到當賣則賣，當買則買，所以得利少；而「廉賈」則不然，價格雖然低一點，但賣得多，銷路好，利雖小，但賺的反而多。俗話說：「三分毛利吃飽飯，七分毛利餓死人。」意即薄利多銷反而能賺大錢；反之，想一口吃成個大胖子，往往導致生意蕭條，產品滯銷。

「薄利」和「賺錢少」是兩個概念，有不少人把「薄利」

等同於「賺錢少」。其實這是一種誤解。看起來你從一個顧客身上賺的錢很少,可是,正因為這一個「少」,才招來更多的顧客,從而積少成多,把從每一個顧客身上賺的很少的錢加起來,也就相當可觀了。因而利小也能賺大錢。

薄利多銷是大勢所趨,相信每個人都會喜歡低價的,同等商品,誰價低誰受歡迎,小商品如此,大商品也如此。前景暗淡的一些商人們不妨高舉「低價」大旗,即使產品略有不足,也一定會爭過品質好價格高的企業的,低價戰略是一件百戰百勝的有效武器。

11

經濟學的永恆話題——需求與供給

有這樣一個故事:向和尚賣梳子,賣得越多越好。

幾乎所有的人都對這樣的命題表示懷疑:把梳子賣給和尚,這怎麼可能呢?弄錯沒有?和尚沒有頭髮,根本就用不著梳子。面對根本沒有需求的市場,許多人都打了退堂鼓,但甲、乙、丙三個人勇敢地接受了挑戰。

一個星期的期限到了,三人回公司彙報各自的銷售成果,甲先生僅賣出 1 把,乙先生賣出 10 把,丙先生居然賣出了 1000

把。同樣的條件，為什麼結果會有這麼大的差異呢？

甲先生說，他跑了三座寺院，受到了無數和尚的臭罵和追打，但仍然不屈不撓。在下山的時候他碰到了一個小和尚，這個小和尚因為頭皮癢在撓頭，他遞上了一把梳子，小和尚很高興地買了這把梳子。

乙先生去了一座名山古寺，由於山高風大．把前來進香的善男信女的頭髮都吹亂了。乙先生找到住持，說：「蓬頭垢面對佛是不敬的，應在每座香案前放把木梳，供善男信女梳頭。」住持認為有理，那廟共有 10 座香案，於是住持買下 10 把梳子。

丙先生來到一座頗負盛名、香火極旺的深山寶剎，對方丈說：「凡來進香者，多有一顆虔誠之心，寶剎應有回贈，保佑其平安吉祥，鼓勵多行善事。我有一批梳子，您的書法超群，可刻上『積善梳』三字，然後作為贈品。」方丈聽罷大喜，立刻買下 1000 把梳子。

美國著名經濟學家薩繆爾森說過：學習經濟學是再簡單不過的事了，你只要掌握兩件事，一個叫供給，一個叫需求。

需求指的是消費者在一定時期內各種可能的價格下願意而且能夠購買的該商品的數量，指的是消費者想得到某種商品的願望。需求不是自然和主觀的願望，而是有效的需要，它包括兩個條件：消費者有慾望的購買和有能力的購買。

影響需求數量的因素有：商品的自身價格（需求量隨著價格上升而下降，隨著價格的下降而上升）、消費者的收入水準（需求量隨著收入水準的上升而上升，隨著收入水準的下降而下降）、相關產品的價格（需求量在一定時期內隨著價格的上升而

上升，隨著價格的下降而下降）、消費者的偏好（需求量隨著偏好的上升而上升，隨著偏好的下降而下降）、消費者對商品的價格預期（需求量隨著價格預期的上升而上升，隨著價格預期的下降而下降）等。

需求是微觀經濟學中一個重要的法則，即在一般情況下，需求與價格的關係成反比，價格趨高，需求量越小，價格下降，需求量上升。

例如：如果每勺冰淇淋的價格上升了 20 美分，你將會少買冰淇淋，你會購買冷凍優酪乳。如果每勺冰淇淋的價格下降 20 美分，你會多買一些。由於需求量隨著價格上升而減少，隨著價格下降而增加，我們說，需求量與價格負相關。價格與需求量之間的這種關係對經濟中大部份物品都是正確的，而且，實際上這種關係如此普遍，經濟學家稱之為需求規律：在其他條件相同時，一種物品價格上升，讀物品需求量減少。但在少數情況下會出現相反的情形，即價格越高，需求量越大，價格越低，需求量反而越小。這種商品通常是社會上具有象徵地位的炫耀性商品，比如鑽石、古董，它們常常會因為價格的提高，需求量反而增加。

供給指的是生產者在一定時期內在各種可能的價格下願意而且能夠提供出售的該商品的數量。這種供給是指有效供給，必須滿足兩個條件：生產者有出售的願望和供應的能力。

影響供給數量的因素有：商品的自身價格（供給量隨著價格的上升而上升，隨著價格的下降而下降）、生產成本（供給量隨著生產成本的上升而下降，隨著生產成本的下降而上升）、生產

的技術水準(供給量隨著生產技術水準的上升而上升,隨著生產技術水準的下降而下降)、相關產品的價格(供給量在一定時期內隨著價格的上升而上升,隨著價格的下降而下降)、生產者對未來的預期(供給量隨著未來預期的上升而上升,隨著未來預期的下降而下降)等。

12

少數人掌握多數財富——二八法則

1897 年,義大利經濟學者帕累托偶然注意到 19 世紀英國人的財富和收益模式。

在調查中,他發現大部份的財富流向了少數人,同時,他還發現了一件非常重要的事情,即某一個族群佔總人口數的百分比和他們所享有的總收入之間有一種微妙的關係。他在不同時期、不同國度都見過這種現象。不論是早期的英國,還是其他國家,甚至從早期的資料中,他都發現這種微妙關係一再出現,而且在數學上呈現出一種穩定的關係。

這就是著名的「二八現象」:社會上 20%的人佔有 80%的社會財富。也就是說財富在人口中的分配是不平衡的,反映在數量比例上,大體就是 2:8,這就是這則應用很廣的「重要的少

數與瑣碎的多數──二八法則」。

二八法則也叫帕累托定律。19 世紀末，義大利經濟學家帕累托發現了二八法則，這是經濟學上的重要法則，全稱叫「80/20效率法則」。

二八法則可引申為，在任何特定的群體中，重要的因數通常只佔少數，而不重要的因數則常佔多數。如在某個單位中，20%的人通常代表 80%的人的發言權；在銷售公司裏，80%的銷售額是 20%的商品帶來的，在經營上，總是 20%的企業控制 80%的市場。

20%賺錢的人掌握了市場中 80%正確的有價值的信息，而80%賠錢的人因為各種原因沒有用心收集資訊，只是通過股評或電視掌握 20%的信息。

當 80%的人看好後市時，股市已接近短期頭部；當 80%的人看空後市時，股市已接近短期底部。只有 20%的人可以做到鏟底逃頂，80%的人是在股價處於半山腰時買賣的。

在商品行銷中，商家往往會認為所有顧客一樣重要；所有生意，每一種產品都必須付出相同的努力，所有機會都必須抓住。而二八法則恰恰指出了在原因和結果、投入和產出、努力和報酬之間存在這樣一種典型的不平衡現象：80%的成績歸功於20%的努力，市場上 80%的產品可能是 20%的企業生產的；20%的顧客可能給商家帶來 80%的利潤。

遵循二八法則的企業，在經營和管理中往往能抓住關鍵的少數顧客，精確定位，加強服務，收到事半功倍的效果。美國的普爾斯馬特會員店始終堅持會員制，就是基於這一經營管理

念。許多世界著名的大公司也非常注重二八法則。比如：通用電氣公司永遠把獎勵放在第一，它的薪金和獎勵制度使員工們工作效率更高，也更出色，但只獎勵那些完成了高難度工作指標的員工。摩托羅拉公司認為：在 100 名員工中，前面 25 名是好的，後面 25 名差一些，應該做好兩頭人的工作。對於後 25 人，要給他們提供發展的機會，對於表現好的，要設法保持他們的激情。

「二八法則」最廣泛的應用是在行銷工作中。你只要抓住那些重要的 20%的客戶，你的利潤就會有所保證。所以，我們更不能對每位客戶都做到「一視同仁」，應該有側重地和重要的客戶多聯繫多應酬。

其基本內容如下：

一是「二八管理定律」。企業主要抓好 20%的骨幹力量的管理，再以 20%的少數帶動 80%的多數員工，以提高企業效率。

二是「二八決策定律」。抓住企業普遍問題中的最關鍵性的問題進行決策，以達到綱舉目張的效應。

三是「二八融資定律」。管理者要將有限的資金投入到經營的重點項目，以此不斷優化資金投向，提高資金使用效率。

四是「二八行銷定律」。經營者要抓住 20%的重點商品與重點用戶，滲透行銷，牽一髮而動全身。

總之，「二八定律」要求管理者在工作中不能「鬍子眉毛一把抓」，而是要抓關鍵人員、關鍵環節、關鍵用戶、關鍵項目、關鍵崗位。

後來，人們發現，這種二八的分類在其他地方同樣常見：

——20%的產品或 20%的客戶，涵蓋了企業約 80%的管理額；

——你的電腦 80%的故障是由 20%的原因造成的；

——20%的已婚者，佔離婚人口的 80%（那些不斷再婚又再離婚的人，扭曲了統計數字）；

——你一生使用的 80%的文句是用字典裏 20%的字組成的；

——20%的孩子，享受 80%的高水準教育；

——在家中，20%的地毯面積可能有 80%的磨損。

——80%的時間裏，你穿的是你所有衣服的 20%。

——在考試中，20%的知識能爲你帶來 80%的分數；

——你 20%的朋友，佔據了你 80%的與朋友見面的時間；

——世界上大約 80%的資源，是由世界上 15%的人所消耗；

——世界財富的 80%，爲 25%的人所擁有。

這些現象給我們的啓示就是，往往多數的因素只能造成少許的影響；而少數的因素，才是最關鍵的。

在行銷活動中，想把所有精力和努力平均分配給每一個客戶——「一碗水端平」——是不可取的。明智的做法是充分關注發揮主要作用的大客戶，將有限精力投注在他們身上，從而取得事半功倍的效果。

把二八定律運用到市場行銷中，會讓我們的行銷策略更有效。一種有效簡便的方法是對你的客戶進行分類，例如你可以用「ABCDE 法」：

「A」類客戶：有意購買你產品的企業家或具有決策權的人，但還沒有下定決心的潛在客戶，而且購買的數額會較大。

「B」類客戶：想購買你的產品，具有決定權，不過因爲有

其他原因而不能馬上決策。

「C」類客戶：有話語權，比較傾向於購買你的產品，但是沒有決策權。

「D」類客戶：對你還不瞭解，但是可以挖掘的客戶。

「E」類客戶：明確拒絕你的客戶。

通過這種分類，你可以避免把時間和精力浪費在毫無潛力的客戶身上，而把應酬的對象選擇在前三類重要的客戶上。

美國管理協會的一項統計表明：一位有代表性的業務員，他往往擁有眾多的客戶，然而其中能為他帶來大比例的成交額和利潤的卻只有非常少的幾位客戶。例如，一位房地產經紀人，在他的 150 位客戶中屬於 A 類的客戶只有 15 位，然而就是這 15 位的顧客卻為他創造了 50%的銷售額，而佔 46%的 69 位 C 類客戶加起來也才只佔有 50%的銷售額。

因此，對於那些佔你的銷售額比重較大的客戶，你就應當為他們花費更多的時間。否則那可能就意味著是對自己的重點客戶的忽略。總之，你應記住，你的時間是有限的，你應該把有限的時間用在刀刃上。

你的時間、精力、成本都是有限的，你必須學會分配，將最重要的精力分配給最重要的事情，關注最重要的 80%，這樣才能有好的收益。

13

比爾·蓋茨毅然決定放棄學業

　　機會成本是指為了得到某種東西而所要放棄的另一樣東西。機會成本小的具有比較優勢。簡單地講，可以理解為把一定資源投入某一用途後所放棄的在其他用途中所能獲得的利益。例如：你購買一套房屋全部用於居住，則不能再出租獲利，也就是居住的同時也失去了用於出租等獲利的機會；反過來說，你若出租，你則不能再居住。

　　機會成本主要應用在投資過程中。在投資決策中，放棄次優方案而損失的「潛在利益」，是選取最優方案的機會成本。

　　可能連不喜歡檯球(又稱為撞球)的人都知道，中國出了個檯球小子，叫丁俊暉。2002 年 5 月，年僅 15 歲的丁俊暉為中國奪取首個亞洲錦標賽冠軍，並成為最年輕的亞洲冠軍。同年 8 月 31 日，他又獲得世界青年檯球錦標賽冠軍，成為中國第一個檯球世界冠軍。2003 年 9 月，丁俊暉正式轉為職業選手。2004 年 2 月，丁俊暉在 6：3 擊敗世界排名第 16 位的喬派瑞、闖入溫布利大師賽四強的精彩瞬間，讓英國的老百姓在一夜之間認識、喜歡上了這個來自東方的檯球少年。

2005 年 4 月初，他奪得中國公開賽冠軍，一下成為中國乃至世界檯球界耀眼的明星。2007 年 2 月，他又奪得全英公開賽冠軍，是英格蘭、蘇格蘭、愛爾蘭和北愛爾蘭選手之外第一個奪得這一經典賽事冠軍的外國人。他於是自然而然地成為中國檯球(撞球)在世界上最有魅力的代言人。

開始接觸檯球那年，丁俊暉只有 8 歲，附近有一家檯球室，小暉每天放學回來扔下書包就往那裏跑，漸漸地，發現這個孩子越打越好，也就漸漸萌生了讓他走上專業道路的想法。小暉以前念書成績很好，但最後，還是決定讓他放棄學業，無論是上學還是打球，都是靠天賦，一通百通，事實也證明了當初的選擇是正確的。

從小學四年級起，丁俊暉開始了半天上學半天練球的「半專業」生活，初中一年級的時候，丁俊暉果斷地選擇了退學。他每天的訓練時間也由此達到了 10 個小時左右。

而如今，收入百萬獎金的丁俊暉不光用球杆掙回了一個家，更證明父親和自己作出的選擇是正確的，以至於丁俊暉自信地說：「因為打球而沒有繼續上學，當時看是件冒險的事，今天看卻很正確。」

事實上，對於每個人來說，選擇都是一件十分艱難的事情，我們常常會對選擇顯得左右為難，猶豫不決。丁俊暉當年面對的也並不是一項輕鬆的選擇。身邊的人都在學校裏學習，他自己也曾想在學業上有所作為，顯然選擇是關乎他一生前途命運的大事。父親對此也非常慎重。選擇為什麼會如此艱難呢？因為選擇是要付出成本的——機會成本。我們都知道人的慾望是

無限的，而用來滿足慾望的資源卻是有限的，在資源有限的情況下，凡事都難以兩全，一定是有所得必有所失，爲了去做一件事情，就必須放棄另一件事情，經濟學上把放棄的事情叫作爲要做的事情所付出的機會成本。

就像丁俊暉父子，如果他們選擇了檯球之路，就不能選擇求學之路，求學之路就是他選擇檯球訓練的機會成本，也就是練檯球必須以放棄學業爲代價。學生時代選擇科目，學理科，就不能學文科，學文科就是學理科的機會成本，也就是學理科你就必須以放棄學文科爲代價。對於未來的選擇，我們無法知道是否正確，但卻可以通過對機會成本的分析來進行辨別。還拿丁俊暉的選擇來說，丁俊暉在檯球上有獨特的天賦，如果繼續求學，肯定是離他的特長越來越遠，最終的收益只是獲得一張大學的文憑，找到一份不錯的職業。而選擇練檯球，則可以發揮自己的特長。

比爾·蓋茨的選擇也是要付出代價的。比爾·蓋茨於 1973 年進入哈佛大學法律系學習，可是他對法律一直沒有興趣，反而對電腦情有獨鐘。19 歲時，蓋茨有了創辦軟體公司的想法，隨之而來的就是他要面臨一項選擇，是繼續讀書直到拿到很多人夢寐以求的哈佛大學學位證書，還是輟學開辦自己的軟體公司？

比爾·蓋茨熱愛學習，順利完成學業是他的夢想，哈佛大學的畢業證書是他所渴望的，可是經營自己的軟體公司也是他所鍾愛的。在經過一番思考後，他毅然決定放棄學業，開辦軟體公司。事實證明了他的選擇是對的，在 1999 年美國《福布斯》

雜誌的世界富豪評選中，比爾‧蓋茨以淨資產 850 億美元理所當然地登上了榜首。

1999 年 3 月 27 日，比爾‧蓋茨回母校參加募捐活動時，記者問他是否願意繼續回哈佛上學，彌補他曾經的遺憾。對此，比爾‧蓋茨只微微一笑，沒有做出任何回答。不難看出，比爾‧蓋茨已不願意為了哈佛的學位證書而放棄自己已有的事業。

這是為什麼呢？按照常理，上學是蓋茨喜歡的事情，在實現了創辦軟體公司的願望後，他完全可以靜下心來繼續學習，實現他的哈佛夢想，可是他為什麼又選擇放棄呢？如果從經濟學的角度看，這個問題就不再那麼令人困惑了。因為，對於當時的蓋茨而言，比起放棄學業繼續經營公司，放棄經營公司去上學的機會成本更大；而且，他在電腦領域的技術水準已經相當高，上學對他來說得到的利益不可能比他經營公司的利益大，所以他當然會選擇機會成本較小、利益較大的一方。

機會成本並非會計學意義上的成本，而是一個純粹的經濟學概念。從經濟學角度來說，人們計算此成本一般只是為了找到最佳的要素組合，從總體上得到最大的利益。中國有一個與蓋茨類似的不願意上大學的例子，那就是姚明。姚明同火箭隊簽訂了 5 年的合約，火箭隊付給他的薪酬是 7000 萬美元，加上平時代理的廣告收入，據說他的年收入已突破 1 億美元，但是如果他選擇去讀大學的話，這些收入很可能都會失去，也就是說，與在 NBA 打球相比，他選擇上大學的機會成本要大得多。

機會成本往往是以時間為代價的，在我們每個人擁有的各種資源中，最寶貴的資源就是時間。一個人每天 24 小時，每年

365 天，一生也就幾十年，在這有限的時間裏，每個人所能幹的事情也總是有限的。年輕人常常站在人生的十字路口，不知道到底該往那裏去，就是因為年輕人為選擇所付出的機會成本主要是時間。年輕人精力旺盛，朝氣蓬勃，是給人生打基礎的黃金時期。有些選擇，比如體育、音樂、美術等，最佳年齡錯過了，以後再選擇也沒有用了。有些機會，也是一次性的，錯過了也就不可能再有了。年輕的時候，是一個人學習知識和技能的關鍵時期，也是一個人品質、修養、習慣的形成時期，如果選擇了不良的人生價值觀和生活方式，學無所成，生活怠惰，作風不良，隨著年齡的增長，改變也會越來越難。有位名人曾經說過：「人生的道路雖然漫長，但緊要處往往只有幾步，特別是當人年輕的時候。」這緊要的幾步，如果選擇不好，往往會影響以後的發展，有時甚至會毀掉人的一生。

有一女孩子特別醜，都老處女了也嫁不出去。最後，她想了個辦法，「如果能被人販子抓走，然後賣給別人家當媳婦就好了」。所以她就每天晚上在最危險的街道溜達，那裏聽說有女性失蹤，就去那裏。

工夫不負有心人，幸福真的降臨了！兩個綁匪蒙上了她的頭，塞上車，綁架了她。運輸的路上，她一直沉浸在幸福和喜悅中，非常地配合綁匪。到了綁匪的據點，兩綁匪把她拉到首領那裏，高興地要領功！首領一拉開她的面罩，愣了，半天說不出話來。接著，啪！啪！就給他們一人一巴掌，狂吼道：「你們這不是毀我名聲嗎，以後怎麼讓我在黑道上混？趕快給我送回去」。於是，首領親自跟那兩個綁匪送她回綁架她的地方。

車到了綁架她的地方，可是她死活不下車，非要跟他們走。「我要嫁人！」女人委屈地說。首領咬了咬牙，最後說了一句話「車不要了，咱們走！」

選擇就要付出代價。當你得到一個機會時，往往會失去另一個機會。

14

鯰魚效應

西班牙人愛吃沙丁魚，但沙丁魚非常嬌貴，極不適應離開大海後的環境。當漁民們把剛捕撈上來的沙丁魚放入魚槽運回碼頭後，用不了多久沙丁魚就會死去。而死掉的沙丁魚味道不好銷量也差，倘若抵港時沙丁魚還存活著，魚的賣價就要比死魚高出若干倍。為延長沙丁魚的活命期，漁民想出一個法子，將幾條沙丁魚的天敵鯰魚放在魚槽裏。因為鯰魚是食肉魚，放進魚槽後，鯰魚便會四處遊動尋找小魚吃。為了躲避天敵的吞食，沙丁魚自然加速遊動，從而保持了旺盛的生命力。如此一來，沙丁魚就一條條活蹦亂跳地運到漁港。

澳大利亞的牧場上經常有狼群出沒，吞噬牧民的羊。牧民於是求助政府和軍隊將狼群趕盡殺絕。後來，狼沒有了，羊的

數量大增，牧民們非常高興，認為預期的設想實現了。可是，若干年以後，卻發現羊的繁殖能力大大下降，羊的數量不升反降，而且體弱多病，羊毛品質也大不如從前。牧民們這才意識到，由於失去了天敵，因為長期的安逸生活，羊群的生存能力大大下降，進而其基因也發生了退化。於是，牧民又請求政府引進野狼。狼回到草原後，羊的數量又開始增加。

這在經濟學上被稱作「鯰魚效應」。

適當的競爭猶如催化劑，可以最大限度地激發潛力。當壓力存在時，為了更好地生存發展下去，畏懼者必然會比其他人更用功，而越用功，跑得就越快。

其實市場上的許多客戶也是這樣，當公司沒有新奇的招數進行吸引的時候，時間長了就容易厭倦、疲倦，因此有必要找些「鯰魚」加入，製造一些緊張氣氛，使他們有種危機感，知道該加快步伐了，否則就會被殺掉。這樣一來，市場自然而然就生機勃勃了。

「鯰魚效應」是一個經濟學概念，即採取某種手段或措施去刺激一些企業，讓它們因此而活躍起來，然後參與到市場的激烈競爭中去，從而激活市場中的同類行業和企業。

「鯰魚效應」實質上是一種負激勵，是激活企業和員工隊伍的一種有效方式。最近媒體報導說，從今年開始，某國將實行公務員聘用制，率先打破了公務員的「鐵飯碗」制度，讓公務員有了擇業的需求，而且能進能出，能上能下，政府還說那些專業強、技術好的公務員只要一旦被聘用上了，薪酬也將得到提高，是普通公務員的數倍。該市這一舉措，打破了政府機

構等級森嚴的狀況，改變了公務員的官僚主義作風，解決了辦事效率低下等問題。大大地刺激了公務員的行政效率，增強了公務員的責任感、危機感。在拓寬選人、用人管道的基礎上聘任制發揮了「鯰魚效應」的作用。

在企業管理中，管理者要實現管理的目標，適當地輸入「鯰魚型」的人才也是非常有必要的。通常來說，當一個企業進入較為穩定的狀態時，企業裏的員工也就開始出現「一團和氣」的情況，工作積極性和工作效率明顯降低，這對於一個企業來說是一件很危險的事情。因此，企業管理者們為了提高員工的積極性，就開始往企業裏輸入幾個「鯰魚型」人才，用「鯰魚型」人才產生的「鯰魚效應」解決企業的問題。

「鯰魚效應」不僅是動物世界的一條生存法則，它還是企業管理的一種手段。現在越來越多的企業開始將其應用於管理之中。沙丁魚只有在生存受到威脅的時候才會有強烈的求生意識，從這種角度來說，個人和企業的發展也是如此，也只有在生存受到威脅的時候才會產生爆發力，才會竭盡所能地去發揮自己的潛能。

時至今日，「鯰魚效應」已經成為企業領導層激發員工活力的有效措施。一個積極、進步的企業，總是在不斷補充新鮮血液，把那些富有朝氣、思維敏捷的年輕生力軍引入職工隊伍中甚至管理層，給那些故步自封、因循守舊的懶惰員工和官僚帶來競爭壓力，借助這些鯰魚型人才，喚起其他為數眾多的「沙丁魚」的生存意識和競爭求勝之心。

15

錢不值錢的背後──通貨膨脹

在第一次世界大戰後的德國，有一個小偷去別人家裏偷東西，看見一個筐裏邊裝滿了錢，他把錢倒了出來，只把筐拿走了。很多人感到奇怪，小偷爲什麼不要錢呢？其實，在當時的德國，貨幣已經貶值到了在今天看來幾乎無法相信的程度，裝錢的筐與那些錢相比，筐更有價值。

第一次世界大戰結束後的幾年，德國經濟處於崩潰的邊緣。戰爭本來就已經使德國經濟凋零，但戰勝國又強加給它極爲苛刻的《凡爾賽和約》，使德國負擔巨額的賠款。德國最大的工業區──魯爾工業區 1923 年還被法國、比利時軍隊佔領，可謂雪上加霜。

無奈的德國政府只能日夜趕印鈔票，通過大量發行貨幣來爲賠款籌資。由此，德國經歷了一次歷史上最引人注目的超速通貨膨脹。從 1922 年 1 月到 1924 年 12 月，德國的貨幣和物價都以驚人的比率上升，一張報紙的價格變遷可以反映出這種速度：每份報紙的價格從 1921 年 1 月的 0.3 馬克上升到 1922 年 5 月的 1 馬克、1922 年 10 月的 8 馬克、1923 年 2 月的 100 馬

克，直到 1923 年 9 月的 1000 馬克，再到 1923 年 10 月 1 日的
2000 馬克、1923 年 10 月 15 日的 12 萬馬克、1923 年 10 月 29
日的 100 萬馬克、1923 年 11 月 9 日的 500 萬馬克，再到 1923
年 11 月 17 日的 7000 萬馬克。

　　發生在德國歷史上的這次通貨膨脹是真實的事件，通貨膨
脹一般是指紙幣發行量超過商品流通中實際需要的貨幣量，引
發紙幣貶值。它的直接反應是物價持續上漲。如果商品流通中
所需要的金銀貨幣量不變，而紙幣發行量超過了金銀貨幣量的
一倍，單位紙幣就只能代表單位金銀貨幣價值量的 1/2。在這
種情況下，如果用紙幣來計量物價，物價就上漲了一倍，這就
是通常所說的貨幣貶值。此時，流通中的紙幣量比流通中所需
要的金銀貨幣量增加了一倍，這就是通貨膨脹。

　　非洲國家辛巴威，其通貨膨脹也達到了驚人的地步。2009
年 2 月，辛巴威中央銀行行長決定從其發行的巨額鈔票上去掉
12 個零，這樣一來，辛巴威一萬億鈔票相當於 1 元。此時，辛
巴威通貨膨脹率已經達到百分之 10 億，而 1 美元可兌換 250
萬億辛巴威元。很多人笑言，在辛巴威，人人都是「億萬富翁」。
當然絕大部份人都不願做這樣的富翁！

　　紙幣發行量超過流通中實際需要的貨幣量，也就是貨幣供
給率高於經濟規模的增長率，這是導致通貨膨脹的主要原因。

　　通貨膨脹成了人們最熱門的話題之一，「糧價漲了，油價漲
了，豬肉價漲了，房價更是在漲……」可以說是漲聲一片。這
讓敏感的老百姓漸漸緊張起來，辦公室、菜市場、洗手間、公
車、網路論壇……關於漲價的討論隨處可聞。那麼，作為普通

老百姓,我們該怎樣認識通貨膨脹呢?

通貨膨脹,就是貨幣相對貶值的意思。說得通俗一點,就是指在短期內錢不值錢了,一定數額的錢不能再買那麼多東西了。假如半年前,8 元錢能買 1 斤豬肉,可是現在卻需要 13 元才能買 1 斤豬肉。而且這種物價上漲,貨幣貶值的現象還比較普遍,也就是說,不光是豬肉漲價了,當你環顧四週,看到絕大部份商品的價格都上漲了,這就可以斷定通貨膨脹確實發生了。人們通常都不喜歡通貨膨脹,因為辛辛苦苦賺來的錢變得不值錢了——儘管在通貨膨脹時,人們往往賺得更多。

通貨膨脹可以分成好幾類,而且不同的通貨膨脹對人們生活以及社會經濟的影響也不相同。

1.溫和的通貨膨脹

這是一種使通貨膨脹率基本保持在 2%～3%,最多不超過 5%,並且始終比較穩定的一種通貨膨脹。一般認為,如果每年的物價上漲率在 2.5%以下,不能認為是發生了通貨膨脹。當物價上漲率達到 2.5%時,叫做不知不覺的通貨膨脹。

一些經濟學家認為,在經濟發展過程中,產生一點溫和的通貨膨脹可以刺激經濟的增長。因為提高物價可以使廠商多得一點利潤,以刺激廠商投資的積極性。同時,溫和的通貨膨脹不會引起社會太大的動亂。這種溫和的通貨膨脹能像潤滑油一樣刺激經濟的發展,因此被稱為「潤滑油政策」。

2.快速的通貨膨脹

這是一種不穩定的、迅速惡化的、加速的通貨膨脹。這種通貨膨脹發生時,通貨膨脹率較高(一般達到兩位數以上),人

們對貨幣的信心產生動搖，經濟社會產生動盪，所以這是一種較危險的通貨膨脹。

3.惡性的通貨膨脹

惡性的通貨膨脹也稱為極度的通貨膨脹、超速的通貨膨脹。這種通貨膨脹一旦發生，通貨膨脹率非常高（一般達到三位數以上），而且完全失去控制，其結果是導致社會物價持續飛速上漲，貨幣大幅度貶值，人們對貨幣徹底失去信心。這時整個社會金融體系處於一片混亂之中，正常的社會經濟關係遭到破壞，最後容易導致社會崩潰，政府垮臺。

這種通貨膨脹在經濟發展史上是很少見的，通常發生於戰爭或社會大動亂之後。例如在 1923 年的德國就發生過，當時第一次世界大戰剛結束，德國的物價在一個月內上漲了 2500%，一個馬克的價值下降到僅及戰前價值的一萬億分之一。還有辛巴威，其 2008 年 7 月份的通貨膨脹率高達 231000000%。

4.隱蔽的通貨膨脹

這種通貨膨脹又稱為受抑制的（抑制型的）通貨膨脹。這種通貨膨脹是指社會經濟中存在著通貨膨脹的壓力或潛在的價格上升危機，但由於政府實施了嚴格的價格管制政策，使通貨膨脹並沒有真正發生。但是，一旦政府解除或放鬆價格管制措施，經濟社會就會發生通貨膨脹，所以這種通貨膨脹並不是不存在，而是一種隱蔽的通貨膨脹。

溫和的通貨膨脹是刺激經濟發展的潤滑劑，而快速或惡性的通貨膨脹，則是經濟的殺手。

通貨膨脹的原因有很多種，也比較複雜，比如物價指數提

高、經濟過熱、大宗商品交易價格上升、政治因素等。對於我們來說，沒有必要深究其產生的原因，關鍵是如何應對，以減少壓力和損失。

首先，當然是努力工作，多多賺錢，減少開支，以減輕通貨膨脹的壓力。

其次，可以通過各種投資理財來抵消通貨膨脹對財產的侵蝕，但需要針對不同程度的通貨膨脹來考慮選擇投資理財的工具。

2%～5%的溫和通貨膨脹一般是經濟最健康的時期。這時一般利率還不高，經濟景氣良好。這時雖然出現了一些通貨膨脹，但千萬不要購買大量的生活用品或黃金，而應當將你的資金充分利用，分享經濟增長的成果。最可取的方法是將資金都投入到市場上。此時，無論股市、房產市場還是做實業投資都很不錯。當然這個思路的另一面就是，這時一般不要購買債券特別是長期的債券。而且要注意的是，對手中持有的資產，那怕已經有了不錯的收益，也不要輕易出售，因為更大的收益在後面。

當通貨膨脹達到 5%～10%的較高的水準，通常這時經濟處於非常繁榮的階段，常常是股市和房地產市場高漲的時期。這時政府已經出臺的一些調控手段往往被市場的熱情所淹沒。對於理性的投資者來說是該離開股市的時候了，對房產的投資也要小心了。

在更高的通貨膨脹情況下，經濟明顯已經過熱，政府必然會採取一些更加嚴厲的調控政策，基本上經濟緊接著會有一段時間衰退期，因此這時一定要離開股市了。房產作為實物資產

問題不大，甚至可以說是對抗通貨膨脹的有力武器，但要注意的是不要貸款買房，這個時候的財務成本是很高的。也絕不能炒房，甚至不是投資房產的好時候，手中用於投資的房產也要減持，因為在接下去的經濟衰退期中房產市場也一定受到影響。這時，利率應當已經達到了高位，長期固定收益投資成為了最佳的選擇，如長期債券等，但企業債券要小心，其償付能力很可能隨著經濟的衰退而減弱。還有保險，儲蓄型的保險也可以多買一些。

當出現了惡性的通貨膨脹的時候，最好的方法就是以最快的速度將你的全部財產換成另一種貨幣並離開發生通貨膨脹的國家。這個時候任何金融資產都是垃圾，甚至實物資產如房產、企業等都不能要，因為這裏的經濟必將陷入長期的蕭條，甚至出現動亂。對於普通老百姓來說，離開國家的可能性不是很大，那就只有多選擇黃金、收藏等保值物品，以減少損失。

心得欄 _____
_____
_____
_____
_____
_____

16

金融危機衝擊下的國家級災難──國家破產

2008 年 10 月 6 日，冰島總理哈爾德通過電視講話，對全體國民發出警報。「同胞們，這是一個真真切切的危險。在最糟的情況下，冰島的國民經濟將和銀行一同捲進漩渦，結果會是國家的破產。」此時，他面對的冰島不再是這個世界最美麗乾淨、金融高度發達的天堂，而是一個外債超過 1383 億美元、本國貨幣大幅貶值的黑色烏托邦。昔日在全世界過得最幸福的冰島人生活在國家破產、朝不保夕的恐懼中。

冰島人口只有 32 萬，過去僅靠漁業支撐，但是在 20 世紀 90 年代，全世界進入一個連續 10 餘年高速增長的黃金年代。冰島的銀行體系此時迅速萌芽並以瘋狂的速度擴張。它們在全球各地成立分行，發放了大量的貸款，銀行因此成為冰島經濟的最強支柱。截止到 2008 年 6 月 30 日，冰島三大銀行的資產規模總計達到 14.4 萬億克朗，約合 1280 億美元。與之相比，2007 年冰島的國內生產總值(GDP)僅為 1.3 萬億克朗。

銀行資產的大量累積，讓冰島人嘗到了甜頭，這個小國人均 GDP 佔到世界第四，美麗潔淨的環境、優厚的福利政策讓這

裏成為一方世人嚮往的「幸福樂土」。但是當金融危機襲來時，這個國家才發現他們原來正是投資大師巴菲特所說的「裸泳者」。總理哈爾德承認，由於冰島銀行產業幾乎完全暴露在全球金融業震盪波中，冰島面臨「國家破產」。

在日常生活中，我們會經常聽到那個公司或企業破產了，倒閉了，可從來沒有聽說過那個國家會破產。但這種現象現在卻真實地出現了，冰島由於金融危機的衝擊，嚴重地資不抵債，瀕臨破產邊緣，終於不支倒地。

隨著美國金融危機的加劇，加入將要破產困境的國家越來越多。全球信用評級機構標準普爾發佈評級報告（警告），面臨「國家破產」邊緣的國家還有一長串。

當然，國家破產的概念不是特別嚴格，從理論上說，一個經濟單位，小到家庭，大到國家，如果資不抵債就是陷入了破產的境地。但是國家和其他單位不同，國家手上第一有苛稅權，第二有發鈔票的權力，第三有舉債權，有這三權在就使得他不可能實際地破產。但是在西方國家這樣一個已經破產的事實，可能會導致政府更迭，但是國家破產不太可能。應該這樣來看，這裏用國家破產這個詞說當前的事，表明了問題的嚴重性。

所謂的國家破產實際上也就是對於一個國家經濟狀況的一種描述。國家破產，是說一個國家在一定時間段裏的經濟情況，首先，就是出現大量的財政赤字、對外貿易赤字；其次，就是出現大量外債；最後，該國家沒有償還外債的能力，同時也沒有改善國內經濟狀況的辦法。在這種情況下，我們就可以說這個國家要破產了。

面對一個個國家紛紛陷入破產危機，如何拯救它們，也同樣成為迫在眉睫的任務。早在 2000 年，國際貨幣基金組織（IMF）的第一執行總裁克魯格爾女士曾提出過一個解決機制，將 IMF 的地位放在了國家破產解決程序的核心地位，但是很明顯，這一方案遭到了所有國家的反對。兩年後，IMF 再次提出一個改進後的方案，該條款從法律上允許債權人中的一個「絕大多數集體」（佔債權人總量的 60%～70%）可以進行債務重組，同時該重組須將其餘的債權人包括在內，而 IMF 只起到監督和最後仲裁的作用。

為了應對當年的阿根廷債務危機（阿根廷當年的債務危機與現在所說的「國家破產」幾乎相同），美國政府也提出過相應的解決方案，但實際上也沒有起到任何作用。

要挽救國家破產的危局，就必須從國內、國際多方面尋求解決的辦法和管道。第一，是國際求助，比如這次冰島向俄羅斯尋求貸款：從國外獲得幫助來緩解自己的壓力；第二，就是通過談判解決債務問題，比如上一次拉美國家的債務危機，進行國際談判，對那些無法償還的債務進行免除、延期等措施，這也是一種緩解危機的辦法；第三，就是要發動國內民眾共度難關。只有國際、國內多方面共同地努力和配合，才能真正起到挽救的效果。

17

信息經濟時代的長尾理論

在日常經濟生活中常有一些頗有趣味的商業現象：

與人們預料中的情況正好相反，在網上書店亞馬遜的銷量中，暢銷書的銷量並沒有佔據所謂的 80%，而非暢銷書卻由於數量上的積少成多，而佔據了銷量的一半左右。

投向 1000 個活躍博客的廣告，其效果有可能不亞於投向大型網站的效果，儘管每個博客的讀者可能只有幾十人。

彩鈴等數字音樂的出現，讓身受盜版之苦的唱片業，找到了一個陡然增長的、心甘情願地進行多次小額支付的龐大用戶群。此前，有意願、有能力進行金額可觀的正版音樂消費的客戶群，其數量少得可憐。

這些商業現象對人們的傳統觀念造成了很大的衝擊。在這些故事中蘊涵著一種新的理論——長尾理論。

長尾理論是網路時代興起的一種新理論，由美國人克裏斯·安德森提出。長尾理論認為，由於成本和效率的因素，過去人們只能關注重要的人或重要的事，如果用正態分佈曲線來描繪這些人或事，人們只能關注曲線的「頭部」，而將處於曲線

「尾部」，需要更多的精力和成本才能關注到的大多數人或事忽略。例如，在銷售產品時，廠商關注的是少數幾個所謂「VIP」客戶，「無暇」顧及在人數上居於大多數的普通消費者。而在網路時代，由於關注的成本大大降低，人們有可能以很低的成本關注正態分佈曲線的「尾部」，關注「尾部」產生的總體效益甚至會超過「頭部」。我們都知道冰山理論，用冰山理論來形容長尾部份的巨大價值是再適合不過了。長尾的世界就好像是一座海上冰山，露出海面的部份就是大熱門，但是在海面下是巨大的冰山基層，這一部份遠比海上冰山的部份要大得多。例如，Google 就是一個最典型的「長尾」公司，其成長歷程就是把廣告商和出版商的「長尾」商業化的過程。數以百萬計的小企業和個人，此前他們從未打過廣告，或從沒大規模地打過廣告。他們小得讓廣告商不屑，甚至連他們自己都不曾想過可以打廣告。但 Google 的 AdSense 把廣告這一門檻降下來了：一方面廣告不再高不可攀，它是自助的，廉價的，誰都可以做的；另一方面，對成千上萬的 Blog 站點和小規模的商業網站來說，在自己的站點放上廣告已成舉手之勞。Google 目前有一半的生意來自這些小網站而不是搜索結果中放置的廣告。數以百萬計的中小企業代表了一個巨大的長尾廣告市場。這條長尾能有多長，恐怕誰也無法預知。因此安德森認為，網路時代是關注「長尾」、發揮「長尾」效益的時代。

　　「長尾理論」被認為是對傳統的「二八定律」的徹底叛逆。儘管聽上去有些學術的味道，但事實上這不難理解——人類一直在用「二八定律」來界定主流，計算投入和產出的效率。它

貫穿了整個生活和商業社會。這是 1897 年義大利經濟學家帕累托歸納出的一個統計結論，即 20%的人口享有 80%的財富。當然，這並不是一個準確的比例數字，但表現了一種不平衡關係，即少數主流的人（或事物）可以造成主要的、重大的影響。以至於在市場行銷中，為了提高效率，廠商們習慣於把精力放在那些有 80%客戶去購買的 20%的主流商品上，著力維護購買其 80%商品的 20%的主流客戶。

在上述理論中被忽略不計的 80%就是長尾。克裏斯·安德森說：「我們一直在忍受這些最小公分母的專制統治……我們的思維被阻塞在由主流需求驅動的經濟模式下。」但是人們看到，在 Internet 的作用下，被奉為傳統商業聖經的「二八定律」開始有了被改變的可能性。這一點在媒體和娛樂業中尤為明顯，經濟驅動模式呈現從主流市場向非主流市場轉變的趨勢。

「長尾理論」也會影響到社會形態及公共服務，如以往不受重視的冷門服務項目、更個人化的社會醫療護理等，其應用也可移植。

積少成多，聚沙成塔。關注那些人們忽略的「長長的尾巴」，也許比關注那些人們都緊盯的「頭部」更能獲得成功。

18

她的水果店生意最好——邊際效用

　　一家民航公司開闢從甲地飛往乙地的新航線，每運載一位旅客的全部成本是 260 元，那麼，當每次飛機有空位時，它能不能以每張 130 元的票價賣給學生呢？有人可能會說：「不行！」理由是每個旅客的全部成本是 260 元，低於這個數目的票價將會給航空公司造成虧損。但是，如果我們用邊際分析法去分析一下，便會發現是可行的。因為我們此時作決策不能依據全部成本(它包括飛機維修費用、機場設施和地勤人員的費用等)，而是要依據邊際成本。飛機維修費以及機場設施費等的開銷，不論是否搭載學生，均是要發生的，而學生在機上的就餐費和飛機因增加負載而增加的燃料支出，才是因學生乘坐飛機而額外增加的成本。若該邊際成本只有 30 元，則邊際收入 130 元大於它的邊際成本，說明學生乘坐飛機能為公司增加利潤，所以，按低價讓學生乘坐飛機對航空公司是有利的。

　　可以說，邊際分析法是經濟學的基本研究方法之一，不僅在理論上，而且在實際工作中也起著相當大的作用。

　　在一個集貿市場裏，何小姐經營的水果店生意最好。人們

都去她的店買水果，大多是回頭客。旁邊店裏的蔡先生非常困惑：我的水果品質不比她的差，價格也和她的一樣，服務態度也很好，為什麼我的店生意沒有她的好？

於是，蔡先生注意觀察何小姐的生意是怎麼做的。過了一段時間，蔡先生終於發現了何小姐經營的秘密。原來，何小姐總是額外送顧客一些水果。比如，一位老大媽花了 15 元買了 5 斤蘋果。何小姐在給老大媽裝袋子的時候，會從蘋果筐裏拿起一個蘋果送給她。這樣，老大媽就會覺得自己佔了便宜，以後還會再來何小姐的水果店。

人們都有佔便宜的心理，都想獲得額外的效用。因此，邊際效用就成爲了商家利用的工具。

在這個小故事中，何小姐的經營秘訣看起來簡簡單單，其實裏面蘊涵著一定的經濟學知識。她充分地利用了邊際效用原理。

邊際效用是一個經濟學概念。物品都有用，人們消費物品後獲得效用。每多消費一個單位量的物品，都能多獲得一些額外效用，這些額外效用就叫做邊際效用。何小姐給顧客的那個額外蘋果就是邊際效用。

邊際效用在應用的過程中，有一個遞減的作用，叫做邊際效用遞減。比如，一個很餓的人，第一碗飯對他的價值很高，給他的快樂可能是 100 單位；第二碗飯他已經不那麼餓了，所以價值是 50 單位；第三碗飯他已經差不多飽了，價值剩 10 單位；到了第四碗飯，價值是 0；第五碗飯他已經很飽了，價值是負的，如果要他吃，還要給他錢才行。

　　所以當他還沒吃飯時，一碗飯的邊際效用是 100；吃了一碗飯時，一碗飯（也就是第二碗）的邊際效用是 50；吃了兩碗飯時，一碗飯的邊際效用是 10；吃了三碗飯時，一碗飯的邊際效用是 0；吃了四碗飯時，一碗飯的邊際效用是-10……以此類推。

　　大部份的時候，邊際效用都是越來越小的，包括錢也是。想想看，如果某人有一千元，他的第一個一百元會去買對他來說最有價值的東西；第二個一百元，次之；第三個一百元，再次之。同樣是 10 萬元，對普通打工者的效用比對比爾‧蓋茨的效用大多了。因為普通打工者的 10 萬元是第一個 10 萬元，而比爾‧蓋茨的 10 萬元是第 N 個 10 萬元。

　　這種邊際效用遞減的原理廣泛地存在於日常生活中。比如說工作，為什麼新人的幹勁很大，而過幾年大家都意志消沉、盡顯滄桑了？這就是因為如果一個人在一段時間以內一直做同樣的工作，那麼工作帶給他的新鮮感和滿足度是一直邊際遞減的。所以如果在長時間內一個人的工作得不到可以晉升或者變化的機會，那麼他很有可能會因此而離職。這不是沒有解決的辦法，我們看到，邊際效用遞減規律的前提是，在其他商品的消費數量保持不變的條件下才有這個規律，所以我們可以打破這個前提。這個變化可以是多方面的，比如，工作內容的變化，公司對員工關心度的加強，薪水的提高等這也對每個公司的管理者有借鑑的意義，是不是你手下的員工很長一段時間都在做毫無挑戰的工作？是不是他們已經很久沒有感受到公司對他們的關心？如果是的話，這就需要管理者好好考慮一下了。

　　還有在婚姻中，之所以會有喜新厭舊的說法，就是由於邊

際效用遞減的緣故。一般來說，結婚頭三年都是很幸福的，而
到了後來夫妻雙方習慣了家庭生活之後，每個人從婚姻獲得的
效用都是邊際遞減的，婚姻不再有新鮮感和刺激感，更多的是
安穩和平靜。那麼對於生性喜歡追求刺激的人來說這樣的生活
太沒有挑戰意義，那麼婚姻中的他很有可能通過外在異性的獲
得來填充這種需求。所以，保持婚姻持久的最好方法就是保持
婚姻的新鮮度，讓感情常新。

　　總之，邊際效用存在於生活的方方面面，我們就要儘量利
用邊際效用，採取相應的措施，以減少和阻止邊際效用遞減。

19

人人都想好，結果都不好──囚徒困境

　　這既是個耐人尋味的小故事，又是個經典的經濟學悖論。
　　員警抓獲了兩個重要的嫌疑犯，卻只掌握了很少的證據，
如果就此量刑，嫌疑犯將只受到很輕的懲罰。所以，員警就動
用了這樣一個辦法，將兩人隔離，然後分別對每個人說：
　　1.如果你認罪，而你的同夥沉默，那麼他將被判 10 年監
禁，而你將馬上獲得自由；
　　2.反過來，如果你的同夥認罪，而你保持沉默，那你將被

判 10 年，他將自由；

　　3.如果你們兩個人都認罪，每人都將被判 5 年監禁；

　　4.如果你們兩個人都沉默，你們每個人只會坐 1 年牢（因為員警證據不足）。

　　稍加分析，我們會發現，每個嫌疑犯可能面臨的監禁分別是 10 年、5 年、1 年和 0 年。從他們的角度來說，當然希望避開 10 年的漫漫鐵窗生涯，從而馬上自由。但是，問題的關鍵就在這裏：每個人最終的刑期並不是由他自己決定的，而是兩個人一起作出選擇後的結果，即需要兩人共同來達成。讀者如果有興趣的話，可以設身處地，將自己置於嫌疑犯的角度去考慮，就會發現其中有許多奧妙，甚至還能體會到有關人性的問題。

　　當然，經濟學家更關心的是其中蘊藏的「博弈論」原理。一般的經濟學理論認為，市場中的每一個個體都希望自己的利益最大化。不過，做生意的人都不是傻子，你希望利益最大化，我也肯定如此。假設我是其中的 A 嫌疑犯，當然希望自己「坦白從寬」，而 B「抗拒從嚴」，可是多年的「社會經驗」告訴我，B 肯定也會這麼想。退而求其次，只坐 1 年監禁也不錯，前提是兩個人都得沉默，但是那樣做我將冒極大的風險（因為 B 可能會招供）。思來想去，決定自己還是招供，這樣避開了 10 年牢獄，最多也就是坐 5 年，而對雙方都有利的 1 年刑期就不作指望了。

　　「兩人共坐五年牢」的結果，在博弈論中被稱為「納什均衡」。它的定義如下：

　　假設 N 個局中人參與博弈，在給定其他人策略的條件下，

每個人都會選擇自己的最優策略，從而使自己效用最大化，這樣所有人的策略就構成一個策略組合。納什均衡由所有參與人的最優策略組成，並且在給定其他人策略的情況下，沒有人有足夠的理由來打破這種均衡。在「囚徒困境」中，兩名嫌疑犯都希望自己的利益最大化，並且都知道對方將要採取的策略（其他人策略已經給定），結果產生了一種「納什均衡」。而任何一名嫌疑犯都無力將其打破。需要指出的是，將「囚徒困境」作為重要課題之一的博弈論幾乎徹底改變了人們對市場和競爭的看法。在這裏要提一下納什，作為一個天才的數學家，在經濟博弈論領域，他提出的「納什均衡」在非合作博弈理論中起著核心作用，到了今天，博弈論研究都以這一概念為基礎。而作出劃時代貢獻的納什，其克服精神分裂症、堅持研究的經歷更是跌宕起伏，令人敬佩。

以旁觀者的角度看，「囚徒困境」顯然不是一個最佳的結果。然而，它竟然是符合西方經濟學理論的。被譽為經濟學聖人的亞當‧斯密在《國富論》中有句名言：「一個人通過追求自身利益，常常會比他實際上想做的那樣能更有效地促進社會利益。」這究竟意味著什麼呢？也就是說，在市場經濟中，每一個人都從利己的目的出發，而最終全社會將達到利他的效果。通俗點說，就是「人人都為自己好，社會就會變更好」。但是上面的「囚徒困境」卻對斯密提出了有力挑戰：對兩個嫌疑犯來說，在斯密精神的指導下完全為了自己好，結果卻是大家都不好。最有利的 1 年監禁沒有出現，兩個囚徒損人而不利己，一個悖論就此出現——實際上，從某種意義上說，正是這個悖論

動搖了西方經濟學的基礎。

我們已經知道，在「囚徒困境」中，如果兩個嫌疑犯相互串供（經濟學上要文雅一些，稱之爲「合作」），就能達成最好的結果；或者換個角度，當他們都首先替對方著想時，也能共同獲得最短時間的監禁。這時，問題就變得深刻了：每個人的利己行爲，導致的最終結局卻是對所有人都不利，只有合作，才能使得大家獲得最多的利益，形成所謂的「雙贏局面」──話說回來，這個結論又何嘗不直指人性的本質呢？

如果將「囚徒困境」和「納什均衡」運用到真實的生活中來，我們會看到在社會、經濟、政治、管理和日常生活的各個方面，都存在著司空見慣的博弈現象。

經常會遇到各種各樣的家電價格大戰，彩電、冰箱、冷氣機⋯⋯無一不瘋狂降價，以期佔據市場。消費者當然是受益者，但是，廠家價格大戰的結局卻往往構成一個「納什均衡」。它就像「囚徒困境」的結果，損人而不利己，最終是誰都沒有錢賺，甚至還瀕臨破產。價格戰對廠商而言無疑意味著自殺。因此，一個正確的解決方法應該是廠商採取合作的態度，通過建立行業協會等方式避免這種沒有意義的價格戰。

一個只追求個人利益的社會，遲早會陷入「囚徒困境」。事實已經說明，只有合作，採取基於群體利益的策略，才會帶來真正的「共贏局面」，否則，企業如果只是單純爲了一己之利，終將變成市場裏的「囚徒」。

20

一個小過錯可擴散成大禍——蝴蝶效應

「一隻蝴蝶在熱帶輕輕扇動一下翅膀，就可能給一個遙遠的國家造成一場颶風。」這個非常有名的論斷，來自美國氣象學家愛德華·羅倫茲於 1963 年發表的一篇科學論文。在論文中，他指出「一隻蝴蝶在巴西輕拍翅膀，可以導致一個月後德克薩斯州的一場龍捲風」。通過這篇論文，「蝴蝶效應」一詞開始為世界關注。

蝴蝶效應所描述的其實是一種混沌現象。它指出在一個動力系統中，初始條件下微小的變化能給整個系統帶來長期的、巨大的連鎖反應。

當初，羅倫茲為了預報天氣，採用電腦類比地球大氣的變化。他採取了 10 幾個方程式，希望借助電腦的高速運算來提高長期天氣預報的準確性。在一次試驗中，為了提高計算精度，他把一個數值 0.506 提高精度到 0.506127，然後再輸入電腦。但是，當他離開電腦喝了杯咖啡以後，回來再看時卻大吃一驚。他發現本來很小的初始誤差（數值僅僅增加了 0.000127），卻讓結果偏離了十萬八千里！再次驗算發現電腦並沒有毛病，羅倫

茲由此意識到，由於誤差會以指數形式增長，在這種情況下，一個微小的誤差隨著不斷推移會造成巨大的後果。於是，他將這種現象稱之為「蝴蝶效應」。這個發現非同小可，以致最初科學家都不理解，幾家科學雜誌也都拒登他的文章，認為違背常理——相近的初值代入確定的方程，結果也應相近才對，怎麼能大大遠離呢！但是，隨著大量事實的不斷印證，蝴蝶效應迅速在社會各個領域推廣開來。

要準確地理解「蝴蝶效應」，還需要瞭解「非線性」的概念。簡單說來，線性是指量與量之間成比例關係，形象理解，就是一種直線關係。這種關係有著明確的規則，而非線性則指不按比例、不成直線的關係，代表不規則的運動和突變。比如，兩個眼睛一起工作時，其視覺靈敏度是一個眼睛的幾倍？一般人很容易想到兩倍，然而實際情況卻是 6～10 倍！這就是一種典型的非線性關係，在這裏，1＋1 不等於 2。實際上，非線性無處不在，無時不在，比如：鐳射的生成就是非線性的，當外加電壓較小時，鐳射器猶如普通電燈，光向四面八方散射。而當外加電壓達到某一定值時，受激原子會突然發射出相位和方向都一致的單色光，這就是鐳射。健康人的腦電圖和心臟跳動並不是規則的，而是混沌的，混沌在此時化作生命力的表現。相比之下，混沌系統對外界的刺激反應，要比非混沌系統更快。而蝴蝶效應，便是典型的非線性，典型的混沌。

在今天，蝴蝶效應運用更多的，還是天氣、股票市場等在一定時段內難於預測的複雜系統。這一效應說明，事物發展的結果，對初始條件具有極為敏感的依賴性，初始條件的極小偏

差，將會引起結果的極大差異。當蝴蝶效應運用到社會學界時，說明了一個有著瑕疵的機制，不管它有多麼微小，如果不加以及時地引導、調節，最後很可能會給社會帶來非常大的危害，會帶來一場「龍捲風」或「風暴」；相反，一個有著優點的機制，不管它有多麼微小，只要正確指引，經過一段時間的努力，最後很可能會產生轟動效應，甚至引發革命性的進展。

在西方，有一個廣爲流傳的民謠，就說明了在混沌系統中，初始條件的微小變化經過不斷放大，對未來造成的巨大影響。

丟了一個釘子，壞了一隻蹄鐵；

壞了一隻蹄鐵，折了一匹戰馬；

折了一匹戰馬，傷了一位騎士；

傷了一位騎士，輸了一場戰鬥；

輸了一場戰鬥，亡了一個帝國。

馬蹄鐵上一個釘子是否會丟失，本是初始條件的十分微小的變化，但其「長期」效應卻是一個帝國存與亡的根本差別。這就是軍事和政治領域中的所謂「蝴蝶效應」。初看起來有點不可思議，但是細細思考，它給人們的啓發確實是深刻的。在經濟全球化的今天，面對複雜變幻的經濟形勢，任何一個國家都一定要盡力做到防微杜漸，要警惕看似極微小的事情，卻有可能最終造成整個系統的分崩離析。2008 年，席捲全球的金融危機，就是蝴蝶效應的一個很好的實例。

2007 年，次貸危機在美國爆發，接著到了 2008 年 9 月，金融危機便在全球範圍內掀起波瀾。當美國次貸危機剛剛發生的時候，在相當長的時間裏，並沒有多少人相信，美國金融動

盪會對亞洲經濟產生如此重大的影響。這是因為，在經歷亞洲金融危機的打擊、磨煉和洗禮後，亞洲國家和地區的經濟體系有了顯著改進，當次貸危機爆發時，亞洲的許多人還樂觀地認為，只要亞洲區內貿易可以持續，美歐經濟好壞與亞洲經濟的關係就不大。然而，事實證明，美國次貸危機就像那隻扇動翅膀的蝴蝶，它帶來的惡劣影響被不斷地、迅速地放大，時隔不久，便對亞洲經濟產生了巨大衝擊。

其實，簡要梳理一下金融危機的內在關聯，我們就會對蝴蝶效應的本質有一個更深刻的認識。在金融、貿易日益全球化的今天，世界各國都存在著千絲萬縷的經濟聯繫，處於一個相互關聯的極其複雜的系統中。一個微小的初始事件，就很有可能引起系統性的整體災難。作為世界金融中心的美國，當其內部發生次貸危機時，這種影響便不斷地借助蝴蝶效應加以放大，通過與世界的種種複雜經濟關係傳遞給各個國家，最後，亞洲經濟也不可避免地遭受了重大損失。亞洲地區的一些典型的外貿出口企業對此有著切膚之痛。原有的外貿出口訂單在極短的時間內就消失了。僅以 2009 年 1 月份為例，臺灣出口下滑超過了 40%。韓國與日本達到了 30%。在這場金融危機中，蝴蝶效應的巨大影響顯現無遺。

蝴蝶效應同樣會作用於一個企業，以及單獨的個人。在現代企業管理中，一名管理者格外需要注意「蝴蝶效應」的作用。一個企業的發展是複雜的，受到方方面面因素的作用，可以視作一個複雜的系統。今天的消費者越來越相信感覺，品牌消費、購物環境、服務態度……這些無形的、難以量化的價值都將成

爲他們選擇的因素。而這些因素，無論其有多麼微小，它們造成的影響，都有可能被累加、成倍放大，對企業的未來產生顯著的影響。

只要稍加留意，我們不難看到一些管理規範、運作良好的公司在理念中出現這樣的句子：

「在你的統計中，對待 100 名客戶，只有一位不滿意，對你而言，你只有 1%的不合格，但是對於該客戶而言，他卻是 100%的不滿意。」

「在客戶眼裏，你代表公司。」

「你一次對客戶不友好，公司需要用 10 倍甚至更多的努力去補救。」

所有這些企業的管理箴言，都立足於防微杜漸，從小事做起，從細節抓起。應用蝴蝶效應加以理解，便是注意一個個微小事件的影響，將不利的因素消除，避免它們對企業的未來產生惡劣的衝擊，將有利的因素強化，使它們對企業未來起到重要的推動作用。實際上，不僅企業如此，對於個人，也同樣需要注意「蝴蝶效應」。每個人都應該捕捉到對生命有益的「蝴蝶」，從而爲自己贏得一個更好的未來。在今天，「蝴蝶效應」正借助其大膽的想像力和迷人的美學色彩，以及豐富的科學內涵和內在的哲學魅力，令越來越多的人爲之著迷、爲之深省。

「蝴蝶效應」是一種混沌現象，它指出在一個複雜系統中，初始條件的微小變化有可能被累加、成倍放大，對系統的未來狀態產生巨大影響。「蝴蝶效應」在自然界廣泛存在，在經濟領域同樣如此。對於企業，一名管理者要格外注意「蝴蝶效應」

的作用。同時，對於個人也同樣需要注意「蝴蝶效應」。要努力捕捉到那些有益的「蝴蝶」，從而爲自己贏得一個更好的未來。

21

富者更富，窮者更窮──馬太效應

馬太效應源自於《新約·馬太福音》：一個國王遠行前，交給 3 個僕人每人一錠銀子，吩咐道：「你們去做生意，等我回來時，再來見我。」國王回來時，第一個僕人說：「主人，你交給我的 1 錠銀子，我已賺了 10 錠。」於是，國王獎勵他 10 座城邑。第二個僕人報告：「主人，你給我的 1 錠銀子，我已賺了 5 錠。」於是，國王獎勵他 5 座城邑。第三個僕人報告說：「主人，你給我的 1 錠銀子，我一直包在手帕裏，怕丟失，一直沒有拿出來。」於是，國王命令將第三個僕人的 1 錠銀子賞給第一個僕人，說：「凡是少的，就連他所有的，也要奪過來。凡是多的，還要給他，讓他多多益善。」

到一個陌生的地方，我們往往會選擇生意比較好的飯店就餐，那怕需要在店堂中等一等，也不願意去一個客人寥寥的飯店。到醫院就診，我們寧願在一個有名望的醫生那裏排長隊，也不願意到同一個科室醫術平平的醫生那裏就診。於是，人多

的飯店客人越來越多,老闆的生意越做越大;而客人少的飯店人越來越少,最終門可羅雀,只好關門大吉,這就是可怕的馬太效應。

馬太效應反映了當今社會中存在的一個普遍現象,即贏家通吃(winnertakesall)。值得驚奇的是,在人類資源分配上,《馬太福音》所預言的「贏家通吃」現象十分明顯:富人享有更多資源——金錢、榮譽以及地位,窮人卻變得一無所有,就是經濟學中通常說的富者更富,窮者更窮。

任何個體、群體或地區,一旦在某一個方面,如金錢、名譽、地位等,獲得成功和進步後,就會產生一種積累優勢,就會有更多的機會取得更大的成功和進步。

美國在 1999 年公佈的一份研究報告顯示,美國貧富差距繼續加大。從 1999 年的收入來看,1%最富的美國人稅後收入相當於 37%不富裕的美國人所得,也就是說,270 萬最富裕的美國人的年收入等於處在收入較少一端的 1 億人的全年收入。此外,與 22 年前相比,美國經濟實力有了巨大的增強,但美國絕大多數家庭所得佔全民所得的佔有率卻越來越小。美國 4/5 的家庭收入(約 2.17 億人)佔全民所得的比例從 1977 年的 56%下降到目前的不足 50%。另外 1/5 最富裕家庭(約 540 萬人)所得佔有率在增長,其中多達 90%以上的增長進入了 1%最富裕家庭。

後來,經濟學家們借用了馬太效應這一術語,用以借指經濟學中收入分配不公的現象,即「貧者愈貧,富者愈富,贏家通吃,輸家則幾乎一無所有」。而這種馬太效應,在社會中是廣泛存在的。

以不同地區之間的經濟發展趨勢爲例，長期以來，國際上主要存在著兩種不同的觀點，即「趨同假說」和「趨異假說」。趨同假說認爲，由於資本的報酬遞減規律，當發達地區出現資本報酬遞減時，資本就會流向還未出現報酬遞減的欠發達地區，其結果是發達地區的增長速度減慢，而欠發達地區的增速加快，最終導致兩類地區發達程度的趨同。然而·趨異假說的觀點則與之截然相反，它認爲如果同時考慮到制度、人力資源等因素，實際情況往往會出現另外一種結果，即發達地區與欠發達地區之間的發展，常常會呈現出一種「馬太效應」，表現爲落後地區的人才大量流向發達地區，落後地區的資源廉價流向發達地區，這樣循環往復下去，地區間的差異越來越大。實際上，今天的國際經濟發展形勢正越來越明顯地印證著馬太效應。

在股市、樓市的狂潮中，人們都清楚，到了最後，最賺錢的總是莊家，而最賠錢的總是散戶。普通大眾的錢財，在馬太效應的作用下，會聚集到少數人群的手中，從而導致貧富分化進一步加劇。

對於富人和窮人而言，由於富人通常會借助雄厚的經濟力量，從而享受到更好的教育和發展機會，而窮人則同樣由於經濟原因，與富人比較，則要相反缺少發展機遇。長此以往，富者更富，窮者更窮。可以說，無論是在生物演化、個人發展等領域，還是在國家、企業間的競爭中，馬太效應都普遍存在。

1973 年，美國科學史研究者默頓用這幾句話對此來加以概括：「對已有相當聲譽的科學家做出的貢獻給予的榮譽越來越多，而對於那些還沒有出名的科學家則不肯承認他們的成績。」

這就是所謂的「馬太效應」，此術語後爲經濟學界所借用，反映貧者越貧，富者越富，贏家通吃的經濟學中收入分配不公現象。

你想什麼，就會吸引什麼；你是什麼樣的人，就會吸引來什麼樣的人。生活中發生的所有事情，都是你自己吸引而來的。

今日回過頭來看，突然發現，上帝似乎把這個現象撒播得無處不在。富人享有更多的資源：金錢、榮譽以及成功，窮人卻變得一無所有。在人類資源的分配上，《馬太福音》所預言的「貧者越貧，富者越富」現象幾乎存在於整個社會生活的各個方面，是我們每個人都要不可避免地面對的事實。比如，越有錢的人越容易借到錢，而越沒有錢的人越不容易借到錢。那些效益好的公司，銀行哭著喊著求著要借錢給它，而當企業的經營陷入困境，真正需要錢的時候，銀行不僅不願意借錢，即使原來的貸款也希望儘快收回。在某個行業或產業的產品或服務，品牌知名度越大，品牌的價值越高，其忠實的消費者就越多，勢必其佔有的市場佔有率就越大。反之，某個行業或產業的產品或服務，品牌知名度越小，品牌的價值越低，其忠實的消費者就越少，勢必其佔有的市場佔有率就越小，將導致利潤減少，被市場淘汰，其讓位的市場將會被品牌知名度高的產品或服務代替。朋友多的人會借助頻繁的交往得到更多的朋友，而缺少朋友的人會一直孤獨下去。金錢方面更是如此，即使投資報酬率相同，一個比別人投資多 10 倍的人，收益也多 10 倍。

爲什麼擁有得多，社會就給予他更多，而擁有得少，社會就給予他更少呢？這似乎不公平，卻有它的理由。這是因爲，擁有得多的人，他已經獲得了成功，得到了社會的承認和信任，

也就容易得到更多的機會。相反，沒有得到社會承認和信任的人，大家對他持懷疑的態度，甚至根本沒有注意到他，那麼在這個注意力經濟的時代，當然他的機會就更少。馬太效應還經常被用來解釋貧富差距的原因。從人與人之間的貧富差距來看，只要存在著財富的創造和財富的分配過程，貧富差距就始終如影隨形地跟隨著人類社會。這用馬太效應很好解釋：越是有錢的人，擁有的資金和其他資源越多，就越容易賺到更多的錢，而越是貧窮的人，他佔有的資金和其他資源就越少，當然發財的條件和幾率也就越小。

人們常說「失敗是成功之母」，而在馬太效應作用下所表現出來的好的越好，壞的越壞，多的越多，少的越少卻給了我們相反的啟示：成功是成功之母。因為更多的時候飽嘗失敗的滋味並不能使人走向成功，反而會讓人意志消沉，信心盡喪。而一個人越成功，就會越自信，越自信就會使你越容易成功。成功後，由於各種社會資源都會傾向於你這一邊，你就會取得更大的成功。

對年輕人而言，馬太效應則告訴我們，要想在某一個領域保持優勢，就必須在此領域迅速做大做強。當你在某個行業取得成功，即使投資報酬率相同，你也能更輕易地獲得比弱小的同行更大的收益。因為當你在某個領域取得成功時，客戶就會願意與你合作，讓你在推銷自己的過程中事半功倍。而若沒有實力迅速在某個領域做大，就要不停地尋找新的發展領域，才能保證獲得較好的回報。

這是個贏家通吃的社會，善用馬太效應，贏家就是你。

22

「短板」往往決定最終的結果——木桶效應

　　木桶效應是指一個水桶想盛滿水，必須每塊木板都一樣平齊且無破損，如果這個桶的木板中有一塊不齊或者某塊木板下面有破洞，這個桶就無法盛滿水。換句話說，一個水桶能盛多少水，並不取決於最長的那塊木板，而是取決於最短的那塊木板，所以，「木桶效應」也被稱爲短板效應。「木桶效應」還有兩個推論：其一，只有桶壁上的所有木板都足夠高，水桶才能盛滿水；其二，只要這個水桶有一塊不夠高，水桶裏的水就不可能是滿的。

　　經濟學家經常使用這個現象來說明在經濟活動中，往往是最薄弱的環節影響整體的績效，甚至會導致全面潰敗。所以在資源配置的過程中，要實現配置的最優化，往往要在薄弱環節上下工夫。

　　木桶效應指出，任何一個組織的各個部份往往都是優劣不齊的，而其劣勢部份提高，才能有效提高組織、企業和個人的整體活力。

　　在我們工作和創業過程中，木桶效應的作用十分明顯。通

-101-

常情況下，一個人成功的要素，包括其天賦、興趣、專長、性格、意志、機遇等，這諸多方面，我們都可以看做是木桶週圍參差不齊的木板，其中每一塊木板都對整個木桶盛水有影響。

　　一個人成就的大小，就像木桶盛水的多少一樣，往往不是取決於他的長處有「多長」，而是取決於他的短處有「多短」。他的長處只是表明他具有這方面的長處，僅此而已，並不能代表他在這方面就一定能夠有所作為，而他的短處則往往決定他在這方面的成就的大小。

　　木桶效應鮮明地指出了「劣勢決定優勢，劣勢決定生死」的這一道理。它要求一個人或者一個企業必須對自己的短板有著足夠的憂患意識。如果你是管理者，那麼你就要注意，個人有那些方面是「最短的一塊」，你應該考慮儘快把它補起來；如果你所領導的集體中存在著「一塊最短的木板」，你一定要迅速將它做長補齊，否則它給你的損失可能是毀滅性的──短板決定最終的結果。

　　更進一步，我們就可以發現，相對於短板而言，其他高出的木板是沒有意義的，甚至高出越多，材料的浪費就會越大。而且人們都明白，這個短板是不可能扔掉的，否則木桶連一點水都裝不了。因此，要想提高木桶的容量，就應該設法加高最短的那塊木板的高度，這是唯一的途徑。這個經驗來自生活，它雖然樸素，卻是經濟學原理的結晶。

　　木桶效應還可做進一步的引申。從經濟學中的資源配置的角度來講，把長木板和短木板放在一起做成一隻木桶，也會造成資源的極大浪費，在這裏，長木板起到的作用等同於那塊最

短的木板，長木板比短木板長出的那部份資源沒有發揮任何效
益。相反，如果把長木板都放在一起，把短木板都放在一起，
做成兩隻木桶，那麼資源將得到最大限度的利用。這一點也就
是著名的「鞋底鞋幫同時壞」的道理：假設鞋底是用「短木板」
做的，穿不了多久就壞了，那麼用「長木板」做的鞋幫也同時
失去了作用，就造成了資源的浪費和低效率。如果鞋底和鞋幫
都用長木板，那麼經久耐用，可以賣出一個好的價錢；如果二
者都用短木板做，那麼就賣一個低一些的價錢。從整體上來看，
社會資源則得到了最優的配置。

　　一個人在不同方面的能力有強有弱，不同的人能力更不相
同──在任何系統中，長木板和短木板都會存在，這是正常現
象，所以要注意的是，不能把長、短木板混合在一起做一隻木
桶，它們各有各的最佳用途，各自都有自己的最佳位置。

心得欄

23

經濟雪崩的多米諾骨牌效應

多米諾骨牌是一種非常精彩的遊戲，它用木制、骨制或塑膠製成長方形骨牌，在遊戲進時將骨牌按一定間距排列成行。只要輕輕碰倒第一枚骨牌，其餘的骨牌就會在第一塊倒下的骨牌的帶動下產生連鎖反應，依次倒下。這一遊戲從其誕生之日起，就令人著迷。目前，多米諾骨牌的世界紀錄是從輕輕推倒第一張牌開始，依次傳遞，結果成功推倒了 340 萬張骨牌。從所拍的視頻可以看出，骨牌依次倒下的場面蔚爲壯觀，其間顯示的圖案豐富多彩，令人歎爲觀止。多米諾骨牌蘊涵著一定的科學道理，其原理是，當骨牌豎著時，重心較高，倒下時重心下降，倒下過程中，其重力勢能便轉化爲動能，當它倒在第二張牌上，這個動能就轉移到第二張牌上，第二張牌將第一張牌轉移來的動能和自己倒下過程中由本身具有的重力勢能轉化來的動能之和，再傳到第三張牌上……所以每張牌倒下的時候，具有的動能都比前一塊牌大，因此它們的速度一個比一個快，力量也是一個比一個大，也就是說，它們依次推倒的能量一個比一個大。這樣，就產生了「多米諾骨牌效應」。

　　「多米諾骨牌效應」產生的能量是十分巨大的。它告訴我們，在一個相互聯繫的系統中，一個很小的初始能量就可能產生一連串的連鎖反應，從而產生巨大的能量。在生活當中，「多米諾骨牌效應」是比較常見的。第一棵樹的砍伐，最後導致了森林的消失；一日的荒廢，可能是一生荒廢的開始；第一場強權戰爭的出現，可能是使整個世界文明化爲灰燼的導火索。也許，這樣的預言或許有些危言聳聽，但是到了未來，我們很可能不得不承認它們的準確性。要知道，有些可預見的事件，當其結果最終出現時，可能要經歷一個世紀甚至兩個世紀的漫長時間。然而，它的變化已經從我們沒有注意到的地方開始了。多米諾骨牌效應告訴我們：一個很微小的力量能夠引起或許只是察覺不到的漸變，但是它所引發的卻可能是翻天覆地的變化。

　　2008 年席捲全球的金融危機，幾乎給全球帶來了一次經濟雪崩。其中，「多米諾骨牌」效應的作用顯露無遺。這場源自美國次貸危機的全球金融海嘯，波及發達國家幾乎所有的金融產品、金融機構和金融市場，經濟陷入衰退。這場導致全球經濟下滑的美國金融危機的始作俑者是金融機構，其無節制的信貸增長和資產價格泡沫急劇膨脹是危機爆發的直接原因。細看這一過程，應從 2001 年「9・11」事件開始。當時，美聯儲爲了刺激經濟，連續降息，低利率加上流動性過剩，直接推動了全球性房地產等資產價格的過熱，導致住房貸款需求的增加。由於優質按揭市場已經趨於飽和，發放次級按揭機構就開始轉向低等級客戶，次級抵押貸款市場因而迅速發展，房屋價格和房屋信用泡沫逐漸變大，直至美國住房供應市場很快飽和。而當

美國貨幣政策發生變動後，利率上調，房價下跌，原本信用等級低的借款人無力還貸，而抵押貸款公司手中的住房抵押品難於出手，也不足以彌補虧空，資金鏈條由此斷裂。抵押貸款市場的危機直接影響了衍生的房產貸款支撐證券、債券以及擔保債務憑證(CDO)，繼而發生 CDO 大幅貶值，整個信用衍生品市場產生動盪。緊接著，發行衍生品和管理衍生品的公司股價開始下跌，又引發投資者對金融類公司的普遍憂慮，危機進一步向金融市場傳導，造成世界範圍內的股價震盪。多米諾骨牌效應日趨明顯，不僅對其發源地——美國經濟予以致命打擊，同時也對世界他國經濟產生了深遠的惡劣的影響。就這樣，次貸危機借助多米諾骨牌效應，不斷地推倒一塊塊骨牌，其破壞能量越來越強大，最終，演變爲肆虐全球的金融風暴。多米諾骨牌效應在此給世界上了驚心動魄的一課。

多米諾骨牌效應指出，在一個相互關聯的系統中，一個很小的初始能量就可能產生一連串的連鎖反應，從而產生巨大的能量。加強對於初始狀態變化的監管，防患於未然，對於當代金融業和實體產業而言，具有無比重要的意義。

24

學會適應未必是好事情──青蛙效應

　　人性中天生具有一種惰性，一種安於現狀的趨向。許多人往往不到迫不得已，不願意去改變已適應了的生活。但是，如果一個人久久沉迷於這種所適應的、缺少變化的安逸生活當中時，往往會忽略週圍環境的種種變化，以至於當危機真的到來時，就像熱水中的青蛙一樣只能坐以待斃。

　　19 世紀末，美國康奈爾大學做過一次著名的實驗。實驗研究人員捉來一隻健碩的青蛙，冷不防把它丟進一個煮沸的開水鍋裏。這隻反應靈敏的青蛙在千鈞一髮的生死關頭，用盡全力，躍出那勢必讓它葬身的水鍋，安然逃生。

　　隔了半個小時，他們使用一個同樣大小的鐵鍋，這一回往鍋裏放入冷水，然後把那隻剛剛死裏逃生的青蛙放進鍋裏。青蛙自由自在地在水中游來游去，接著實驗人員在鍋底偷偷地用炭火加熱。青蛙不知究底，悠閒自得地在微溫的水中享受「溫暖」，它已經適應了逐漸升高的水溫，並以之爲樂，沒有逃出溫水的想法。

　　慢慢地，鍋中的水越來越熱，青蛙開始察覺不對勁了，等

它意識到鍋中的水溫已讓自己熬受不住了，必須奮力跳出才能活命時，已經爲時過晚，它欲躍乏力，全身發軟，呆呆躺在水裏坐以待斃，直至被煮死在鍋裏。

實驗的結局很是耐人尋味，青蛙第一次能死裏逃生，是因爲它意識到危險，盡其所能進行了抗爭；第二次葬身鍋底，則是由於它在適應了溫水後，沒有改變現狀的想法，而到了不得不跳出溫水時，已經失去了改變現狀的能力。經濟學家們將這種現象稱爲「青蛙效應」。

目前，全球環境保護問題日益嚴峻，從某種意義上說，人類自身正在重蹈青蛙效應的覆轍。眾所週知，生態環境對人的生存和發展十分重要，保護生態就是保護人類自己。然而，一旦到了具體問題上，人類往往就表現出淡忘和麻木。水土流失會使土層變薄，土壤沙化，但是爲了眼前的那一點點收成，人們還是在山坡上開荒，順坡種植，而任土壤流失；亂砍濫伐林木，會對生態環境造成破壞，但爲了眼前的那點經濟利益，非法採伐林木在全球範圍一直屢禁不止；工廠排放的有毒化學物質會造成水質的污染，然而，個別企業仍然暗地裏向河流排放污水……

事物的發展，總有一個從量變到質變的過程，就像青蛙所處的涼水變溫水、溫水變熱水的環境，這一過程是漸進的，水溫緩慢升高，這漸進的變化使得青蛙放鬆了警惕，而當水溫發生質變，達到沸點時，青蛙即使想跳，也已無力回天。人類對自然環境的破壞，必然遭到自然的報復，但是這種報復剛開始通常不是致命的，甚至是微弱的，人類因此長期處於陶醉的甚

至麻木的狀態之中。這種狀態恰是「慢慢燒火加溫」的量變過程，與「青蛙效應」如出一轍。當人所處的環境徹底崩潰之時，青蛙的下場即是人的下場。

未雨綢繆、居安思危，這是我們應該從「青蛙效應」中掌握的精髓。在企業管理中，注意避免「青蛙效應」，也同樣具有重要的意義。

作為世界軟飲料行業中最卓越的公司之一，可口可樂的CEO經常向高層主管們提出這麼幾個問題：

「世界上 60 億人口每人每天消耗的液體飲料平均是多少？」

「64 盎司。」（1 盎司約為 31 克）

「那麼，每人每天消費的可口可樂又是多少呢？」

「不足 2 盎司。」

「那麼，在人們的肚子裏，我們的市場佔有率是多少？」

這幾個問題看似簡單，其實在其背後，是深刻的危機感和不滿足感。歷經市場磨煉的可口可樂公司深知，今天的成功並不意味著明天的成功，形勢總是在不斷變化之中。公司只有不斷地保持自己的憂患意識，設定遠大的目標，才不會在生活中各方各面的競爭中被打敗。其實，企業與個人都應該避免「青蛙效應」在自己身上發生。幸運的是，說到底，與青蛙相比，人畢竟有著高級的思維。青蛙在逐漸加溫的水中是無知的，而人卻有能力及時辨別自己的行為，這一點非常重要。如果社會、企業和個人能夠及時警醒，居安思危，並採取種種積極的措施，就一定能夠取得長遠的、可持續的發展。

「青蛙效應」告訴我們，如果安於現狀，麻木面對週圍的環境變化，對於社會、企業和個人而言都是非常有害的。這種危害的可怕之處在於其變化的緩慢，一旦危害引起質變時，其後果往往是災難性的。避免「青蛙效應」，必須做到居安思危，積極進取，從而取得長遠的發展。

25

世界上沒有免費的午餐

你買了一款最新的手機，過了一兩週，再去商場時卻發現，這款手機的價格下跌了 1/3。不光是手機，電子產品如筆記本電腦、數碼相機、攝像機、U 盤，等等，都在一輪接一輪地降價。甚至，有的手機你可以免費得到，許多城市的手機供應商都推出了充值定額話費，就能獲贈手機的活動。

經濟學裏有句名言，世界上沒有免費的午餐，說的就是一切都是有成本的。難道這個原理放到電子產品這兒就不管用了嗎？其實不然，個中奧秘還在於成本，電子技術的發展速度驚人，技術的提高能夠直接減少成本，所以，電子產品的降價便成為家常便飯。

企業把商品提供給市場所支出的全部費用即為成本。成本

是一切經濟活動的起點，人們在進行所有活動的時候都會計算成本，這也是理性經濟人更合理地打點自己生活所必須知道且熟練運用的知識。

一個企業的總成本可以分爲固定成本和可變成本。

固定成本是指企業在不生產任何東西的時候也需要支付的成本。比如，一家企業租了一塊廠房，不管這家企業是否從事生產，它都要按時繳納租金。同樣，一家企業借貸了一筆款項，那麼無論它本季產值爲 0 還是 1000 萬元，到了期限都要歸還本息。還有投入的機器設備等都是固定成本。

可變成本指隨產出變化的成本。例如，一家果汁廠，如果不生產，就不需要購買水果；生產越多果汁，就需要購買更多的水果，原料成本就會上升。還有，爲了生產更多的果汁，需要更多的工人，工資成本也跟著上升。像原料、燃料、工人工資都會隨著產出變化而變換，統統都歸於可變成本。

海邊旅遊城市，夏季的海邊，陽光沙灘、清涼的海風，總是吸引著一批批遊人流連忘返，一到夏季，海濱飯店和各個景點總是人滿爲患，但每年的十月到來年的四月，寒風獵獵，海濱就少見人影了，飯店和景點也門可羅雀。

既然淡季裏遊客少了，爲什麼不乾脆關門歇業，等到旺季再開門營業，省心省力？這是因爲飯店和景點的成本裏，固定成本佔的比重大。固定成本是到期必須支付的，無論你是否使用。從這個角度考慮，**繼續營業雖然收入不高，但總好過關門**後沒有一點收入。另外，如果旺季開門淡季關門，員工拿不到穩定的收入會紛紛走人，到了旺季就無法經營，飯店和景點的

聲譽會受到嚴重影響。

固定成本投入後不隨產量增加而增加,所以它的變動軌跡是一條水平線。可變成本則隨產量的變動而變動,那麼,它的變動軌跡是不是斜線向上呢?

經濟學家通過研究發現,可變成本的變動軌跡不是一條向上的斜線,而是一條向上的曲線。最初在產量開始增加時它的增加速度比較快,曲線比較陡直;漸漸增加速度放慢,曲線平緩上升;最後增加速度再次加快,曲線也重新變的陡直,而總成本的變動規律是與可變成本相同。

每個理性經濟人都是自私的,人們做出任何決定的依據都是利益最大化,具體到可變成本這個概念時,便是人們根據固定成本和變動成本的變化來做出最有利於自己的決定,這一點在日本的二手車市場中表現十分明顯。

日本的二手車市場很多,每個市場都整齊地擺放了很多二手車,每輛車上標明了價格和行駛公里數。二手車都很便宜,一輛開了幾年的豐田車,標價才幾萬日元。這是爲什麼呢,車主爲什麼賤賣自己的車呢?

問題出在維修費上。買車當然要花費不菲的費用,但新車購買後,開始幾年之內根本不用維修,有時連車蓋都不用打開。當使用幾年之後,便需要經常維修。由於日本的勞動力價格高昂,導致汽車維修費用居高不下。於是,很多白領產生了這樣的想法:與其花大筆錢修車,不如花同樣的錢買新車。而打工者願意買二手車,當然是因爲它便宜,還有出了小毛病自己就能動手解決了。

買新車的花銷是固定成本，投入以後基本不會改變，而日後的維修費用卻是可變成本，車輛使用時間越長，可變成本就越高。對於時間寶貴，又缺乏基本修車技能的白領而言，賣舊車買新車相對比較划算，因此，他們才以極低的價格處理舊車。

有 10 個人都想要你手裏的一個肉包子，你該如何找出最饑餓的那個人呢？

你的手頭上有個肉包子，但是你已經吃飽了，準備把這個包子送給別人。這時候，你的眼前突然躥出來 10 個人，都伸出手來向你要食物。你很仁慈，想把包子送給最餓的那個人，因爲他是最需要包子的人。可是，你怎麽知道誰最需要這個肉包子呢？

最簡單的方法是你張口問他們：「你們之中誰最餓？」在你面前的人中，可能有饑腸轆轆的善良人，也可能有酒足飯飽的騙子。當你開口問他們的時候，前者會誠實地告訴你：「我確實很餓。」後者會裝出誠實的模樣告訴你：「我真的很餓。」

單憑他們的回答，你無法判斷出誰更需要這個肉包子。經濟學家也不能判斷，因此他們在思考經濟問題的時候，從來不把人們的演說、傾訴、口號宣傳和花言巧語當回事，因爲口說無憑，不能作爲研究的依據。

既然不能相信語言，那麽把科學搬來如何？

你可以找來一台先進的 B 超機，對這 10 個傢伙的肚子，確切地說是胃，進行一番仔細的檢查，必要的時候再拍張 X 光片。於是，你得到了他們胃中食物的基本情況，那個胃中最空的人就是你該施捨的對象。

你還可以自己去調查一下這 10 個人的家庭情況,把他們家從裏到外搜查一番,從金戒指到麵包屑都記錄在案,然後經過綜合比較,你找到了最貧窮的那個人,他就是你需要幫助的人。

可是,你只不過是想送出一個包子啊!B 超機和 X 光掃描機都是很昂貴的,你的時間也很寶貴。為了送出一個包子,這實在是太不值得。經濟學講究成本和收益,當成本大於收益的時候,那是賠本買賣,絕不能做。用科學儀器或社會調查來處理這個肉包子,顯然成本太高。

其實,你需要一個經濟信號,一個只有饑餓的人才會發出而飽食的騙子不願發出的信號。

對饑餓的人來說,肉包子對他是非常重要的,價值很大,或者用經濟學的話說,就是這個包子的效用很大,甚至大到可以延續他的生命。但是,在騙子眼中,肉包子的價值可不像在饑餓的人眼中那麼珍貴。所以,利用這一點,你可以讓不同的人發出不同的信號。

比如,你可以告訴這 10 個人,誰最先在泥地裏打個滾,你就把肉包子交給誰。對饑餓的人來說,肉包子的「收益」顯然比衣服骯髒的「成本」要大,他會真的在你面前打滾;而對騙子來說,讓他為一個肉包子而在泥裏打滾簡直是開玩笑,他只會悻悻地離開,臨走可能還會咒罵一下聰明的你。

雖然你成功地找到了最需要肉包子的人,但是從方法上講,還是有可改進的地方。畢竟,衣服髒了也是筆成本,而讓人在泥地裏滾,未免傷害他人的尊嚴。更好的方式是,你既能收穫經濟信號,還能推動社會生產力的發展,真能如此就更美

妙了。比如，檢查一下自己有什麼活需要別人幹。你可以對這 10 個人說，我的院子裏有兩棵樹苗，誰去把樹苗種在籬笆旁邊，就能得到肉包子。當那個饑餓的人完成工作後，你就把肉包子給他，不僅保全了他的衣服，也保全了他的尊嚴，因為肉包子並不是你施捨給他的，而是他的工作所得。

這就是關於肉包子的一個更好的方案。如果是慈善機構發放救濟物資，那麼肉包子救助的就不僅僅是一個人，而是千千萬萬的人。如何救濟真正的窮人，剔除那些富裕的騙子，想必你已經胸有成竹了。

26

「朝三暮四」與「朝四暮三」有區別

《莊子·齊物論》中有個「朝三暮四」的故事：宋國有一個很喜歡飼養猴子的人，名叫狙公。他家養了一大群猴子，時間長了，他能理解猴子的意思，猴子也懂得他的心意。狙公寧可減少全家的食用，也要滿足猴子的要求。然而過了不久，家裏越來越窮困了，狙公必須要減少猴子吃栗子的數量。但狙公又怕猴子不順從自己，就先欺騙猴子說：「給你們的栗子，早上三個晚上四個，夠吃了嗎？」猴子一聽，都站了起來，十分惱

怒。過了一會兒，狙公又說:「給你們的栗子，早上四個，晚上三個，這該夠吃了吧?」猴子一聽，一個個都趴在地上，非常高興。

「朝三暮四」的成語故事原本是揭露狙公愚弄猴子的騙術，告誡人們要注重實際，防止被花言巧語所矇騙。在這個故事裏，因爲栗子的總量並沒有變化，所以猴子們的行爲顯得很愚蠢。實際上，我們從經濟學的角度來看，可能得出的結論會大不一樣。古人們認爲總量是沒有變化的，因此覺得早上三個晚上四個和早上四個晚上三個是完全一樣的。其實不然，「朝三暮四」和「朝四暮三」還是有區別的，它們能給猴子帶來不同的效用。那麼，什麼才是效用呢?

在經濟學的發展史中，「效用」概念的出現無疑是一個突破。物品效用在於滿足人的慾望和需求。一切物品能滿足人類天生的肉體和精神慾望，才成爲有用的東西，才有價值。在經濟學中，效用是用來衡量消費者從一組商品和服務之中獲得的幸福或者滿足的尺度。有了這種衡量尺度，我們就可以在談論效用的增加或者降低的時候有所參考，因此，我們也可以在解釋一種經濟行爲是否帶來好處時有了衡量標準。效用不同於物品本身的使用價值。使用價值產生於物品的屬性，是客觀的;效用是消費者消費某種物品時的主觀感受。

效用價值論強調物對人的滿足程度，而滿足程度完全是主觀的感覺，主觀價值是客觀交換價值的基礎。物品的有用性和稀少性都是價值形成不可缺少的因素，都是主觀價值的起源。

例如在不同地點，人們對饅頭的不同主觀評價可以說明這

個問題：

　　村子裏住著一位窮人和一位富人，有一天村裏突然發洪水了，窮人背著家裏最貴重的東西——一袋饅頭爬上了一棵樹，富人背著家裏最貴重的東西——一袋金子也爬上了這棵樹。洪水沒有消退的跡象。第一天，窮人吃了一個饅頭，富人什麼也沒吃，眼睜睜地看著窮人吃。第二天，窮人又吃了一個饅頭，富人的肚子已經直打鼓了。到了第三天，富人實在是忍不住了，於是富人對窮人說：「我用一錠金子換你一個饅頭。」在這個艱難時期，饅頭對人的效用無疑比金子大。

　　經濟學依賴一個基本的前提假定，即人們在作選擇的時候傾向於選擇在他們看來具有最高價值的那些物品和服務。效用是消費者的主觀感覺，取決於消費者對這種物品的喜歡程度。消費者對某種物品越喜歡，這種物品帶來的效用就越大，他就越願意購買，需求就越高。比如有人喜歡抽煙，那麼香煙對於他而言效用就很高，但對於一位不願意聞煙味的女士來說，香煙就會是效用很低甚至是負效用的物品。很顯然，在作決定的時候，煙民自然會把香煙視為至寶，而女士們可能更鍾情於化妝品或者衣服之類的東西。

　　我們也可以通過紅皮雞蛋與白皮雞蛋的變遷，來解讀效用。根據科學研究，不管是雞蛋的味道還是營養價值，都跟蛋殼的顏色毫無關係。那為什麼以前市場上的白皮雞蛋都不見了？這是因為，在很多地區，人們都喜歡紅皮雞蛋。紅色給人一種吉利的象徵，當它大量湧入市場，價錢與白皮雞蛋差不多的時候，多數市民選擇紅皮雞蛋，如此一來紅皮雞蛋便搶佔了

市場。正是因為人們對紅皮雞蛋有更大的滿足感，才造成了今天的「市場儘是紅皮雞蛋」的狀況。現在人們買紅皮雞蛋還會達到以前的效用嗎？答案是否定的。紅皮雞蛋本來是很吸引人的，越稀少就越受到尊崇。當紅皮雞蛋充斥市場時，人們對於紅皮雞蛋的滿足感是逐漸降低的，這就是邊際效用遞減。這也就解釋了為什麼現在白皮雞蛋反倒比紅皮雞蛋貴的原因了。

27

田忌賽馬為什麼能贏——權衡取捨

《史記》中記載了「田忌賽馬」的故事：田忌經常與齊王及諸公子賽馬，設重金賭注。但每次田忌和齊王賽馬都會輸，原因是田忌的馬比齊王的馬稍遜一等。孫臏通過觀察發現，齊王和田忌的馬大致可分為上、中、下三等，於是，孫臏對田忌說：「您只管下大賭注，我能讓您取勝。」田忌相信並答應了他，與齊王和諸公子用千金來賭勝。比賽即將開始，孫臏說：「現在用您的下等馬對付他們的上等馬，用您的上等馬對付他們的中等馬，用您的中等馬對付他們的下等馬。」三場比賽過後，田忌一場落敗而兩場得勝，最終贏得齊王的千金賭注。

後來，田忌把孫臏推薦給齊王。齊王向他請教兵法後，就

請他當自己的老師，孫臏的才學有了更寬廣的用武之地。

同樣是三匹馬，由於選擇的配置方法不同，結果就大不相同。田忌的馬要比齊王的馬低劣，在這樣的約束前提下，孫臏只是利用選擇配置的不同就贏得了比賽。在作選擇的過程中，我們應該學習「田忌賽馬」中孫臏權衡取捨的智慧。

從某種意義上來說，經濟學就是關於資源配置的學問。美國經濟學家保羅·薩繆爾森說:「經濟學研究人與社會如何作出最終抉擇，在使用或者不使用貨幣的情況下，來使用可以有其他用途的稀缺的生產性資源，在現在或將來生產產品，並把產品分配給各個成員以供消費之用。它分析改進資源配置形式可能付出的代價和可能產生的效益。」因此，學會「權衡取捨」，才能作出適合的決策，獲得最大收益。

人的慾望是無限的，但用於滿足慾望的資源是有限的，要決定用什麼資源去滿足那些慾望，這就是資源配置的問題。資源配置的實質是權衡取捨，即在取捨之間實現利益的最大化。

「權衡取捨」的情況隨處可見，與人們的生活息息相關。每個人都會面臨各種各樣的選擇，生活就是在不斷地「權衡取捨」。你有買一套衣服的預算，但同時看中了兩套各具特色的衣服，究竟選擇那一套？你攢了一筆錢，準備添置新的傢俱，是買一套組合櫃呢，還是買一台錄影機？你大學快畢業了，是攻讀研究生繼續深造，還是去工作賺錢？兩個男人都很喜歡你，你是選擇有錢的，還是選擇有才的……作這些決策的過程其實就是「權衡取捨」的過程。

如果幾種選擇之間優劣分明，作出取捨是再容易不過的事

情了。比如，有兩家公司，情況差不多，一個答應付你每月 2000
元工資，另一個答應付你 2500 元工資，應該去那家公司是不言
自明的。但如果都願付你 2500 元工資，你就很難判斷去那一家
更好，這時我們就要費心權衡。

其實每個人都會面臨「權衡取捨」，大致上體現出如下的規
律：每個人都會自然地作出趨利避害的決策，選擇對自己利益
最大化的結果；人們會清楚認識到自己面臨選擇的約束條件，
以盡可能實現自己付出的代價最小化。「權衡取捨」的情況越
多，意味著人們的選擇和自由度越大。

現代社會可供選擇的對象太多，我們該如何選擇，也是在
考驗我們「權衡取捨」的智慧。商業社會有很多人患有「選擇
型恐懼症」，就是因為自己的選擇一再失誤，從而不敢再去選擇
了。因此，「權衡取捨」是一門高深的學問，以經濟學的思維思
考問題，對於我們的選擇必將有所裨益。

心得欄

28

分粥這麼難──效率與公平

有 7 個人在一起共同生活，其中每個人都是平凡而平等的，沒有什麼兇險禍害之心，但不免具有自利的心理。他們每天要分食一鍋粥，但並沒有稱量用具和有刻度的容器。

大家發揮聰明才智，試驗了各種方法，主要方法如下：

方法一：擬定一個人負責分粥事宜。很快大家就發現，這個人為自己分的粥最多，於是又換了一個人，但總是主持分粥的人碗裏的粥最多。

方法二：大家輪流主持分粥，每人一天。這樣等於承認了個人有為自己多分粥的權力，同時給予了每個人為自己多分的機會。雖然看起來平等了，但是每個人在一週中只有一天吃得飽而且有剩餘，其餘 6 天都饑餓難挨。

方法三：大家選舉一個信得過的人主持分粥。開始時這個品德尚屬上乘的人還能基本公平，但不久他就開始為自己和溜鬚拍馬的人多分。

方法四：選舉一個分粥委員會和一個監督委員會，形成監督和制約。公平基本上做到了，可是由於監督委員會常提出多

種議案，分粥委員會又據理力爭，等分粥完畢時，粥早就涼了。

方法五：每個人輪流值日分粥，分粥的那個人最後一個領粥。令人驚奇的是，在這個制度下，7個碗裏的粥每次都是一樣多，就像用科學儀器量過一樣。每個主持分粥的人都認識到，如果7個碗裏的粥不相同，他確定無疑只能拿到那份最少的。

分粥的故事告訴我們，效率與公平的關係，其實質就是如何把蛋糕做大，又如何使蛋糕分得更均勻一些。在公平與效率之間，既不能只強調效率而忽視了公平，也不能因為公平而不要效率，應該尋求一個公平與效率的最佳契合點，實現效率，促進公平。但是實現效率與公平的完美結合，又談何容易？

有這樣一個故事：兩個孩子得到一個柳丁，由一個孩子負責切柳丁，而另一個孩子選柳丁。最後，這兩個孩子按照商定的辦法各自取得了一半柳丁，高高興興地拿回家去了。其中一個孩子把半個柳丁拿到家，把皮剝掉扔進了垃圾桶，把果肉放到果汁機上榨果汁喝。另一個孩子回到家把果肉挖掉扔進了垃圾桶，把柳丁皮留下來磨碎了，混在麵粉裏烤蛋糕吃。

從上面的情形，我們可以看出，雖然兩個孩子各自拿到了看似公平的一半，然而，他們各自得到的東西卻未物盡其用。表面上看似公平，卻並未達到雙方利益的最大化，即資源利用效率並沒有達到最優。

因此，我們有必要首先認識一下什麼是公平和效率。公平指人與人的利益關係及利益關係的原則、制度、做法、行為等都合乎社會發展的需要。公平是一個歷史範疇，不存在永恆的公平。不同的社會，人們對公平的觀念是不同的。效率就是人

們在實踐活動中的產出與投入之比值，或者叫效益與成本之比值。比值大效率就高，也就是效率與產出或者收益的大小成正比，而與成本或投入成反比。也就是說，如果想提高效率，必須降低成本投入，提高效益或產出。

效率和公平是經濟學中繞不過去的話題。經濟學普遍認為，要強調公平就要犧牲效率；而要強調效率就難免要付出不公平的代價。因此，希望同時實現效率和公平是一種兩難處境。

絕大多數人都希望同時實現平等與效率，但事實上這幾乎不可能。要提高效率難免有不平等，要實現平等又要以犧牲效率為代價。

人們對於公平的理解也應該脫離「絕對公平」的桎梏，世界上沒有絕對的公平，公平永遠是相對的。

《百喻經》中有一則「二子分財」的故事：古印度有一個貴族，得了重病將不久於人世。他臨終前告誡兩個兒子：「我死之後，要合理分配財務。」兩個兒子聽從了父親的教導，在父親死後，將所有遺產分成兩份，但是哥哥指責弟弟分得並不均勻。於是，一個老人給他們出主意說：「我教你們分財產，一定是平等的。將所有的物品全部破為兩半，就是將衣服、盤子、瓶子、盆、缸從中破為兩半，銅錢也從中破為兩半，每人各取一半。」

在公平與效率難兩全的情況下，經濟學家也作了大致的分工，即「市場講效率，政府講公平」，要求政府儘快建立全面的社會保障體系，而市場依舊是偏重效率競爭，這在一定程度上避免了效率與公平的困擾。

29

美麗為什麼也是生產力──美女經濟

有一次，海軍婦女隊隊長問誰願意參加唱詩班。

「你來如何？」她問一位金髮尤物。

「我不會唱歌。」

「不要緊，」她說，「你的任務是使水兵兩眼向前看。」

古印度有個大財主摩訶密，他有 7 個女兒，均有沉魚落雁、閉月羞花的姿色。他將她們視如掌上明珠，每有賓客前來，必然讓她們出來炫耀一番。

一天，一名來訪的賓客突然對摩訶密說:「我是這裏最有名的裁縫，聽說您的女兒容貌絕色，但我發現，她們還沒有我做出的衣裳漂亮。」財主一聽，不免怒火中燒。這時，裁縫說:「我們打個賭，我將製作世界上最美麗的衣裳，讓您的女兒到我的店裏來試穿。假如大家都說您的女兒比我的衣服漂亮，那我就輸給你 500 兩白銀，否則你就輸給我 500 兩白銀，怎麼樣？」摩訶密一聽，立即答應了。

第二天，摩訶密帶著女兒們來到裁縫的店鋪。女兒們穿上裁縫的衣服，頓時週圍發出嘖嘖的讚歎聲。在漂亮服裝的裝扮

下，摩訶密的女兒顯得異常美豔。於是，人人都誇獎摩訶密的女兒美貌絕倫，同時也讚歎裁縫的手藝巧妙精良。不過，當提到那個更勝一籌時，大家一致認為摩訶密的女兒們更漂亮。得到了人們的肯定和 500 兩白銀，摩訶密非常高興。奇怪的是，輸了錢的裁縫似乎比他更高興。

摩訶密很疑惑，便偷偷派人觀察，結果發現，自從這次打賭後，沒幾天裁縫店裏就擠滿了愛美的女子，人人都要購買裁縫的好手藝。而裁縫所賣的衣服也從打賭的那天開始，由 1 兩白銀變成了 3 兩白銀。

裁縫利用了摩訶密貪財和好勝的心理，利用美女的「時裝秀」爲自己的手藝做了宣傳。通過這樣的手段，他成功地吸引了人們的注意力，擴大了衣服的銷售。只可惜，精明的摩訶密未能看到這其中的陷阱，白白地爲裁縫做了「墊腳石」。裁縫的聰明之處在於借助「美女效應」推動了自己的服裝銷售量。

這就是美女經濟，即圍繞美女資源所進行的財富創造和分配的經濟活動。其實說白了，「美女經濟」就是「眼球經濟」，因爲美女吸引的就是人們的注意力。在我國西漢時期，就已經有人懂得運用「美女效應」的積極作用了。

《史記》中記載有司馬相如和卓文君的故事：

臨邛首富卓王孫有個漂亮女兒卓文君。司馬相如為卓文君彈了一首《鳳求凰》，琴聲打動了屏風背後的卓文君，她偷看司馬相如後「心說而好之」。事後司馬相如讓「侍者」當紅娘，與文君連夜私奔到成都。

卓文君與司馬相如面臨窘迫的生活，決定把車馬賣掉，到

臨邛開酒店，文君當街賣酒。因為文君的美貌，吸引了眾多的人前來光顧，兩人的生活因為酒舖生意的興旺而逐漸好轉。

文君「當壚賣酒」的故事體現了漢代的「美女經濟」效應，因為美貌而多才的卓文君在大庭廣眾下賣酒，才會吸引更多的人前來買酒，才會使得她和司馬相如的生活狀況得到改善。

如今，美女們不但沒有在飛速發展的市場經濟中被商家忽視，反而被不斷地發掘出來，滲透到各種行業，並逐漸演變成了今天最時髦的「美女經濟」。無論是商場開業還是車展、房展，或是兜售某種商品，如今的商家都熱衷於請美女出臺，借美女生財。大街上，隨處可見的「婚紗秀」、「時裝秀」、「內衣秀」、「轎車秀」無不打著美女招牌，依傍美女的姿色。打美女牌、算經濟賬，美女的影響力越來越大，大有輻射至各領域滲透到各行業之趨勢。

為什麼商家會寵愛「美女經濟」？為什麼「美女促銷」的戲碼總是在不斷上演？從經濟學上看，商家就是在充分地利用美女的經濟價值。

必須承認，美貌在這個世界上屬於稀缺資源。就像一位經濟學家說的那樣，並不是每個人都天生麗質，因此，美貌就愈發顯得珍貴。正是由於美貌的稀缺性，人們就愈發將有限的目光投注到美貌上。廠商利用了這一點，順利地將人們的目光通過美女吸引到了自己的商品之上。

據美國一家著名汽車公司的調查表明，在車展中，如果有名車而無美女，觀眾停下觀看的平均時間是 2 分鐘；如果既有名車又有美女，觀眾停下觀看的時間則是 9 分鐘。也就是說，

美女讓觀眾對這種產品的關注增加了 7 分鐘。而正是這短短的7 分鐘，就為企業贏得了不少的商業機會和銷售收入。

「美女經濟」就這樣帶動了相應行業的繁榮，也日益成為商家手中的一種生產性資源，廠商的目的就是要讓資源最大限度地轉化為資本或者商品，並將之產業化。基於這些原因，「美女經濟」大行其道也就不奇怪了。

眼球經濟 也稱為注意力經濟，是依靠吸引公眾注意力獲取經濟收益的一種經濟活動。注意力之所以重要，是由於注意力可以優化社會資源配置，也可以使廠商獲得巨大利益。

在現代強大的媒體社會的推波助瀾之下，眼球經濟比以往任何一個時候都要活躍。比如電視需要眼球，只有收視率才能保證電視台的經濟利益；雜誌需要眼球，只有發行量才是雜誌社的經濟命根；網站更需要眼球，只有點擊率才是網站價值的集中體現。

心得欄

30

天上掉下隻黑天鵝

　　17 世紀之前，歐洲人認爲天鵝都是白色的，在當時歐洲人的言談與寫作中，「黑天鵝」曾經是一個慣用語，用來指不可能存在的事物。但是當歐洲人到達澳大利亞後，親眼目睹了黑色羽毛的天鵝後，過去不可動搖的信念隨著第一隻黑天鵝出現在視野中而崩潰了。這就是所謂的「黑天鵝現象」，表示生活中出現了不可預測的重大而稀有的事件，它在人們意料之外，卻又改變了一切局面。

　　恐龍滅絕、次貸危機等事件都是典型的「黑天鵝現象」，在「黑天鵝」出現之前，我們無論怎樣分析，都難以斷言立刻會發生災難性的後果。但是，我們絕不能把黑天鵝現象簡單地用「運氣不好」來解釋，然後繼續做日常的事情，繼續堅持我們固有的經驗，比如用生物學分析、經濟學分析、技術分析來判斷局勢。對於黑天鵝現象，我們必須改變自己的思維方式，改變自己看待世界運轉的視角，才會真正理解黑天鵝現象的本質。

　　首先需要改變的是我們頭腦中關於世界上的小概率事件的看法。世界上會發生一些罕見的小概率事件，但更多的是常見

的高概率普通事件。人們從數學的角度看待世界時，往往以爲世界的普通事件必然比不太普通的事件發生概率高，不太普通的事件再比所謂的罕見事件發生概率高。但是，我們說一個事件是小概率事件，往往是根據過去的經驗來判斷的，但是未來呢？某種事件的概率是會發生變化的，因此所謂的一些小概率事件也許很快就會成爲發生概率比較高的事件了。

黑天鵝現象表明，我們靜止地看待世界上的小概率事件是不對的。有時，世界上某些影響重大的事件，發生的概率卻會莫名其妙地高一些，這就好比在氫原子的結構中，電子出現的位置不是越靠近原子核概率越高，而是有幾個相對固定的軌道，電子在那幾個軌道裏出現的概率很大，而在軌道之外出現的概率要小許多。黑天鵝現象出現的概率雖然比較低，但絕不是永遠不發生，也不是人們想像中的那麼低。縱觀世界股票市場的歷史我們就會發現，每隔一段時間，就會出現一個所謂的突發性事件，徹底打亂市場的走勢，每個人在一生中都會遇到一兩次這樣的股票市場大動盪，這個概率不算低了。

第二個要改變的是我們匆忙給世界一個解釋的壞毛病。比如國王去世了，然後王后也去世了，用兩句話描述這個事件，第一句是「國王死了，王后也死了」，另一句話是「國王死了，接著王后因爲悲傷也死了」。第二句話容易被人記住，因爲裏面增添了新的信息，而且還提供了王后死亡的原因。但也許王后的死因和國王沒有任何邏輯上的聯繫，只是死亡時間上一前一後而已。給事件添加想像和解釋的做法，許多時候對我們理解世界是有幫助的，但也會誤導我們。恐龍生活在地球上已經很

久了，它們的分佈範圍也很廣，於是我們斷言，它們是成功的動物，這是對的，但進一步斷言，它們不會滅絕，這個推論就太武斷了。

第三個要改變的是我們把情感帶入思考之中的做法。許多時候，人們以為自己是在理性思考，並沒有摻雜感情的因素，但其實並非如此。比如次貸危機之前，一些人並非沒有看到次級貸款中存在的隱患，但是，根據通常的經濟分析模型，無法分析出危機來臨，所以人們就掩耳盜鈴，不承認危機存在。看不到黑天鵝不等於黑天鵝不存在，看不到危機也不能說危機不存在。人們在潛意識裏不願意接受危機存在的現實，於是用分析模型給自己找到了安慰，等到危機真的爆發時，所有人都驚慌失措。

黑天鵝並不可怕，可怕的是人們總是忽略黑天鵝的存在，並且埋頭觀測白天鵝的活動，希望能夠找到放之四海皆准的法則，能抗拒所有的災難。黑天鵝現象真實存在，而且破壞力還極大，我們必須承認它會不期而至，這是對付黑天鵝現象的首要步驟。

由於在大多數情況下，我們都不會預測出黑天鵝何時會來，因此在承認我們的無知之後，要始終對可能來臨的突發事件做出準備。比如，柯達公司在擴張市場佔有率的時候，就應該密切關注可能顛覆當前膠捲市場的新技術，比如數碼技術，這樣即使真的遭受到黑天鵝現象的打擊，也能很快做出反應，避免慘重的損失；再比如危機出現之前，美國政府就應該對金融體系的安全保持時刻警惕，儘量避免冒進，不讓次級貸款飛

速膨脹，也就不會釀成多米諾骨牌一般的金融機構破產。

當然，黑天鵝現象也不全是破壞性的，在恐龍被小行星撞擊地球消滅乾淨的時候，哺乳動物獲得了千載難逢的發展機會，它們迅速崛起為地球生物界的新霸主，並演化出了智慧生命人類；在柯達公司因為膠捲產業被打擊而舉步維艱的時候，一些生產數碼相機的廠商卻趁機獲得了飛速的擴張。所以，當黑天鵝來臨的時候，對一些人可能意味著災難，對另一些人卻意味著良機，比如在科學發現和風險投資領域，一次突發性的事件，比如新的科學理論誕生或科技發明的應用，通常會給人們帶來大得難以想像的回報，卻幾乎不需要什麼投入。

提醒諸位，千萬別琢磨著總結出一條「黑天鵝定律」，然後用這條定律煞有介事地去預測黑天鵝現象，一隻「更黑的天鵝」會從天而降，擊碎這條定律。

心得欄 _____

_____

_____

_____

_____

_____

31

嚴肅的吃狗屎問題──國民生產總值

甲乙兩個經濟學家到野外散步，他們一邊走，一邊熱烈地探討深奧的經濟學問題。正說著，甲看見路旁有一堆狗屎，思索了一下，對乙說：「你相信『重賞之下必有勇夫』嗎？」乙回答：「這句話非常符合經濟學所強調的理性人假設，我當然相信。」甲於是指著那堆狗屎說：「你若吃了這堆狗屎，我給你100萬塊錢。」

乙聽了十分惱怒，但是轉念一想，如果有那100萬元鈔票，就再也不用為自己未來幾年的生計發愁了。在巨大的誘惑下，乙毅然地吃下了那堆狗屎。開玩笑的甲只好痛心地履行了他的承諾，給了乙100萬元。乙拿了錢後，心中卻湧動著後悔之意，覺得不該為這100萬元錢而如此丟人現眼、倒胃口，而且還會永遠成為甲的笑柄。

兩人繼續向前走，沒過多久，乙也看見了一堆狗屎，他鄭重地對甲說：「你要是吃了這堆狗屎，我也給你100萬元。」正在為損失100萬元而痛心不已的甲毫不猶豫地吃了那堆狗屎，於是，乙把甲給他的100萬塊錢還了回去。

走著走著，甲經濟學家忽然緩過神來，對乙說：「不對啊，我們倆誰也沒有掙到一塊錢，卻白白地吃了兩堆狗屎！」乙如夢方醒，和甲一起痛心疾首。不料兩人的經濟學導師聽說了這件事後大喜，對兩個弟子說：「你們竟然如此迅速地創造了200萬元的國民生產總值(GDP)啊！我必須修正以前所作的經濟預測，今年我國的 GDP 可能要因此而上調一個百分點！」

這個惡毒的笑話讓經濟學家們很難堪，給他們在公眾中的形象造成了很大的損害。不過，如果我們肯聽一聽他們對這個笑話的經濟學分析，就會發現，吃狗屎其實是件很嚴肅的經濟學問題，裏面的學問大著呢。

要瞭解為什麼吃狗屎也會創造出經濟價值，首先要瞭解笑話中所說的國民生產總值是什麼含義。

國民生產總值是一個國家的居民在某個時間段裏生產的產品和提供的勞務的增加值的總和。舉個例子來說，農民用 10 元錢的種子、化肥和人工生產出了價值 50 元的棉花，從他的角度看，增加值是 40 元，這可以看成是農業部門的國民生產值；棉花到了紡織廠和服裝廠，在工廠付出 10 元錢的設備損耗和人工成本後，棉花被加工成了價值 100 元的衣服，在這個環節，又多出了 40 元的增加值，這可以看成是工業部門的國民生產值；百貨商場買來衣服後，以 120 元的價格將它賣給了顧客，這個環節多出了 20 元的增加值，這可以看成是服務部門的國民生產值。在這個例子中，把三個部門的增加值相加，得出的 100 元（40 元＋40 元＋20 元）就是國民生產總值。

國民生產總值不僅要包括有形商品比如衣服、食物的增加

值，還包括無形商品的增加值。比如，培養一名歌手，讓他為大眾演唱出更加美妙動聽的歌曲，這個過程同樣創造了國民生產值，如果要計算歌手的增加值，可以分別計算出歌手的收入和他的培養費用，兩者相減，得到粗略的增加值數據。如果我們把歌手看成是服務部門的一員，他唱歌就是在提供無形的勞務，他在創造國民生產值的說法就可以理解了。

現在我們回到經濟學家吃狗屎的笑話中，來分析一下增加值出現在什麼地方。

顯然，狗屎是狗拉出的廢物，而不是人生產的商品，我們不能去吃臭烘烘的狗屎尋找增加值。除了狗屎之外，我們又找不到任何實物商品。接下來我們只好看看有沒有什麼無形的勞務產生出來。

答案竟然是肯定的！乙希望甲吃進狗屎，並願意支付 100 萬元。對於理性的經濟學家乙來說，他想必在自己的心中計算了成本和收益。他付出了 100 萬元的代價，獲得了觀賞甲吃狗屎的愉悅感，以及嘲笑甲帶給自己的愉悅感。既然最後生意成交了，那說明乙認為他獲得的愉悅感的價值比 100 萬元要高，增加值就這樣產生了！從本質上看，乙獲得的愉悅感和歌手唱出動聽的歌給觀眾產生的愉悅感沒有什麼區別，如果我們承認歌手創造了價值，那麼我們也要承認甲吃進狗屎也創造了價值。假如乙認為獲得的愉悅感值 120 萬元，那麼他的增加值就是 20 萬元。那麼，甲為什麼要吃掉狗屎呢？因為他的心中也進行了理性的計算。吃狗屎是很難受的，對自己的心理和生理是一種傷害，而且還要忍受乙的嘲笑，這是他付出的代價，甲的

收益則是那 100 萬元錢。既然甲願意達成這筆交易，就說明對甲來說，他的收益高於他的成本，他認為吃進狗屎付出的成本小於 100 萬元，因此毅然地吃下了狗屎。如果甲認為自己付出的成本不過值 70 萬元，這樣他的增加值是 30 萬元。

所以，在這個笑話的前半部份中，國民生產總值的增加值總計 50 萬元。

有了前面的分析，就可以很輕鬆地分析出笑話後半部份中吃第二坨狗屎所創造的價值。如果甲、乙兩人互換角色，所有數據沒有變化，則吃第二坨狗屎所增加的國民生產總值也是 50 萬元，和吃第一坨狗屎所創造的價值相加，這個例子中兩個經濟學家總共創造了 100 萬元的國民生產值，而不是笑話中胡編出來的 200 萬元。

站在嚴肅的學術分析的角度，經濟學家完全可以嘲笑這個笑話的編造者不懂經濟學！

也許還是有人覺得吃狗屎創造了價值的觀點很荒唐，那麼讓我們把視野放寬，看看生活中的其他領域吧。有人花費巨大資金製造了一顆又一顆的原子彈，目的是為了戰爭打響時，能夠摧毀有大量人口的城市。同吃狗屎造成的噁心相比，奪人性命可要嚴重得多。但是，製造原子彈的過程同樣使國民生產總值增加了，並且增加了就業機會。每生產出一顆原子彈，創造出的國民生產總值的增加值要遠遠高於笑話中狗屎的價格。

睜大經濟學的眼睛，我們會發現生活中的「狗屎」無處不在，但我們卻再也笑不起來了。

國內生產總值(Gross Domestic Product)，簡稱 GDP，是

指在一定時期內(一季或一年),一個國家或地區的經濟中所生產出的全部最終產品和勞務的價值。它不但可反映一個國家的經濟表現,更可以反映一國的國力與財富,常被公認為衡量國家經濟狀況的最佳指標。

使用 GDP 是為了衡量一個國家或地區的經濟產出,或者說是生產能力。因為這個社會其實就是收入和支出構成,也是投入和產出構成。任何經濟行為都可以用這兩者來計算。所以對於一個國家或地區而言,也應該存在一個投入和產出的問題。到底一個國家或地區的生產能力有多強,或者說得更簡單點就是創造了多少社會財富,這個時候就需要一個統一的度量單位,以便國家與國家、地區與地區之間進行比較,而 GDP 就是這個統一的度量單位。也就是說,GDP 是用來衡量國家或地區社會財富的尺子。

社會財富包括那些呢?一般來說,工廠生產的產品,銀行提供的服務,學校創造的價值……凡是人們通過自己的勞動所創造的產品,不管有形的還是無形的都是社會財富。把這些社會財富都加起來就是國內生產總值,即 GDP,簡單點就可以這樣表示:社會總財富=冬瓜+南瓜+絲瓜+……+鞋子+衣服+包子+美酒+香煙……為了使這些毫不相干的產品相加,經濟學中便出現了「價值」這個概念,即冬瓜多少錢,絲瓜多少錢,衣服多少錢……這樣用統一的貨幣表示各種產品的價值,就可以算出社會總財富。我們所經常看到或聽到的 GDP 增長百分之多少,就是指社會總財富在前一年的基礎上增長的幅度。

這裏所指的社會總財富是沒有民族和國籍之分的,就是說

一國的領土範圍之內，無論膚色，不管國內企業還是外國企業，只要它是在這個時間所創造的都歸入 GDP 內。

當然，關於 GDP 這個概念，我們還有幾個修飾詞要把握好。一是時間概念，就是「一定時期（一季或一年）內生產的」，這說明 GDP 是個時間段的概念，不是某個時間點的概念；二是生產的概念，是指所有生產的產品的價值，不包括銷售的收入，否則就會重覆計算的。比方說生產了 10 台電視，就會有 10 台電視的社會財富的價值表示，並不會因為你沒有銷售出去，而只記部份的價值表示；三是「最終產品和勞務」，這是指最終為人們所消費和使用的物品，不包括中間產品，這樣也是為了避免重覆計算；四是「價值」，這是指這些最終產品和勞務都是要通過市場價格來統一計算的，不是某個廠家自己臆斷的價值。

GDP 產生於第二次世界大戰之後，逐漸被世界各國所採用。我國自 1985 年建立 GDP 核算制度，1992 年之後逐步建立起一套新的國民經濟核算體系，GDP 成為核心指標。作為一個國家或地區一定時期內社會經濟活動成果的集中體現，目前，這一指標已成為各級政府制訂經濟發展計劃和戰略目標的重要依據，並成為家喻戶曉、世人關注的經濟「晴雨錶」。

一般來說，一個國家的 GDP 大幅增長，反映出該國經濟發展蓬勃，國民收入增加，消費能力也隨之增強，人民的生活水準提高。反過來說，如果一個國家的 GDP 出現負增長，顯示該國經濟處於衰退狀態，消費能力減低，人民的生活水準降低。但有的時候，卻會出現反常的情況，GDP 高速增長，但人民生活水準卻並未隨之提高。

　　爲什麼會出現這樣一種怪現象呢？這是因爲 GDP 代表的是全社會終端商品的價格總和，而我們的生活水準取決於全社會終端商品使用價值的總和。這二者既相互關聯，又相互背離。比如蔡先生家 3 年前每月吃 10 斤豬肉，每斤 45 元，共需 45元。去年豬肉漲到了 90 元一斤，蔡先生家每月還吃 10 斤，需900 元，這樣在蔡先生家的生活水準並沒有任何提高的情況下消耗的 GDP 增加了一倍。今年豬肉漲到了 130 元一斤，蔡先生家吃不起 10 斤了只能吃 7 斤，需花費 910 元，這樣蔡先生家在生活水準下降 30%的情況下消耗的 GDP 反而還略有增加。蔡先生的生活水準取決於他吃了多少肉，而 GDP 反映的是蔡先生買這些肉花了多少錢，二者既有相互關聯的一面，又有相互背離的一面。有時蔡先生花的錢多說明他吃的肉多了，有時他花的錢多反而吃的肉少了。

　　可見，雖然 GDP 的積極效應是多方面的，但也有其局限性。具體來說，GDP 的局限性表現在兩個方面：

　　其一，GDP 不能反映經濟增長的準確情況。因爲現行 GDP統計對沒有效益的經濟活動也照算不誤，比如有一年發大水了，水災造成了很大的損失，造成很多災區的人民群眾生產生活的困難。但是，GDP 卻增長上去了。這是爲什麼呢？因爲你救災需要投進大量的人力、物力、財力，要花費大量的物資，所以 GDP 上去了，GDP 增長了。從我們的日常生活來說，比方說早上開車上班，如果開車很順利，就很快到了工作單位；如果出了車禍，人要送到醫院去治病，車要送到車行去修理，那麼這樣 GDP 就上去了，GDP 就增加了。本來出車禍是不好的事

情，也不會產生效益，但是從 GDP 來講卻是增長了。這種 GDP 的增長，其財富積累的效率是非常低的。

其二，GDP 也不能夠反映經濟增長的成本。比方說，有些地方，經濟增長雖然比較快，但是，資源消耗非常厲害，造成很大的環境污染，GDP 上去了，但是成本很大，破壞了生態平衡，這是非常不划算的。

因此，我們要正確認識一個國家或地區的 GDP，既不要忽視它的重要作用，也不要把它作爲唯一的衡量指標。

32

破窗謬誤

一個小孩拿起石頭，打碎了商店的窗玻璃。做錯了事情的孩子跑掉了，商店老闆自認倒楣，拿出一筆錢去買玻璃重新安好。這下，玻璃店有了生意，賺到了一筆小錢；玻璃店店主用這筆錢去麵包店買了麵包，麵包店又有活幹了；麵包店老闆又去農民那裏買進了一批麵粉……

僅僅是一塊玻璃碎了，卻帶動了社會上的許多行業的發展，甚至創造了就業機會，這可真是壞事變成好事的絕佳案例！社會承受了玻璃破碎這一次損失，卻享受了接踵而來的許多次

收益。這個虛擬的案例正是經濟學中一個著名的理論——破窗理論。打碎玻璃只是做個比喻，用來代表一些自然災害或者人為事故。雖然災害使社會遭受了損失，但是隨之而來的重建卻刺激了經濟的發展。

打破窗戶能夠促進經濟發展，這個理論其實是一個經濟謬誤。這個謬誤的產生，大概和人們誤解了英國經濟學家凱恩斯有關。

在大地震發生後，一些學者把破窗理論搬了出來，認為大地震對經濟的影響會因為破窗理論而減輕許多，甚至完全能夠彌補損失，促進經濟的進一步發展。甚至有人還做了相關 GDP 計算，確實得出了 GDP 增加的結論。

如果打碎玻璃真的能促進經濟發展，為什麼各國政府不鼓勵所有市民集體上街，把所有的窗玻璃都打碎呢？如此一來，按照破窗理論，經濟將更快速地發展，GDP 也將大幅度增加。

這荒唐的一幕並沒有出現，顯然說明這個理論肯定有問題、有漏洞。

讓我們回到玻璃打碎的那一刻，商店老闆被迫花錢去買玻璃，這時一個關鍵的問題來了：假如這筆錢不用於買玻璃，他會怎麼使用呢？

怎麼使用錢是商店老闆的自由，也許他的妻子生病了，需要拿錢去買藥；也許他最近對足球比賽產生了興趣，打算去買一張貴賓席球票；也許他打算把商店的牆壁粉刷一新，需要用錢買塗料。可是，那個可惡的孩子打碎了玻璃，沒有了窗玻璃，商店就會有小偷光顧，損失會很大，商店老闆只好忍痛取消了

買藥、買球票或買塗料的打算，去買了一塊玻璃。

　　經濟學上有一個基本的理念，那就是經濟的最理想狀況是人盡其才、物盡其用，錢同樣要花在最該花的地方，才是符合經濟規律的。當玻璃被打碎後，最急需錢的地方就是玻璃費用，所以商店老闆的選擇是具有經濟理性的。但是，如果玻璃沒有被打破，在同樣的經濟理性驅使下，商店老闆將把這筆錢投入到其他「項目」上，這時他的經濟狀況和生活品質肯定要優於玻璃被打碎後的情況。從個人角度講，商店老闆肯定是反對破窗理論的。

　　從整個經濟社會中看，如果商店老闆那筆錢沒有用到買玻璃上，而是去買藥了，我們可以繼續書寫下面的連鎖反應：藥店老闆賺錢了，用這筆錢去買了麵包，麵包店又有活幹了；麵包店老闆又去農民那裏買進了一批麵粉……沒錯，玻璃被打碎了也好，沒被打碎也罷，反正只要那筆錢花了出去，都會促進各行各業的發展。

　　既然這樣，我們還需要去打碎窗玻璃麼？社會沒有必要承受那次不必要的損失，來換回後續的那些經濟連鎖反應。大地震也是一樣，沒有大地震，政府和公眾的大量財物可以投入到更需要的項目上去，國民經濟仍舊會因此得到發展，我們也不必付出慘重的人員傷亡和經濟損失的代價。

　　破窗理論不是經濟理論，而是一個經濟謬誤。這個謬誤的產生，大概和人們誤解了英國經濟學家凱恩斯有關。

　　在 1929 年開始的世界經濟大蕭條時期，凱恩斯提出，為了振興世界經濟，政府必須行動起來，甚至親自牽頭和出錢，開

展修公路、修水壩等大型項目。根據經濟學的估算,每 1 美元投入到社會上,就會帶來 5 美元左右的產值,在經濟處於低谷的時候,政府如果能適時地用資金和項目提供更多的就業機會,經濟狀況將逐漸好轉。

凱恩斯甚至還開玩笑地說:「政府可以今天僱一批人,花錢讓他們挖一些大坑;第二天再僱一批人,花錢讓他們把大坑填上。」這樣,就業機會有了,人們手頭上也有了錢,經濟連鎖反應將讓各行各業都有收益。

正是凱恩斯這句流傳甚廣的玩笑話誤導了人們,使人們以為只要發票子、有幹活就能促進經濟的發展。凱恩斯本人是不會把經濟如此簡單地加以理解的,他當年開出經濟「藥方」也是針對國家經濟危機使用的非常手段。當時各國政府對經濟危機十分恐懼,不敢花錢上項目,而凱恩斯的建議讓政府把「死錢」變成了「活錢」,振興了經濟。

但是,非常時期的政策是不可能放之四海而皆準的。發票子、上項目確實可以促進 GDP 數據的提升,但在打破窗玻璃的故事中,玻璃被打破的損失並不計入 GDP,而賣出玻璃、賣出麵包、賣出麵粉卻被計入 GDP,這就是 GDP 的誤區。我們其實損失了玻璃,經濟蒙受了損失,但是計算 GDP 後卻發現 GDP 因此而增長了。這不是笑話,各國政府在相當長的時間裏都曾經片面追求 GDP 增長,也讓破窗理論大行其道,誆騙了公眾。

實際上,破窗理論的最早提出者是法國經濟學家巴師夏,而他恰恰是反對這個論調的。他給人們講述破窗故事,是為了說明生活中有許多看不見的成本,比如商店老闆放棄給妻子買

藥，就是被我們忽略了的成本。

巴師夏本人是把破窗理論當成謬誤來講的，而後來人不知爲何卻把謬誤奉爲至寶，幸虧人們的理性直覺阻礙了打碎玻璃的衝動，否則我們就要被瑟瑟寒風懲罰了。

33

假如大學文憑可以退貨

面對如今大學體制僵化造成的教學品質下降等諸多風險，一些激進的經濟學者提出了一個奇招：讓大學文憑可以退貨，建立起學生對大學進行制約的機制。

讀者先生/女士：

您好！現在有一個投資知識的項目，希望您能考慮一下。這個項目預計將進行 4 年或更長的時間，每年你將拿出幾萬元作爲資本，投入該項目。在這幾年中，我們不保證你能獲得足夠的知識，但我們肯定會教給你一些知識，這些知識將來是否有用，我們概不負責。

當項目完成後，我們將發給您一個證書，名叫「畢業證」，這個證書不退不換，也不能在現實生活中兌換成錢。當然，你可以用這個證書去尋找可以支付你更高薪水的工作，但能否找

到，我們概不負責。

真誠希望您能考慮這個項目。

概不負責大學委員會

看完上面的這封信，你是否有一種要上賊船的感覺？一個隻要求投資卻不給投資人承諾任何回報的項目，會有人願意介入嗎？

有，而且還有許多人願意買單！這封信雖然是虛構的，但所描述的「項目」卻不是虛構的，大學培養大學生的體制，在某種程度上和信裏的描述非常相似。

不信？接下來讓我們來看看上大學這個投資項目有那些問題吧。

眾所週知，目前上大學需要交納一定數量的學費，學生在學習期間還要花費一定的生活費。大學教育是培養人才的，所以可以把上大學看成是一筆人力資本的投資。一個人的高等教育可以看做是個人的人力資本投資，學生繳納的學費就是個人投資到人力資本上的成本，學生和家長們現在願意做這樣的投資，爲的是在未來能給自身帶來更大的收益。

可是，既然是投資，就必然存在著風險。對於學生來說，上大學這種人力資本投資至少有如下幾種風險。

首先是學校聲譽的風險。個人進行人力資本決策時，選擇了某一所學校，一個重要的原因是認爲該學校有良好的教學聲譽。如果學生投資者一旦進入了該校後，發現學校的設施、環境、師資並不像自己當初想像的那麼好，就會產生「受騙上當」的想法，對學校產生不滿，甚至影響自己的學業。

其次是專業興趣轉移的風險。學生在選擇大學專業時，還處在高中階段的末期，而個人的興趣是會變化的，尤其是進入大學之後，視野更加開闊了，在幾年的學習中，興趣發生改變的概率是很大的，可是現在我國大學中轉換專業十分困難，對想轉系、轉專業的學生來說，存在不少的障礙，那些「進錯門」的學生很難有重頭再來的機會。

即使選擇了自己喜歡的專業，也未必就有好結果，還存在專業就業前景的風險。本來，學生進行人力資本投資的目的，就是要在就業的時候能有好的收益，但是由於學生往往要在大學中學習 4 年甚至更長時間，因此同瞬息萬變的社會需求相比，學習的專業知識具有時間上的滯後性。許多學生也許在入學報志願的時候，都奔著當時的熱門專業而去，可是幾年之後畢業了，卻發現熱門專業已經成為昨日黃花，自己週圍有許多相同專業的畢業生一起爭搶為數不多的工作崗位，薪水自然離期望值差距很大。

上大學真是一個風險多多的投資項目。雖然退一步說，上大學確實給個人能力和素質帶來了提升，可是有沒有好辦法降低那些風險，讓大學生們的大學讀得更加如意、更加經濟呢？

面對如今大學體制僵化造成的諸多風險，一些激進的經濟學者提出了一個奇招：讓大學文憑可以退貨，建立起學生對大學進行制約的機制。

假如大學文憑可以退貨，學校就會十分注重自己的聲譽，學生面臨的學校聲譽風險將立刻消失。畢竟，如果大量學生把文憑退給學校，就會讓學校在社會上的聲譽一落千丈，大學將

面臨沒有生源的尷尬境地。而且，學生把文憑退還給學校後，還要拿回自己的學費，這對那些沒有提供好的教學服務、令學生不滿意的學校是個嚴重的經濟制裁，甚至會讓學校面臨倒閉的威脅。反過來，那些注重教學品質，令學生滿意的學校所發放的文憑不僅能夠得到學生的認同，也能獲得社會的承認，於是學校的生源和學費收入將越來越好，各個學校之間真正實現了優勝劣汰。

假如大學文憑可以退貨，學生就不會被自己當初選擇的大學和專業「套牢」，作為投資者的學生就對投資具有了決定權，可以決定何時投資、何處投資，而且更重要的是，在投資項目——上大學——開始執行之後，依然有改動投資項目的權力。當自己在大學學習期間發生了興趣轉移時，可以立即終止自己的這筆人力資本投資，結束時間和金錢上的不斷損失狀況，轉換另一所學校或者另一個專業，開始新的人力資本投資。這個轉換過程降低了學生面臨的興趣轉移風險和就業前景風險，節約了學生的投資資本。

也許有人會覺得，這個奇招太不現實了，一旦讓它們面對文憑可以退貨的市場，許多學校恐怕是無法承受的。可是反過來想一想，國家付出了大量的辦學經費，學生和家長付出了高昂的學費和大量的時間，卻要面臨許多的風險，這些代價比倒掉一批低品質的大學要高得多。

能減少一些對自己的教學品質概不負責的大學或體制，總是件好事情。

34

別迷信「酒好不怕巷子深」

　　初唐詩人陳子昂年輕時從家鄉來到都城長安，準備一展鴻鵠之志，然而朝中無人，四處碰壁，懷才不遇，令他憂憤交加。

　　一天，陳子昂在街上閒逛，見一人手捧胡琴，以千金出售，觀者中達官貴人不少，然不辨優劣，無人敢買。陳子昂靈機一動，二話不說，買下琴，眾人大驚，問他為何肯出如此高價。陳子昂說：「我生平擅長演奏這種樂器，只恨未得焦桐，今見此琴絕佳，千金又何足惜。」眾人異口同聲道：「願洗耳恭聽雅奏。」陳子昂說：「敬請諸位明日到宣陽裏寒舍來。」

　　次日，陳子昂住所圍滿了人，陳子昂手捧胡琴，忽地站起，激憤而言：「我雖無二謝之才，但也有屈原、賈誼之志，自蜀入京，攜詩文百軸，四處求告，竟無人賞識，此種樂器本低賤樂工所用，吾輩豈能彈之！」說罷，用力一摔，千金之琴頓時粉碎。還未等眾人回過神，他已拿出詩文，分贈眾人。眾人為其舉動所驚，再見其詩作工巧，爭相傳看，一日之內，便名滿京城。不久，陳子昂就中了進士，官至麟台正字，右拾遺。

　　陳子昂所採用的方法，在經濟學上可以被稱為「事件行

銷」。事件行銷在英文裏叫做 Event Marketing，有人直譯爲「事件行銷」或者「活動行銷」。它是指企業通過策劃、組織和利用名人效應、新聞價值以及社會影響的人物或事件，引起媒體、社會團體和消費者的興趣與關注，以求提高企業或產品的知名度、美譽度，樹立良好品牌形象，並最終促成產品或服務銷售目的的手段和方式。簡單地說，事件行銷就是通過把握新聞的規律，製造具有新聞價值的事件，並通過具體的操作，讓這一新聞事件得以傳播，從而達到廣告的效果，吸引公眾的注意力。

不要小瞧「注意力」這三個字，經濟學家高德哈巴認爲，如果你有大量的注意力，你就是某種類型的明星。當今的明星一般都能賺大錢，網站也要用明星來吸引注意力。換句話說，現在金錢隨著注意力而來。

注意力是雙向流動的，一個重要的真理是，當你擁有一個人的注意力時，你就有可能擁有其他更多人的注意力，以此來構築經濟就可以把注意力資源變爲經濟資源。

美國鋼鐵大王卡耐基小的時候就曾受過一次深刻的「注意力經濟學」的教育。有一天，卡耐基放學回家的時候經過一個工地，看到一個老闆模樣的人正在那兒指揮一群工人蓋一幢摩天大樓。卡耐基走上前問道：「我以後怎樣能成爲像您這樣的人呢？」老闆鄭重地回答：「第一，勤奮當然不可少；第二，你一定要買一件紅衣服穿上！」「買件紅衣服？這與成功有關嗎？難道紅衣服可以帶給人好運？」「是的，紅衣服有時的確能給你帶來好運。」老闆指著那一群幹活的工人說，「你看他們每個人都穿著藍色的衣服，我幾乎看不出有什麼區別。」說完。他又指

著旁邊一個工人說：「你看那個工人，他穿了一件紅衣服，就因為他穿得和別人不同，所以我注意到了他，並且通過觀察發現了他的才能，正準備讓他擔任小組長。」

在現實生活中，資源是有限的，這就決定了在社會中，只有少數人能享受到多數的資源。爲此，能夠採取「萬綠叢中一點紅」的策略的人，無疑是極其明智的。雖然他不一定懂得這其中的經濟學原理，但是只要悟透了其中的智慧，一樣會在人生的博弈中成爲脫穎而出的勝利者。

所以，你必須明白，無論做什麼事情，要麼不做，要做就要集中精力做到最好，最出色，做出彩，做出「動靜」來。這樣別人才能關注你，記住你，欣賞你，遇到好事的時候也願意想著你。否則，事情沒少做，活沒少幹，但就是不會引起別人的注意，這樣的人只會平凡一輩子。

心得欄

35

三個和尚沒水喝

　　經濟學裏有一個著名的案例，講了兩頭豬的智鬥故事。

　　大豬和小豬共住一個豬圈，為吃食競爭。豬圈一側有一個踏板，另一側有一個食槽。每踩一次踏板，自動投食機就會向食槽投放一點飼料。這樣，一隻豬去踩踏板，另一隻豬就會搶先吃到食物——如果小豬踩動踏板，大豬就會在小豬跑來之前吃光東西；如果大豬踩動踏板，則有機會在小豬吃光之前跑來，搶到一點殘羹。那麼，兩隻豬會採取什麼策略呢？說出來大家可能會有些難以置信，結果只能是一種——強壯的大豬奔忙於踏板和食槽之間，而小豬則等在食槽旁邊，坐享其成。

　　這是為什麼呢？以小豬為例，對它而言，自己去踩意味著一無所有，但不踩則會出現兩種可能：一、大豬去踩，它可以坐而待食；二、大豬也不踩，雙方幹耗，最終都會餓死——但這與小豬去踩的結果並無二致。對大豬來說，由小豬去踩踏板也是上策。但是，如果雙方都靜觀其變，由於大豬的身體需要更多的能量，因此消耗不起。最終，結果只能是大豬去踩，並跑回來爭食，這樣多少還是有些收穫。

　　這個耐人尋味的故事屬於經濟學的博弈論範疇。博弈論是指個人或者組織面對一定的條件，在一定的規則約束下，依靠所掌握的信息，進行策略選擇並加以實施的過程。簡而言之，就是研究個體如何在錯綜複雜的相互影響中得出最合理的策略。博弈論在經濟學中佔有非常重要的地位，本文提出的這個「智豬博弈」早已作爲一種博弈模型，應用於現實生活的各個方面。戰爭、政治、商業、體育比賽……幾乎都能看到它的影子。而在職場當中，經常會看到這樣的景象：任務完成，論功行賞時，有一些員工不勞而獲，就像故事中的小豬，而另一些人費力又難以討好，就像故事中的大豬。能者加班，而大夥一起拿加班費，就是這樣一種情況。

　　當公司需要加班時，常常出現「人多力量大」的狀況，不論事有多大，加班員工越多越好。本來一兩個人就可以做完，總會有四五個甚至更多的員工湊在一起。由此，「智豬博弈」就會出現。如果大家都耗在那裏，不去工作，結果當然是「三個和尚沒水吃」，完不成任務。但是，當中能者礙於面子或者責任心，往往不便坐而待之，就去主動完成任務。由於大家對彼此的行事規則早已清楚，其餘員工在加班中便多是出工不出力。工作一旦完成，大家便共拿獎金——由此，能者成了辛苦的「大豬」，而其他人則成了舒服的「小豬」。

　　除去加班，在向老闆爭取增加薪水或者福利時，也會出現「智豬博弈」。當一名員工被推選爲代言人與老闆談判時，他在爲公司所有員工的利益而努力。然而，同爲可能受益者的其他人卻在此刻扮演了「小豬」角色，躲於幕後。如果談判成功，

他們可以輕鬆分一杯羹；如果失敗，他們也可以全身而退，甚至發表一通與我無關的言論。而那名與老闆談判的員工，扮演了「大豬」，卻有可能因此成為一名犧牲者。

不僅在日常工作中會出現「智豬博弈」，在應聘工作時，有時也會發生。

某名牌大學向社會公開招聘兩名教授，分別教經濟學和會計學。招聘伊始，便應者甚眾，競爭激烈。經過長時間的層層選拔後，有兩個教授(稱之為甲和乙)贏得了機會。大學規定，會計學教授月薪水 60000 元，而經濟學教授月薪水 40000 元(這是緣於會計學為時下熱門科系)，而甲乙兩人都想去教會計學，由此開始最後一次競爭。

雙方的大體情況如下：二人均有會計學碩士學位，同時又兼有會計學和經濟學兩方面的教學經驗，而且，甲的會計學教學經驗還優於乙。依正常邏輯推測，甲教授已經佔得先機，獲得會計學教授職位順理成章。甲教授對此也頗有信心。在與學校談判過程中，他除了詳談自己的會計學教學經驗外，為了證明能力，還談起自己的經濟學教學經歷。然而與之相比，乙教授採取的競爭策略令人匪夷所思：在與大學談判中，他極力否認自己具有經濟學教學經驗，甚至還有意貶低自己，聲稱如果自己去講授經濟學，將誤人子弟。從甲、乙兩教授向大學一方傳達的信息中可以看出，乙故意拉大了自己與甲的實力差距。然而，最終定崗結果卻出乎所有人的意料：乙非常愉快地獲得了會計學教授職位，而甲只能退而求其次，教授經濟學。

為什麼會出現這樣的一個最終結果？更有能力和經驗的甲

教授爲什麼會在這場競爭中失利？這就需要應用「智豬博弈」來進行分析。該大學在整個招聘過程中，層層選拔，在最後選定兩位佼佼者後，已付出大量時間和精力，除非出現極其特殊的情況（如天災人禍），基本不可能再重新招聘。而對於兩位教授而言亦是如此，也都不太可能隨便丟掉觸手可及的美差。對此局面，實力稍遜的乙教授了然於胸，主動充當了「智豬博弈」中的「小豬」角色，釋放出「寧可失去職位（實則當然未必如此），也不願擔當經濟學教授」的煙幕彈。相比之下，甲教授的做法就遜色不少，在無意當中充當了知識淵博、能力全面的「大豬」角色。面對兩位教授的策略，大學由於難以再開展新一輪的招聘，只能作出讓甲去教授經濟學的選擇。

這一事例無意否定知識的價值，而是指出，面對這一看似有悖事理、有違公平的「能者退其次」的結果，我們應該充分意識到，博弈論在此起了關鍵作用。回頭再看，設想如果甲教授瞭解「智豬博弈」，吃透競爭形勢，只要採取和乙教授同樣的策略──「一定要教授會計學」，就很可能達到目的（因爲他確實比乙要強一些）。但是很遺憾，他在「智豬博弈」當中扮演了能力更強，卻費力不討好的「大豬」角色，輸掉了競爭。

大豬四處奔波，小豬坐享其成，「智豬博弈」損害了辛苦、能幹的人，然而這卻符合博弈論的規律。在職場當中，一名員工在做好自己工作的同時，也應該瞭解一下博弈論，在人際關係複雜的企業裏，學會切實維護屬於自己的利益。

在智豬博弈模型中，受罪的都是大豬，小豬等著就行。智豬博弈模型可以解釋爲誰佔有更多資源，誰就必須承擔更多的

義務。

　　智豬博弈存在的基礎，就是雙方都無法擺脫共存的局面，而且必有一方要付出代價換取雙方的利益。而一旦有一方的力量足夠打破這種平衡，共存的局面便不復存在，期望將重新被設定，智豬博弈的局面也隨之瓦解。

　　智豬博弈在社會其他領域也很普遍。在一家股份公司中，股東都承擔著監督經理的職能，但是大小股東從監督中獲得的收益大小不一樣。在監督成本相同的情況下，大股東從監督中獲得的收益明顯大於小股東。因此，小股東往往不會像大股東那樣去監督經理人員，而大股東也明確無誤地知道不監督是小股東的優勢策略，知道小股東要搭自己的便車，但大股東別無選擇。大股東選擇監督經理的責任、獨自承擔監督成本，是在小股東佔優勢選擇的前提下必須選擇的最優策略。這樣一來，從每股的淨收益來看，小股東要大於大股東。

　　這樣的客觀事實為那些「小豬」提供了一個十分有用的成長方式，僅僅依靠自身的力量而不借助於外界的力量是很難成功的。看一下智豬博弈就能明白這一點，小豬的優勢策略是坐等大豬去按按鈕，然後從中受益。也就是說，小豬在博弈中擁有後發優勢。在博弈中，搶佔先機並不總是好事，因為這麼做會暴露你的行動，對手可以觀察你的選擇，做出自己的決定，並且會利用你的選擇盡可能佔你的便宜。

　　到底是選擇先發還是後發，在博弈論中，就要先分析形勢，按照風險最小、利益最大的原則，把風險留給對手，把獲益的機會把握在自己手中，做一頭「聰明的小豬」。

36

一分錢不一定能買到一分貨

理性的決策者應該不受表面合算交易或無關參考價的迷惑，而真正考慮物品實際的效用。將物品對你的實際效用和你要為該物品付出的成本進行比較權衡，以此作為是否購買該物品的決策標準。

一個在孤兒院中的小男孩，常常悲觀地問院長：「像我這樣沒人要的孩子，活著究竟有什麼意思呢？」院長笑而不答。有一天，他交給男孩一塊石頭說：「明天早上，你拿著這塊石頭到集市上去賣，但不是真賣，記住，無論別人出多少錢，絕對不能賣。」第二天，男孩拿著石頭蹲在集市的角落，意外地發現有不少人對他的石頭感興趣，而且價錢愈出愈高。回到院內，男孩興奮地向院長報告。院長笑了笑，要他明天拿到黃金市場上去賣。在黃金市場上，有人出比昨天高十倍的價錢來買這塊石頭。第三天，院長讓男孩把石頭拿到珠寶市場上去展示，結果，石頭的身價又漲了十倍，更由於男孩無論如何都不賣，竟被傳揚為「稀世珍寶」。

這本來只是一塊普通的石頭，但是在不同的市場上卻有不

同的價格,並且市場規格越高,石頭的價格也越高。同樣一種
商品,在不同的市場上出現不同的價格,這種現象可以說是很
常見的。

　　芝加哥大學的薩勒(Richard Thaler)教授設計了一個場景
讓人們來回答:炎熱的夏天,你躺在海灘上,最想做的事情就
是喝上一杯冰涼的啤酒。正好你的同伴要去附近的電話亭打電
話,可以幫你看看附近的小雜貨店有沒有啤酒賣。他要你給他
一個你願意出的最高價錢,如果啤酒價格在你出的價格之內,
他就幫你買回來,高於這個價格就不買了。那麼你最多捨得花
多少錢在這個小雜貨店買一杯啤酒呢?他讓一組人回答這份問
卷,最後統計出的平均價格是 1.50 美元。然後他把這個問卷中
「附近的小雜貨店」改成「附近的一家高級度假酒店」,把新的
問卷給另外一組人做,讓他們出一個最高價錢。你知道做了小
小的改動之後結果有什麼變化嗎?改動後統計出的平均價格是
2.65 美元。同樣是在海灘喝一杯買來的冰啤酒,從酒店和從雜
貨店買來的相同的啤酒是沒有差異的,既不會因為在酒店買而
享受到酒店裏優雅舒適的環境,也不會因為雜貨店的簡陋而有
任何損失,但為什麼從酒店裏購買的話人們就願意支付更高的
價錢呢?

　　俗語說:「一分錢一分貨。」一般情況下,越貴的東西品質
就會越好。但是我們卻經常會發現,花更多的錢不一定會買到
價值更高的消費品質。到底是什麼原因造成的呢?從經濟學上
來說,造成這一現象的原因是交易效用理論。在我們的日常生
活中,很多的消費決策總是受到一些無關的參考值的影響。在

買啤酒時，人們考慮的是酒店與小賣店地位的不同，在買石頭時，人們考慮的是石頭在市場的地位之不同。而同樣的，在買其他東西時，人們也會受一些與商品價值本身並沒有多大關係的參考價值的影響。

　　一對夫婦要搬新家了，他們決定換台新的電視機。於是到了家電商場選購，但是卻發現同樣 29 寸的彩電，價格相差卻很大，有的 20000 多元，有的 10000 多元，但很多人買的並不是價格便宜的，而是選擇價格高的名牌產品。他們很困惑，便去請教朋友。在他們的朋友中，有幾位是家電的內行。據他們講，國內家電特別是電視產品品質相差不大，用的都是進口顯像管。那為什麼人們選擇價格高的呢？因為人們受到了品牌的影響。名牌產品往往給人信賴感。但是如果其他產品的品質不如名牌的，這種選擇無可厚非，而實際上產品的品質卻是相同的。這種選擇顯然是不公平的。實際上，人們對電視產品的品質的認識，並不是通過實踐得來的。往往會受到品牌宣傳的影響，認為某個品牌的品質好，而一些沒有名氣的電視則是品質低下的。一台電視機往往可以用上幾年甚至十幾年，因此人們無法積累感性經驗。居民的購買行為大多受報紙上公佈的評比和調查結果影響，如那種電視銷量最大，那種電視評比第一，那種電視壽命最長等。

　　仔細想一下，這一狀況在不同場合、不同領域都可以見到。交易效用理論告訴我們，人們在購買商品時，往往會受到與商品本身的價值根本無關的參考價值的影響。結果往往在相同的東西上花了更多的錢，而且還會認為自己多花的錢很值得。

20 幾歲的年輕人，尤其喜歡追求時尚，對品牌十分看重，買東西時動輒以名牌為標準。實際上，品牌與非品牌在品質與實用性上來說，差別並不是很大。如果從實用性上來講，購物時，一定要看準商品本身所具有的價值，而不是一些無關緊要的參考價值。

37

小心「心理賬戶」陷阱

一大學教授講了這樣一件小事：

「我有一個學生，每次我找她來學校討論問題的時候，她總要花上一個小時從家坐輕軌轉地鐵再轉公車趕過來，一路上的辛苦自然不言而喻。學生捨不得花錢，乘公交是很自然的事情。有一次在她臨走時，我給了她 100 元錢作為她回去的交通費，結果我看到那天晚上她回去的時候一下樓就叫了輛計程車，瀟灑地走了。從那以後，我發現只要我在她臨走時給她點錢作為交通費，她就會叫計程車回家，儼然有些闊小姐的味道了，而如果那次我沒有給她交通費，不管多晚她照樣坐地鐵換公車回家。她告訴我這也是心理賬戶的影響，如果我付給她的 100 元錢是作為每日的薪水或者勞務費的話，她肯定每次都會

把那 100 元錢放好，還是捨不得花，繼續乘公車，但是我給她的 100 元既然是作為交通費的，那就區別對待了。」

這種現象是不是也經常發生在你的身上呢？仔細想一想，你是不是會很容易把兼職賺來的錢花掉，而把正職所賺的錢存起來呢？難道兼職賺來的 100 塊錢與正職賺到的 100 塊錢有區別嗎？沒有，從經濟學角度來看，一點兒區別也沒有，但是我們卻總是做出類似的事情。再比如，剛發了薪水，朋友讓你請客，你也許會覺得很為難，但是如果你額外得到了一筆獎金，朋友讓你請客時，你十有八九會很爽快地答應。同樣地，薪水與獎金都是錢，根本沒有任何區別。那你又為什麼會這樣做呢？人們之所以會做出這樣的事情來，用行為經濟學上的一個觀點來解釋就是「心理賬戶」在起作用。

芝加哥大學行為科學教授薩勒提出了心理賬戶的概念：個人和家庭在進行評估、追述經濟活動時有一系列認知上的反應，通俗點來說就是人的頭腦裏有一種心理賬戶，人們把實際上客觀等價的支出或者收益在心理上卻劃分到不同的賬戶中。

有一次，某人和他的妻子到澳門旅遊，一天晚上他在旅館輾轉反側，突然看到地上有五個一元的硬幣，恍惚間他感覺到 15 這個數字在硬幣間一閃而過。某人認定這個數字能夠帶給他好運。於是他穿戴整齊出門，去附近的賭場賭博。這次他賭的是數字，他選擇了數字 15，然後用 5 元錢硬幣作為賭注，輸了就賠進去，贏了就得到 35 倍的數量。果然，15 這個數字很神奇，他一上桌就給碰上了。於是他更加認定 15 帶給他的魔力。他繼續下注，一次又一次地，小球像裝了吸鐵石一樣往 15 這個

區域跑。他的錢從 5 元到 175 元到 6125 元，最後到了 750 萬的時候，賭場的老闆不願意了，就不再讓他繼續玩下去了。某人正在興頭上，當然不肯就此甘休，他揣著剛剛賺來的 750 萬去了附近的另一家賭場，玩一種類似的賭法，他依舊選擇 15 作為自己的幸運數字。結果這次這個神奇的數字一次也沒有中，某人輸得分文不剩，最後只得沮喪地回到旅館。此時妻子正著急地在樓下等候著他，見他回來忙問他上那兒去了，他說去賭博了。妻子又問他是不是輸錢了，輸了多少。他回答說：「還行，就輸了 5 塊錢。」

事實上，他輸的遠遠不止 5 塊錢，他輸的是 750 萬！賭博賺來的 750 萬和工作賺來的 750 萬從經濟學的意義上講沒有任何差別。但是很顯然，他並沒有把賭博贏來的那 750 萬當作自己的收入看待。賭博贏來的錢在他的心裏專門被放在一個賬戶。他們沒有把這個賬戶中的錢跟工作掙來的錢放在同等的地位上看待。所以，即便是輸掉了，也沒怎麼覺得心痛，最多只是覺得自己運氣不好罷了。

心理賬戶的存在影響著人們以不同的態度對待不同的支出和收益，從而做出不同的決策和行為。日常生活中大多數人的經濟決策都會受心理賬戶的影響。心理賬戶和經濟學意義上的賬戶最大的概念上的不同是：從經濟學的意義上來說，每一塊錢都是可以互相替代的。不管你是撿來的一塊錢還是你掙來的一塊錢或者是得獎贏來的一塊錢都是一樣的，對你而言，你的總財富都多了一塊錢；同樣，你丟掉的一塊錢和你用掉的一塊錢或者被偷了一塊錢也是一樣的，你的財富都少了一塊錢。

由於心理賬戶的存在和效應，在兩種等價的情況下正常人往往會做出自相矛盾的判斷和決定，離理性有很大的差距。首先，通過閱讀本篇的內容，你已經對心理賬戶所導致的欠理性行為誤區有了一定的瞭解，知道錯誤的存在正是改進和避免錯誤最好的辦法。同時，你要知道，錢是具有完全可替代性的，辛辛苦苦掙來的錢和買彩票中獎得到的錢，如果數值相同是沒有差別的。所以，不應該在有了「意外之財」的時候大手大腳，也不必對自己的辛苦錢看得太緊，對於大錢和小錢也應該一視同仁。這個方法的本質就是換個角度思考，考慮如果自己處在相反的或者其他的情形時會如何決策。

年輕人更容易受到心理賬戶的影響，從而做出錯誤的選擇。把應該節省的錢花掉了，或者把應該花的錢省了下來，這都是不好的消費行為，所以每個人都要分清自己的「心理賬戶」，不要因為心理的原因，把錢分為「三六九等」。

心得欄

38

駕馭金錢的開端

　　消費應該以收入爲標準，理性消費，量入爲出才是長久之
道。

　　《禮記·王制》中有這樣一段話:「塚宰製國用，必於歲之
杪，五穀皆入，然後制國用，量入以為出。」也就是說，宰相
在制定國家開支計劃的時候，一定要在歲末收上各種賦稅糧穀
之後，根據收入的數量來決定支出的限度。這句話後來演變為
一個成語——量入為出。它在中國古代政府制定經濟政策時曾
發揮了重要的作用，比如《三國志·魏志·衛覬傳》就說:「當
今之務，宜君臣上下，計較府庫，量入為出。」而朱東潤所作
《張居正大傳》中也寫道，「量出為入，正是(張)居正在財政方
面的作風」。

　　由此可見，量入爲出作爲一種經濟思想，在歷史上曾經長
期而深刻地影響我國財政政策。這種思想不但在治國方面適
用，也可應用於家庭或個人理財當中。我們知道，《紅樓夢》中
賈家的榮寧二府，在經濟上，就是因爲非但沒有量入爲出，反
而寅吃卯糧，結果導致了這個家族的衰敗。但是在現實生活中，

年輕人由於剛剛離開學校，剛剛有了自己的收入、在經濟上擁有「自主權」，往往沒有「量入為出」的觀念。比如 23 歲的小陳，他是一個剛剛踏上工作崗位 3 個月的職場新人，月薪 20000元，大部份的收入用於房租、在外吃飯、泡吧，日子過得很瀟灑，但是他的經濟狀況不容樂觀。工作 3 個月至今沒有任何積蓄，每到月底，小陳看著空空的錢包，想想自己的將來，就開始為自己不久後買房、買車、成家並擔起養家的重任而煩惱，不知道如何是好。

其實，像小陳這樣 20 幾歲的人所處的階段正是家庭成長期。所謂家庭成長期是指工作至結婚的一段時期，是未來家庭的積累期。在這一時期，每個人的經濟收入都比較低且花銷較大。小陳現在收入不高，但收入預期卻很好，所以說，像小陳這樣的情況，建議處於此階段的他按照先聚財，後增值，再購置住房的順序，調整自己的理財計劃。這其中一個重要的前提是先要學會量入為出，控制自身的經濟狀況，從而駕馭好自己的個人資產。

一般來說，個人資產通常可以分為固定資產和流動資產。固定資產是一些較不容易轉化為現金的資產，比如房地產；流動資產則是指一年內可以轉化為現金的資產，如薪水、銀行存款、債券基金等。無論對於誰來說，理財首先要從自身開始，從控制自身的經濟狀況開始。對於 20 幾歲的人來說，擁有固定資產的人非常少，所以要控制自己的經濟狀況，主要是控制自己的薪水以及銀行存款，根據自身的收入狀況制定消費計劃——比如住房租為多少的房子、吃什麼標準的伙食、穿什麼

檔次的衣服、買什麼牌子的手機、一個月打多少錢的電話、上多少錢的網，在自己的收入範圍內，安排每月支出的數額，並有計劃地進行儲蓄——那怕每個月只存 2000 元錢。我們可以算一下，如果每個月少花 2000 塊錢，一年就會節省 24000 塊錢。而如果把這 24000 塊錢用來進行風險小的投資，那麼一年能夠賺的就不僅僅是 24000 元。因爲隨著時間的增長，錢也會再生錢，所以 20 幾歲的年輕人也許沒有很多的錢，但是每個月多省出 2000 塊錢來是不成問題的，如果能用來投資，那就不僅僅是節省 2000 元了。

有人買房買車；有人月入上萬，卻借債度日。當養成這些習慣之後，就能夠清楚地知道自己的財產狀況了，也就會合理地進行消費與投資，爲將來的人生做好財產準備。

控制自己的金錢不僅要從縮減開支，做好財務預算幾個方面注意，還要在進行投資時小心謹慎不要掉入別人設下的陷阱。

心得欄

39

兩個桃子也會殺人

　　我們常常會聽說某個手機號或汽車牌照賣出了天價，這正是資源稀缺性的體現。因為這種手機號或汽車牌照的數字非常獨特，而且是唯一的，不會再有第二個。物以稀為貴，這樣的商品人人都想購買，也就會賣出很高的價格。

　　春秋時期，齊景公手下有三員猛將，公孫接、田開疆與古冶子，他們都為齊景公立下過汗馬功勞。這三個人自恃勇猛，對齊景公也不放在眼裏。晏子建議齊景公把這三個人剪除，以免將來留下禍患。景公也覺得應及早剪除，但是三人戰功赫赫，又勇猛無比，齊景公對此很無奈。晏子說，應當用巧。他向景公建議，賜給他們三人兩個桃子，說是賞賜給最有功勞的人，讓他們分吃。三個大臣開始爭奪，競相陳述自己對國家的功勞，最後兩個人得到桃子，另外一個羞愧自殺。得到桃子的兩個人見同伴因自己而死，也便羞愧自殺。

　　這是《晏子春秋》裏的記載，三員大將被兩個桃子殺死——歷史上有名的二桃殺三士的故事。

　　可能有人覺得，同伴自殺，自己也就自殺嗎？太不划算了

吧，別忘了當時春秋時代的人都是很講義氣的，所以見到同伴自殺，自己也自殺是沒什麼奇怪的。晏子利用的就是經濟學上的稀缺性，只給兩個桃子，三個人無論如何也分不好，殺死三個勇士的不是兩個桃子，而是稀缺性，因爲稀缺才產生互相之間的競爭和爭奪，最後在爭奪中死亡。

我們常常會聽說某個手機號或汽車牌照賣出了天價，這正是資源稀缺性的體現。因爲這種手機號或汽車牌照的數字非常獨特，而且是唯一的，不會再有第二個。物以稀爲貴，這樣的商品人人都想購買，也就會賣出很高的價格。

「稀缺」二字，代表著兩種不同的含義：一個是稀有的，另一個是緊缺的。在經濟學裏，稀缺被用來描述資源的有限可獲得性，是相對於人們無窮的慾望而言的。人的慾望是無限的，但資源是有限的，相對於慾望的無限性，資源的有限性引起了競爭與合作。競爭就是爭奪對稀缺資源的控制，競爭是社會配置資源，即決定誰得到多少稀缺資源的方式。所謂合作就是與其他人共同利用稀缺資源、共同工作，以達到一個共同的目的。通過合作的形式是爲了以有限的資源生產出更多的產品，合作是解決資源稀缺性的一種途徑。

資源的稀缺性是人類社會永恆的問題，經濟學產生於稀缺性的存在，因爲資源稀缺，才需要經濟學研究如何最有效最合理地配置資源，使人類的福利達到最大化。一個物品可以成爲商品出售，首先是因爲它是稀缺的，並不是因爲人們的需求，例如陽光和空氣，人人都需要，但因爲太多了，所以不會成爲商品。但是淡水資源卻越來越少，所以淡水的價格從原來的免

費供應，到現在也開始漲價。當一個商品變得稀缺的時候，它就開始變貴了。黃金因為屬於稀有金屬，所以價格才高。權力之所以人人追捧，也是因為權力是稀缺的。

　　資源的稀缺性是經濟學的前提之一，對社會、對人們的生活產生巨大的影響，正是稀缺性導致了競爭和合作，促進了社會的發展。想像一下，如果資源不是稀缺的，而是極大富足的，那麼世界會完全變樣。自然界中不會有優勝劣汰，不會有廝殺，每個生物都可以得到滿足。人們不用工作，不用考慮買房子了，因為土地是富足的，不用考慮衣食住行，一切資源都是富足的。那這樣的世界就沒有任何活力，就會變成死水一潭，最終毀滅。

　　隨著人們物質生活水準的提高，我們對住房條件品質的要求也越來越高，很多人不再只滿足於遮風擋雨的小門小戶，更多地期望房屋兼具實用性和美觀性。而這種實用性則包括住房面積的大小、房屋的舒適性和房屋所處地理位置的便利性等要求，這樣一來，即使人口不增長也會產生住房壓力，所以在有限的土地上滿足如此龐大人群的需求，住房緊缺就是顯而易見的事情了。這也就能很好地解釋為何在物質文明高度發達的今天，還是會感到資源的稀缺了。

　　可見，用經濟學中的稀缺性可以解釋我們生活中的許多現象，火車票在春運的時候可以賣高價，一張奧運會開幕式的門票在奧運會開始前，居然賣出了 20 萬的天價，這些都是因為稀缺。因為稀缺才產生需求，因為需求才拉動經濟增長，因為稀缺才去競爭，才會積極創造未來，推動社會進步。因為稀缺，必須要每天學習、進步，以適應這個適者生存的社會，因為資

源總是有限的，你想得到更多，必須得努力！

經濟學上所說的稀缺性是指相對的稀缺性，強調的不是資源的絕對數量的多少，而是相對於人類慾望的無限性來說，再多的物品和資源也是不足的。一個社會無論有多少資源，總是一個有限的量。相對人們的需求來說，資源總是稀缺的，物質產品或勞務也總是不足的、稀缺的，所以我們在生活工作中需要合理利用稀缺資源，首先不要浪費，其次還要積極努力去爭取更多的資源，這樣才能夠不被稀缺所束縛，才能用有限的資源來滿足無限的需求。

40

貨幣升值到底是好事還是壞事

某一種貨幣從 2007 年開始一直不斷升值，對於貨幣的升值，有的人認為是好事情，而有的人認為是壞事情，不同的人有不同的看法。那麼，到底貨幣升值是好是壞呢？對於普通百姓來說有多大影響？該如何對待貨幣升值？

有的人認為貨幣升值了，錢值錢了，老百姓出國旅遊、買原裝進口汽車、瑞士表更便宜了，大企業到國外吞併企業成本降低了……美國為什麼下大力氣逼迫貨幣升值？難道美國人傻

嗎，讓自己國家的錢不值錢？其實我們從日元相對美元的升值就能看出其中的道理。1985 年美、英、法、聯邦德國在紐約廣場飯店舉行會議，迫使日本簽下了著名的《廣場協議》。簽字之前美元兌日元在 1 美元兌 250 日元上下波動，協定簽訂後，在不到 3 個月的時間裏，快速下跌到 200 日元附近，跌幅 20%。到 1987 年最低到達 1 美元兌 120 日元，在不到 3 年的時間裏，美元兌日元貶值達 50%，也就是說，日元兌美元升值一倍。日本人當時也以為自己一夜之間成為了富翁，但事實卻是日本的經濟所遭受的打擊用了 20 年也沒有緩過勁來！

貨幣的升值對富人的好處確實是顯而易見，如貨幣對美元升值，到國外去玩、去購置產業就更廉價了，顯而易見富人手裏的錢更值錢了。老闆就是對貨幣升值津津樂道的人，因為這次他去美國旅遊，花了更少的錢卻享受了同樣的服務，以前他住旅館的費用是 1 萬，現在 8 千就下來了。而且他還購買了大量的商品帶回國內，郭老闆感慨美元貶值，貨幣升值對他這樣的人就是帶來了諸多好處。

貨幣升值就是意味著人們手裏的錢更值錢了。根據購買力平價理論，每一單位貨幣在不同的國家應該買到同樣數量的商品。一元在當地可以買一個蘋果，在美國也照樣可以買一個蘋果。一美元在美國可以買 8 個蘋果，在當地也照樣可以買 8 個蘋果。但現在貨幣升值了，在中國可以買 7 個蘋果，在美國卻可以買 8 個蘋果。對於有錢的人可以去國外旅遊的人而言，貨幣升值的確好處很多。他們可以用同樣的貨幣換取更多的美元，可以在國際上買更多的商品。

　　與老闆不同的是，另一個老闆的日子卻因為貨幣升值而變得日益艱難。白老闆是做出口業務的，有一個出口公司，每年採購商品向國外發貨。由於貨幣升值的影響，定單不但減少了很多，而且美國客戶多以美元結算，結算後換得的貨幣就更加少了，然後用換取的貨幣去採購貨物，發覺物價還上漲了，而美國客戶的價格沒變，再換回貨幣後發覺利潤越來越微薄。

　　貨幣升值對出口企業是最不利的，因為同樣的商品要換取美元，再兌換回貨幣，而美元卻是相對貶值的，比如之前 10 萬美元可以換取 80 萬貨幣，但現在 10 萬美元只能換取 70 萬貨幣。同樣的價格，由於貨幣的升值，收入卻憑空減少了 10 萬貨幣。與此同時，貨幣的升值反而影響到國內商品的價格，白老闆也不明白，不但自己換回的錢少了，而且貨物的採購成本也提高了，這是怎麼回事？

　　一般老百姓只在新聞上聽到貨幣升值了，覺得錢應該更加值錢了呀，但自己在買商品的時候，發覺錢不但沒有值錢，反而不如以前了。原來可以一元錢買一斤白菜，而現在卻 1 元 5 角買一斤白菜，這樣來看自己的錢反而更不值錢了。

　　這是因為貨幣升值，會導致更多的人願意持有貨幣，一般老百姓感覺不到，似乎升那麼一點值對自己沒什麼影響，但是持有大量資金的個人或金融機構對此卻是十分敏感，那怕只是升值那麼一小點，他們的財富便可以因此增加或減少很多。比如一個人擁有 80 億貨幣，他原來可以兌換成 10 億美元。但現在貨幣升值後，他只用 70 億就可以兌換 10 億美元，白賺了 10 億貨幣。由於貨幣升值的趨勢一直高漲，所以未來對貨幣的預

期更加樂觀，認爲還會繼續升值下去，於是大量的外幣機構開始儲備貨幣。貨幣需求越大，貨幣的價值就會越來越提高。而大量的貨幣必然會湧進中國市場，因爲只有中國消費貨幣。這樣便會在中國造成通貨膨脹，使物價上漲，所以貨幣升值後對普通老百姓而言，並沒得到太多好處，尤其對出口商打擊很大，但像富裕的老闆那樣喜歡去國外旅遊購物的人卻比較歡迎貨幣升值。總而言之，貨幣升值有利也有弊，是一把雙刃劍，我們要謹慎而理性地去看待。

貨幣升值是把雙刃劍，運用得好，可以爲老百姓帶來真正的實惠；而如果運用得不好，則會對國民財富造成很大的傷害。對普通百姓而言，貨幣升值的情況下，應該把餘錢拿出來購買不動產或儲蓄貨幣。儘管當前可能物價上漲有些不利影響，但貨幣升值大趨勢不會變，所以應該多儲存貨幣，儘量使自己變成像郭老闆一樣的富裕之人，就可以享受到貨幣升值的快樂了。

貨幣更值錢了，我們的財富增加了！但我們不要高興得太早了。回顧世界經濟的歷史，我們就會明白，或許這一次，我們正在面臨著一場前所未有的、形勢嚴峻的戰爭。

20 世紀後半葉，日本從戰爭的廢墟中崛起，經濟高速發展，到了 20 世紀 80 年代中期，日本已經躍升爲僅次於美國的第二大經濟強國。由於日本國土面積不大，資源貧乏，因此日本經濟嚴重依賴對外貿易。日本故意讓日元保持在很低的匯率，因爲這有利於日本商品的對外出口，外國商人會發現日本貨物便宜，於是就願意進口日本貨。

這種局面愈演愈烈，使美國和日本的貿易逆差快速擴大。

到了 1984 年,美國的財政赤字達到創歷史紀錄的 1000 億美元,而這時日本的外匯儲備達到 260 多億美元,日本貿易盈餘的絕大部份來自美國。進出口貿易的嚴重不平衡令美國十分頭疼,憑藉著自己在世界上的霸主權勢,美國向日本和其他國家施加壓力,希望它們能夠調整匯率,緩和自己的危機。

1985 年 9 月,美國與英國、法國、聯邦德國、日本在紐約的廣場飯店達成了關於世界匯率問題的「廣場協定」,明確要求其他幾國貨幣對美元要升值。協定簽訂後僅僅 3 個月,日元價值就從 240 日元兌 1 美元躍升到 200 日元兌 1 美元,到了 1988 年,竟然達到了 120 日元兌換 1 美元,日元升值了 1 倍。

日元的快速升值嚴重影響了日本經濟。隨著日元升值而來的是日本產品的成本和價格上漲,過去以價廉物美馳騁世界市場的日本貨,現在一下子變成了人們眼中的「奢侈品」,人們轉而去購買其他國家的便宜貨。這種衝擊順著產業鏈條波及了整個日本經濟領域。

反過來,日元升值相對來說降低了從其他國家進口的商品的價格,這當然對日本人有好處。但是,湧進日本國內的廉價外國貨也衝擊著日本的商業,日本國內的本土公司日子越來越不好過。更嚴重的是,由於日元大幅度升值,一些國際資本投機家瞄準了日本,國際資本大量湧入日本,製造了虛假的繁榮。

日本很長時間以出口支撐國家經濟,為了抵消日元升值對本國出口貿易的負面影響,日本政府降低了國內的銀行利率,希望用超低的利率使國內公司的日子好過一點。可是,由於利率低,貸款所承受的還錢壓力小,許多公司紛紛貸款,上馬一

些贏利前景不明的項目，日本國內的經濟泡沫反而越吹越大。

從 1987 年 2 月到 1989 年 5 月，日本在超低利率的刺激下，股市快速上漲，日經指數在 4 年中上漲了 2 倍。自 1985 年起，日本 6 個最大城市的土地價格每年以兩位數上升，1987 年住宅用地價格竟上升了 30.7%，商業用地則飆升了 46.8%。

「紙上財富」的增加衝昏了日本人的頭腦。

日本經濟泡沫的一個代表性事件，就是 20 世紀 80 年代末日本三菱公司以 15 億美元購入了美國紐約的洛克菲勒中心。這個事件在日本和美國都引起了轟動。在日本，人們狂歡暢飲，認為這是第二次世界大戰日本戰敗後重登世界之巔的標誌，徹底洗刷了當年被美國軍隊統治的屈辱歷史；而在美國，日本人買下洛克菲勒中心刺痛了美國民眾的自尊心，通用電氣、NBC 電視網和世界最大新聞機構美聯社的總部均設在洛克菲勒中心，這個中心可是美國的象徵之一，各大媒體一致認為這是經濟上的偷襲珍珠港事件。

但是美國政府卻並沒有干涉日本人購買美國資產的舉動，美國人在打什麼算盤呢？

原來，這個收購事件的經濟背景是，日元升值使海外企業和土地等的價格相對比較便宜，於是日本企業意氣風發地大量購買已開始出現泡沫破滅徵兆的美國國內資產。美國則借由美元貶值等因素，成功轉移了自己的經濟泡沫負擔，在日本人大肆購買美國地產（其實是一些虛高的經濟泡沫）的時候，美國人用賣地得到的資金發展以信息產業為龍頭的新經濟。

進入 20 世紀 90 年代，日本的經濟泡沫終於破滅了。日本

的許多企業由於日元升值太高而紛紛破產；日本的海外收購資本卻沒有什麼投資回報，價格不斷下跌。在經濟陷入困境的時候，那個曾經讓日本人熱血沸騰的洛克菲勒中心不得不低價出售，以 9 億美元的價格又賣給了美國人。

在日本經濟泡沫破滅的時刻，美國人抓住機會，反手再次給了日本經濟致命一擊。在美國的干預下，日元又開始貶值，由於日元升值而破產的日本出口型企業當然回不來了，而日元貶值又打擊了那些進口型企業。同時，日元貶值也讓曾經不可一世的日本各大銀行跌入深谷，銀行資產大幅度縮水，原來的一些呆賬、壞賬成了沉重的負擔，壓垮了許多日本銀行。

整個 20 世紀的最後 10 年，日本經濟止步不前，「丟失了10 年」。而這個時期的美國卻大力發展了電腦、網路等新經濟，繼續引領世界各國，世界第一的寶座更為穩固。這場美元對日元的貨幣戰爭，以日本的慘敗而告終。

談論世界經濟問題，美元貶值始終是一個繞不過去的坎，因為每一次的美元貶值都對全球經濟造成了極大的影響。根據美國國家經濟研究局的統計，過去 60 多年來，美國已經遭遇了10 次或大或小的經濟危機。有意思的是，每次危機美國都安然渡過，並在危機過後顯得越發強大；相反，危機對美國的戰略對手的破壞性則往往更大一些，其「以鄰為壑」，轉嫁壓力的手段之高超嫻熟在當今世界可謂首屈一指。而美元貶值則是美國向別國轉嫁危機並制約其他競爭對手正常發展的慣用方法。為什麼美國每次都能把危機轉嫁成功呢？難道其他國家就甘為「魚肉」嗎？這就得從金本位和美元本位說起。

　　20 世紀以前，主要資本主義國家的金融貨幣體系先後實行金銀複本位制、金本位制，以黃金進行國際結算。隨著資本主義經濟規模和國際貿易總量的急劇增長，對作爲世界貨幣的黃金的需求量劇增。黃金產量本來有限且分佈不平衡，再加上戰爭以及帝國主義爲備戰、稱霸而四處搜刮黃金，結果造成黃金流通量不斷減少，從而使金本位的基礎動搖。20 世紀 30 年代的大危機，進一步動搖了金本位制，一些主要資本主義國家相繼放棄金本位制，改行紙幣制度，最終使金本位制徹底崩潰。

　　金本位制徹底崩潰後，國際貨幣制度一片混亂，正常的國際貨幣秩序遭到破壞。主要的三種國際貨幣，即英鎊、美元和法郎，各自組成相互對立的貨幣集團——英鎊集團、美元集團、法郎集團，結果國際貿易嚴重受阻，國際資本流動幾乎陷於停頓。因此，建立一個統一的國際貨幣制度，改變國際金融領域的動盪局面，已成爲國際社會的迫切任務。最終英、美等國經過數月的討價還價，於 1944 年 7 月，在美國的新罕布什爾州佈雷頓森林召開了有 44 國參加的聯合國國際貨幣金融會議。會議通過了《國際貨幣基金協定》，決定成立一個國際復興開發銀行（即世界銀行）和國際貨幣基金組織，以及一個全球性的貿易組織。1945 年 12 月 27 日，參加佈雷頓森林會議的 22 國代表在《佈雷頓森林協定》上簽字，正式成立國際貨幣基金組織和世界銀行。從此，開始了國際貨幣體系發展史上的一個新時期。

　　佈雷頓森林體系確定了兩個最基本原則：「美元與黃金掛鈎」、「各國貨幣與美元掛鈎」。還規定各國貨幣對美元匯率只能在美元匯率平價上下 1%的幅度內浮動。這一體系確定了美元在

國際金融貨幣體系中的主導權,美元也取得了世界貨幣的地位。

佈雷頓森林體系的建立,在第二次世界大戰後相當一段時間內,確實帶來了國際貿易空前發展和全球經濟越來越相互依存的時代,但佈雷頓森林體系存在著自己無法克服的缺陷。其致命的一點是:它以一國貨幣(美元)作爲主要儲備資產,具有內在的不穩定性。因爲只有靠美國的長期貿易逆差,才能使美元流散到世界各地,使其他國家獲得美元供應。

但這樣一來,必然會影響人們對美元的信心,引起美元危機,而美國如果保持國際收支平衡,就會斷絕國際儲備的供應,引起國際清償能力的不足。這是一個不可克服的矛盾。

從 20 世紀 50 年代後期開始,隨著美國經濟競爭力逐漸削弱,其國際收支開始趨向惡化,出現了全球性「美元過剩」情況,各國紛紛拋出美元兌換黃金,美國黃金開始大量外流。到了 1971 年,美國的黃金儲備再也支撐不住日益氾濫的美元了,尼克森政府被迫於這年 8 月宣佈放棄按 35 美元一盎司的官價兌換黃金的美元「金本位制」,實行黃金與美元比價的自由浮動。歐洲經濟共同體和日本、加拿大等國宣佈實行浮動,如此現狀,使得美國最終決定徹底擺脫黃金對美元的約束,實施最徹底的美元本位制。

雖然佈雷頓森林體系崩潰了,可是美元在全球建立起來的霸主地位卻沒有動搖,而且美國掙脫了束縛自己的繩索——美元直接與黃金掛鈎。這就給美元貶值創造了非常便利的條件。每當經濟衰退、短期資本外流和外債規模過大同時出現的時候,美國就會拿起自己的超級武器——美元貶值。

通過貶值美元，美國就可以大量減少債務負擔。許多外匯儲備高的國家擁有大量美國國債，由於美國的外債絕大部份是以美元計價的，因此美元的貶值實際上意味著債務負擔的減輕。

美國聯邦儲備委員會在 2007 年年底發佈數據，顯示自 2002 年達到最高位以來，美元對世界主要貨幣已貶值 24%。

從 2007 年 6 月 1 日到 2008 年 5 月 31 日，美元貶值幅度達到 10.93%。按美國高達 8.5 萬億美元規模的外債計算，美元貶值 10.93%，一年就可以減債 1.6 萬億美元。美國商務部公佈的數據顯示，美國 2007 年經常賬目赤字減少了 8.9%至 7386 億美元，為 2001 年以來首次下降。美元短期內大幅貶值促進美國出口的增長，是經常賬目赤字減少的主要原因。

同時，美元貶值並逼迫相關貨幣升值，還可降低高外匯儲備國家出口的競爭力，減少赤字。又可刺激國際油價上揚，既為本國油商爭取最大利益，又可增加金磚四國發展經濟的成本；還可減少進口，抑制依賴外貿帶動經濟的國家的發展。一箭多雕，一舉數得。

美元貶值當然還有其他作用。例如，美元貶值，美元資產如股票、債券也貶值，只要美國經濟基本面好，美元資產升值前景就好，外國資本就會加速流入購置美元資產。

美國已不止一次用這種無賴方式洗劫全球經濟，這種把戲美國玩過好多次了，而且屢試不爽。因此，在學習經濟學的時候，要對美元貶值有深刻的認識。這樣才能對世界經濟的變化有更為正確的把握。

41

餐廳會提供免費續杯

李小姐走在街上，正為晚飯吃什麼而發愁時，這時有兩家餐廳映入眼簾。這兩家餐廳從表面上看檔次不相上下，環境都很好，唯一不同的是第一家餐廳的招牌上標示著：本店飲料免費續杯，而第二家店的招牌上什麼也沒有。這時，李小姐毫不猶豫地進了第一家店。

當李小姐走進提供飲料免費續杯的餐廳時，她不禁在想：為什麼這家餐廳會提供飲料免費續杯的服務呢？它提供這種服務的目的真的是為消費者著想．將消費者當做上帝嗎？

「民以食為天」，沒有人可以不吃飯過日子，所以，不可能有那一家餐廳能壟斷整個餐飲業。為了在激烈的競爭中取勝，餐廳老闆們只有絞盡腦汁想對策以保證自己在存活下來的同時還能夠獲得更多的利潤。餐廳提供免費續杯就是在市場競爭日益激烈的情況下餐廳決策者所做的一種策略。那麼，在這個策略中，誰是最大的贏家呢？

一般情況下，餐廳裏冰茶和蘇打水的成本和價格與市場價相差很大，若為顧客提供冰茶和蘇打水的免費續杯，經營者其

實不會損失什麼，然而在消費者眼裏，自己已經是佔了大便宜。

餐廳提供免費續杯還涉及商品的價值、商品的需求彈性、商品在消費者中邊際成本問題。如：一杯「雪碧」的價格由原料、服務、品牌等組成。如果其中的原料的價格比重小於服務和品牌，那麼餐廳續杯的可能性就很大；如果顧客對雪碧的需求彈性小，也就是說雪碧從每瓶 25 元降到每瓶 15 元，售出的價格變化也不是很大，那麼續杯的可能性就更大。顧客對雪碧的邊際成本也可以這樣理解，爲顧客設置一個滿足的標準。若設置滿足的標準爲一杯，也就是說顧客喝一杯基本上就滿足了；若設置標準爲兩杯，那麼餐廳續杯的可能性就會很大。

隨著人們生活水準的不斷提高，就餐顧客的人數也在逐漸增長，餐廳爲顧客提供服務的平均成本就會下降，而且餐廳爲顧客所做的每一頓膳食所收取的費用都會遠遠高於這頓飯的邊際成本。在經濟學中，邊際成本就是在任何銷售量的水準上所增加的，就像一個單位的銷售量所需要增加的員工薪水、原材料和燃料等可變成本。所以，只要能吸收來額外的顧客，餐廳的利潤就會有所增加。提供免費續杯吸引到的顧客不在少數，因此，無論從那個角度來說，餐廳都是最後的贏家。

其實，像飲料這一類的商品，不僅需求彈性大，而且邊際效用也很高，所以很多餐廳都會爲顧客提供免費續杯的服務，在贏得顧客的同時賺取更多的利潤。

作爲商家，追求的都是利潤最大化，提供「免費的午餐」一定是爲了從其他方面獲取更大的利潤。

每個人都是經濟人，也追求自身利益的最大化，但是，理

性人的理性是有限的，在能輕易獲得的利益面前容易失去理性。因此應該清醒地提醒自己「天下沒有免費的午餐」。

42

信息不對稱，你會吃虧

洪教授家的門鈴響了起來，原來是工人週末到家來清洗抽油煙機。這兩個工人是前幾天洪教授的夫人在早市上遇到並約好了的：清洗費 20 元，外贈油盒一個。為此，夫人還數落了洪教授一頓，因為他按照樓道裏張貼的小字條詢問下來，清洗費都要比這個價高一倍。

趕巧的是今天早上洪教授發現煤氣熱水器的風扇不轉了，也準備找人修理。實際上煤氣熱水器早就有點不正常了，經常是拍一拍風扇就轉了，可是今天怎麼拍也不轉了。想來是線路接觸不良轉化為徹底不通了。

工人們進來後，拿出工具就開始幹活，鬆開了抽油煙機的固定螺絲。在拿下來之前，工人 A 提出要通電測試一下。測試結果，風扇不轉。工人 A 估計原因有兩個：一是油垢過多，二是管風扇的電容壞了。並進一步解釋說：油垢過多，風扇通著電並且不轉，極容易燒壞。

工人 B 此時檢查完熱水器後從椅子上下來說，熱水器的風扇不轉也是電容壞了。妻子問：修理熱水器要多少錢？工人 B 答曰：100 元，20 元修理費，電容要 80 元。並說，這個電容和抽油煙機的電容一樣，都是這麼貴。經過簡單的討價還價後，兩工人抱著抽油煙機下樓去了，並囑咐洪教授他們燒兩壺開水，供清洗使用。價格是：洗抽油煙機 20 元＋未確定的(不知道壞了沒有的)電容價格；熱水器，換電容 50 元，修理費 10 元。洪教授夫人一邊燒水一邊嘀咕：「昨晚用抽油煙機的時候風扇還轉呢。說好 20 元，怎麼加起來這麼貴呢？」洪教授說：「最好大概 100 元能把所有的搞定，就這樣吧。」

眼看夫人又要數落自己大手大腳以及不積極主動處理家務事，洪教授趕緊拿起阿克爾洛夫的論文繼續向女兒傳教：「傳統經濟學基本假設前提中，重要的一條就是『經濟人』擁有完全信息。實際上人們早就知道，現實生活中市場主體不可能佔有完全的市場信息。信息不對稱必定導致信息擁有方為年取自身更大的利益使另一方的利益受到損害。這種行為在理論上就稱做道德風險和逆向選擇。」

女兒問：「怎麼就不對稱了？不對稱怎麼還會有道德風險？」

夫人沒好氣地接口答道：「不對稱就是那兩個工人說電容是 50 元，而我們現在不知道電容賣多少錢。他們憑藉這一點報高價、多收錢，有欺騙的嫌疑，道德自然有問題。」

這時，工人 A 上來提開水，同時又帶來抽油煙機裏面的接油盤，指著上面的幾條裂紋說：這個需要更換，50 元。而且表

示這個一定要換，否則即便清洗完了之後，也會經常漏油。他沒有再提抽油煙機電容的問題，而是問熱水器還修不修。修的話他下午再來，需要帶一些特殊的工具。

夫人很氣憤，對他說：「你們就是變著法兒要錢，你們這招報紙上都報導過。我信不過你，也不想再見你。一會你讓那個工人帶新的上來，熱水器不要你修。」

約 20 分鐘後，工人 B 扛著清洗完了的抽油煙機進來安裝。夫人對他說：「從那個接油盤的材質和技術看，頂多就值四五元錢，怎麼開口就要 50 元？你那個同伴也太不老實了。我看你比他忠厚，你說那個接油盤到底是多少錢？你說實話，下午就讓你修熱水器。」

工人 B 裝好抽油煙機後，試了試，一切正常。電容並沒有換，風扇照轉不誤。他諾諾地說：「抽油煙機整個給 40 元吧。」洪教授夫人說：「總共給你 30 元。我剛才打電話問過同事了，他們家換過接油盤，就是 10 元。下午你來修熱水器，來前先打個電話。」

故事到此也許看來是已經結束了，但洪教授的進一步解釋令人深思。

送走工人後，洪教授立即以此為例向女兒進一步解釋「信息不對稱理論」：人們生活中的經驗會讓人們下意識地這樣做，經過專家的總結，就得出了經濟學的一些基本原理。現在，抽油煙機也好了，熱水器也好了，達到了最理想的結果，除此之外你還有更好的辦法嗎？

女兒歪著頭想了想說：「老爸，還有一種更省錢的辦法：你

自己清洗和修理呀！」迎著女兒和妻子的笑靨，洪教授說：「我來給你們露一手。」在熱水器風扇軸上滴了點菜油後，風扇轉了起來。

這就是關於現實中信息不對稱及解決辦法的典型例子。

信息不對稱，指交易中的各人擁有的資料不同。一般而言，賣家比買家擁有更多關於交易物品的信息，但相反的情況也可能存在。前者例子可見於二手車的買賣，賣主對該賣出的車輛比買方瞭解。後者例子比如醫療保險，買方通常擁有更多信息。

43

秀才、農夫笑談「社會分工」

從前，有一天，一個秀才、一個木匠和一個農夫同桌吃飯。木匠是手藝人，秀才是讀書人，看不起農夫這個「泥腿子」，有意把他晾在一邊。

木匠對秀才說：「我斧來砍，刨來蓋，做的桌椅誰不愛，先生你請菜又請菜！」

秀才聽了，很高興，馬上就回敬說：「我筆來寫，紙來蓋，做的文章誰不愛，師傅你請菜又請菜！」

兩人互相恭維，你來我往，好不熱鬧，把那個農夫孤零零

冷落在一旁。農夫越來越生氣，想了想，站起來大聲說：「我犁來翻，耙來蓋，種出的五穀誰不愛？你敢不吃我的飯，我就敢不吃你的菜！」

聽了農夫這麼一說，秀才和木匠知道失了禮，連忙向農夫道歉，請他吃菜。

人盡其才，物盡其用，合理的社會分工是提高工作生產率的必要條件。

在美國的一個農村，住著一個老頭，他有三個兒子。大兒子、二兒子都在城裏工作，小兒子和他住在一起，父子相依為命。

突然有一天，一個人找到老頭，對他說：「尊敬的老人家，我想把你的小兒子帶到城裏去工作。」

老頭氣憤地說：「不行，絕對不行，你滾出去吧！」

這個人說：「如果我在城裏給你的兒子找個對象，可以嗎？」

老頭搖搖頭：「不行，快滾出去吧！」

這個人又說：「如果我給你兒子找的對象是洛克菲勒的女兒呢？」

老頭想了又想，終於，讓兒子當上洛克菲勒的女婿這件事打動了他。

過了幾天，這個人找到了美國首富石油大王洛克菲勒，對他說：「尊敬的洛克菲勒先生，我想給你的女兒找個對象。」

洛克菲勒說：「快滾出去吧！」

這個人又說：「如果我給你女兒找的對象，是世界銀行的副總裁，可以嗎？」

洛克菲勒最後同意了。

又過了幾天，這個人找到了世界銀行總裁，對他說：「尊敬的總裁先生，你應該馬上任命一個副總裁！」

總裁先生說：「不可能，這裏這麼多副總裁，我為什麼還要任命一個副總裁呢，而且必須馬上？」

這個人說：「如果你任命的這個副總裁是洛克菲勒的女婿，可以嗎？」總裁先生當然同意了。

所謂社會分工，是指人類從事各種勞動的社會劃分及其獨立化、專業化。社會分工是人類文明的標誌之一，也是商品經濟發展的基礎。沒有社會分工，就沒有交換，市場經濟也就無從談起。社會分工的優勢就是讓擅長的人做自己擅長的事情，使平均社會勞動時間大大縮短，生產效率顯著提高。能夠提供優質高效勞動產品的人才能在市場競爭中獲得高利潤和高價值。人盡其才，物盡其用最深刻的含義就是由社會分工得出來的。

人類的社會分工是社會生產力發展的結果，同時，分工又促進了生產的專業化、社會化，促進了社會生產力的進一步發展。在當代，農業、工業、運輸業、郵電業、商業等形成一般的社會生產部門。在每個生產部門內部又有進一步的分工。如工業分為重工業和輕工業，重工業又分為冶金工業、煤炭工業、機械製造業等。在企業內部，每個生產過程又分解為若干局部勞動過程，並獨立為不同勞動者的專門職能。

毫無疑問，一個人從事同一種勞動的時間長，時間多的話，熟能生巧，他們的勞動技能和勞動能力是會得到提高的，隨之

工作生產率和勞動效益也會得到提高。相反，同樣的勞動量，兩個人分攤的話，雖然兩個人均攤一些勞動機會和勞動報酬，但是勞動技能和勞動效率的提高也打了一半的折扣。

合理的勞動分工和勞動過程導致勞動效率的提高，不合理的勞動分工和勞動過程導致勞動效率的下降。

44

鑽石和女人的心──笑談「待價而沽」

甲：「喂，你介紹給我的那個女演員，似乎是一個心腸很硬的姑娘。」

乙：「心腸硬？你要以硬對硬，鑽石是能打動她的心的。」

珍貴的東西要待價而沽，等待好的價錢才出售。

《論語·子罕》子曰：「沽之哉！沽之哉！我待賈者也。」說有一天，孔子的弟子子貢得到一塊美玉，便去問他的老師。「老師，我今日的一塊美玉，是放在匣中珍藏呢，還是賣個好價錢呢？」孔子回答很乾脆：「當然是賣掉，只要有好價錢，當然可以賣。要是肯出高價，連我自己也隨時準備賣給明君呢！」這就是「待價而沽」的典故。

在市場上，每個行為主體的行為動機都是使自己的利益最

大化，因此使得待價而沽的市場行爲成爲普遍存在的現象。例如，2007 年房價驟然上升，一些開發商把已經蓋好的樓盤中那些戶型、樓層等各方面非常好而又比較少的房子壓在手裏，找各種理由拖延開盤‧等待樓市的繼續上揚，從中賺取超額利潤。再比如，有一個作者剛剛完成了一部書稿，起初因爲保險起見，同時投往多家出版社，等待慧眼識珠者看中自己的作品。結果他發現出版社對書稿表現出很大的興趣，而且紛紛開出條件。這個時候，他的心裏就會起微妙的變化：「我何不等等看，看最高能得到多高的版稅，然後再與出價最高的買家簽約。」

這兩個待價而沽的例子不同之處在於，房地產商是奇貨可居，等待競相爭價，後者則屬於姜太公釣魚，坐等願者上鉤。奇貨可居型的特點是對自身條件做出優勢判斷，認爲處於賣方市場，而對於市場行情又無把握，不敢做出明確指向。願者上鉤型則對市場不抱信心，被動等待市場給出價格。

從投資者角度來看，奇貨可居、待價而沽當然無可厚非，但是一方面從市場流通和平衡的角度看，是不利於市場正常運行的。另一方面，因爲不確定因素的存在，市場變化莫測，也可能導致投資者策略失敗。例如，開發商坐等樓市飄紅，可因爲買方市場信心不足，導致樓市驟然下跌，奇貨變成了燙手山芋，最後爲了止跌，不得不忍痛拋售，結果導致扭贏爲虧。再說待價而沽者，很可能因爲過於考慮出價者某一方面的優勢而忽視綜合素質，後期穩定性降低。更甚者，買方市場爲了廻避風險，退出競爭，導致「剩樓」、「剩女」的存在。

所以最理想的狀態應該是明碼標價，買方市場與賣方市場

訊息通暢．省略了幾番討價還價的過程，降低了交易成本，提高了市場效率。

45

準備鴿子——笑談「市場細分」

威利急著要寄一封重要的文件，他到了郵局，衝向櫃檯，上氣不接下氣地對郵局工作人員說：「我這封信必須立即寄出！」

郵局工作人員把信稱了一下說：「郵費需要 98 元。」

他找了找自己身上的錢說：「我錢不夠！」

接著郵局工作人員按了幾個按鈕又說：「56 元！」

威利說：「Sorry！還是不夠……」

郵局工作人員奇怪地問：「那你到底有多少錢？」

威利說：「5 元！」

聽了這句話，郵局工作人員轉頭向一個同事喊道：「老高！準備鴿子！」

消費者的需求是多樣化的，因此，企業必須細分市場，以滿足不同的消費需求。

在 20 世紀 90 年代，北方人賣魚，當時是 0.4 元/斤。一條

6 斤的草魚，最多賣 2.4 元。可廣州人很聰明，他們可以賣到 12.2 元。廣東人怎麼賣呢？魚頭：2.6 元/斤；魚尾：1.7 元/斤；魚皮：5 元/斤；魚肚：4.5 元/斤；精魚肉：7 元/斤；魚排：2.6 元/斤；魚泡：9 元/斤；魚鰓：0.5 元/斤；魚腸：0.8 元/斤；魚肝：1.2 元/斤。如此，廣州人一條魚賣出了北方人 5 條魚的價錢。

　　日本兩家較大的糖果廠：森永制果公司和明治制果公司，他們之間的競爭案例，很生動地反映了這一策略的實戰效果。

　　起初，這兩個公司實力大致相同，都在生產同樣規格的巧克力糖片，業績不相上下。

　　後來，森永制果公司別出心裁，推出單獨面向成人市場的定價為 70 日元/塊的大塊「高主冠」巧克力產品，由於很適合成年人的口味和消費需求，因此銷量大增，一度佔先。

　　眼看對手獨領風騷，明治制果公司也不甘示弱，又對顧客市場進行進一步細分，十分巧妙地設計出名為「阿爾法」的兩種規格(成分)的巧克力，一種定價為 60 日元/塊，另一種定價為 40 日元/塊，合併價為 100 日元/塊。

　　這樣一來，一方面在價格上可以和森永制果公司對抗，又同時細分出三個市場：

　　每塊 40 日元的巧克力的銷售目標是 13、14 歲的初中生；每塊 60 日元的巧克力的銷售目標是 17、18 歲的高中生；兩種巧克力合併正好是一次分量，又可供成人顧客食用。這就大大地拓寬了市場覆蓋面，使企業效益激增，很快超過對方。

　　市場細分是指把市場分割為具有不同需要、性格或行為的

購買者群體，市場研究中使用聚類分析、CHAID 等方法定義不同的細分市場，目的是使同一細分市場內個體之間的固有差異減少到最小，使不同細分市場之間的差異增加到最大。對於市場決策者而言，進行市場細分的目的是針對每個購買者群體採取獨特的產品或市場行銷組合戰略以求獲得最佳收益。

　　細分市場不是根據產品品種、產品系列來進行的，而是從消費者(指最終消費者和工業生產者)的角度進行劃分的，是根據市場細分的理論基礎，即消費者的需求、動機、購買行爲的多元性和差異性來劃分的。通過市場細分對企業的生產、行銷起著極其重要的作用。

　　(1)有利於選擇目標市場和制定市場行銷策略。市場細分後的子市場比較具體，比較容易瞭解消費者的需求，企業可以根據自己經營思想、方針及生產技術和行銷力量，確定自己的服務對象，即目標市場。針對著較小的目標市場，便於制定特殊的行銷策略。同時，在細分的市場上，信息容易瞭解和回饋，一旦消費者的需求發生變化，企業可迅速改變行銷策略，制定相應的對策，以適應市場需求的變化，提高企業的應變能力和競爭力。

　　(2)有利於發掘市場機會，開拓新市場。通過市場細分，企業可以對每一個細分市場的購買潛力、滿足程度、競爭情況等進行分析對比，探索出有利於本企業的市場機會，使企業及時做出投產、移地銷售決策或根據本企業的生產技術條件編制新產品開拓計劃，進行必要的產品技術儲備，掌握產品更新換代的主動權，開拓新市場，以更好適應市場的需要。

(3)有利於集中人力、物力投入目標市場。任何一個企業的資源、人力、物力、資金都是有限的。通過細分市場，選擇了適合自己的目標市場，企業可以集中人、財、物及資源，去爭取局部市場上的優勢，然後再佔領自己的目標市場。

(4)有利於企業提高經濟效益。前面三個方面的作用都能使企業提高經濟效益。除此之外，企業通過市場細分後，企業可以面對自己的目標市場，生產出適銷對路的產品，既能滿足市場需要，又可增加企業的收入；產品適銷對路可以加速商品流轉，加大生產批量，降低企業的生產銷售成本，提高生產工人的勞動熟練程度，提高產品品質，全面提高企業的經濟效益。

當然，細分並非遵循同一標準，而應從不同角度進行細分，找出適合自己產品或服務的市場。分類的標準有許多，例如：

根據年齡的大小，可以分為幼年、少年、青年、中年、老年人。

根據性別來劃分，可以劃分為男人、女人。

根據收入水準來劃分，可以分為貧困層、溫飽層、小康層和富裕層。

此外，還可以根據宗教信仰、受教育程度、興趣愛好等等來分類。針對每一類別的消費者，便可以「別出心裁」提供相應的產品或者提供相應的服務，從而贏得更多的市場佔有率。

例如，玩具市場可以用年齡和性別來加以細分。

從年齡的角度來說，1歲以下的嬰兒喜歡顏色鮮豔的、能夠活動的玩具；3～4歲的兒童則比較喜歡有一定挑戰性的智力玩具。

從性別的角度來說，男娃娃對玩具車、玩具槍比較感興趣，而女娃娃則對布娃娃、小貓咪之類的玩具更感興趣。

又例如，在化妝品市場方面，也可以用細分市場的方法來「別出心裁」，找出市場空白點。

日本資生堂公司曾對日本女性化妝品市場作過深入的調查，按照年齡把她們分爲以下四類：

第一類，15～17歲的女性。她們正當花季，講究打扮，追求時髦，對化妝品的需求意識較爲強烈，但購買的往往是單一的化妝品。

第二類，18～24歲的女性。她們對化妝品也非常關心，消費積極，而且只要看中合心意的產品，即使價格昂貴也在所不惜。

第三類，25～34歲的女性。他們大多數已經結了婚，化妝品的使用已經成爲一種日常習慣了。

第四類，34歲以上的女性。她們對化妝品的需求比較樸素，而且比較單一。

根據這樣的細分結果，資生堂公司便有針對性地推出不同的產品。結果，市場效益大大超過了同行。

事實上的確如此，在市場競爭日益白熱化的今天，產品同質化現象又日益嚴重，唯有「別出心裁」，才是制勝之道。

對同類商品而言，由於人們的消費觀念、經濟狀況、年齡大小等情況存在差異，需求也各不相同，故而它的市場是呈多層次、多樣化的。對商品細分再細分，不僅要細分需求「類」，更要從「類」中深入細分找準多層次、多樣化的需求「點」，推

出各種適宜的商品，就一定可以贏得市場和效益。

市場細分(Market Segmentation)是指行銷者通過市場調研，依據消費者的需要和慾望、購買行為和購買習慣等方面的差異，把某一產品的市場整體劃分為若干消費者群的市場分類過程。每一個消費者群就是一個細分市場，每一個細分市場都是具有類似需求傾向的消費者構成的群體。

46

推銷良機──笑談「虛榮效應」

汽車商對自己的推銷員說:「我想，這是你向湯瑪斯推銷一輛新轎車的最好時機。」

推銷員頗為不解，問:「這是為什麼呢?」

經理說:「別忘了他是個好勝的人，而他的鄰居剛剛買了一輛。」

虛榮心使得人們在市場上樂於購買那些獨一無二的高檔品，以顯示其地位。

虛榮效應(Snob Effect)，消費者想擁有只有少數人才能享用的或獨一無二的商品的偏好。擁有某種虛榮商品的人越少，該商品的需求量就越大。藝術珍品、特別設計的跑車以及定制

的服裝都是虛榮商品。消費者從藝術品或跑車中獲得的價值，多半來源於「因幾乎沒有人擁有與我一樣的東西」這一事實而產生的特權、地位和排他性帶來的榮譽感。「虛榮商品」的特質有二：稀缺、昂貴。

　　一個典型的現象就是「限量版」。一些國際品牌，諸如 LV 的包、Gucci 的鞋、西鐵城手錶等產品，一旦掛上「限量版」的名片，立即就會在全球掀起搶購風暴。限量版的策略就是運用虛榮效應，迎合高端人群的虛榮心理，賺取「最黃金」的 20% 的佔有率。

　　因為虛榮效應的存在，會使得一些高端產品缺乏價格彈性。我們知道，正常商品都是具有價格彈性的，隨著價格的下降，需求量增加。購買虛榮產品的人群所看重的不是價格，而是其獨一無二的特性，所以價格一旦下降，不再屬於稀缺品，他們購買的慾望反而沒有了。因此，導致這些商品的價格往往居高不下。

　　認識現代經濟的虛榮特徵，有巨大的現實意義。經濟的增長要靠需求來拉動，換句話說，每一種需求背後，都隱藏著無限的商機，說得再明白一點就是，在人的每一種慾望背後，都隱藏著無限的商機。其慾望越強烈，其可能帶來的經濟效用就越大。可以預見，將來經濟的增長點和強大動力必然來源於人的精神需求，因為精神需求是人最高層次的慾望，而虛榮慾望是人最為強烈的精神慾望。人們在擁有足夠的金錢後，會不惜重金去購買虛榮品，在炫耀中得到巨大滿足。人的富裕程度越高，消費中的虛榮成分就會越大，越貴的商品越能滿足虛榮慾

望。其對整個經濟的影響不容忽視。事實上,在虛榮經濟方面,有目光的企業家已經有很多的創舉:名牌經濟的風起雲湧、娛樂業的迅猛發展、「寵物經濟」的獨樹一幟,甚至足球行業的發達也直接派生於人的虛榮慾望。

47

想跟我上床嗎——笑談「潛在需求」

話說某位女士一時興起,買了一隻母鸚鵡。沒想到回到家,它說的第一句話就是:「想跟我上床嗎?」女士一聽,心想:壞了,外人還以為這話是我教的呢,這不把我的淑女形象全給毀了。於是她想盡辦法,想教那隻鸚鵡說些高雅的話。可是那隻母鸚鵡算是鐵了心了,只會說一句話:「想跟我上床嗎?」

怎麼辦呢?這時,她聽說神父那兒也養了一隻鸚鵡(公的),那隻鸚鵡不但不講粗話,反而是個虔誠的教徒,每天大部份時間都在禱告,於是她去找神父求助。神父明白她的來意之後,面色為難地說:「這個,很難辦呀,其實我並沒有刻意教它什麼,它之所以這麼虔誠,可能是長期在此受薰陶的緣故吧。」

神父見女士很失落,便說道:「這樣吧,你把那隻鸚鵡帶到我這裏來,我把它們放在一起。希望經過一段時間,你那隻鸚

鵡能夠被感化！」女士一聽，也只能這樣了，不是有句話叫：近朱者赤嗎？試試吧。於是她把鸚鵡帶到神父那裏。神父依照諾言把兩隻鸚鵡放在了一起。開始母鸚鵡還有些拘謹，看那隻公鸚鵡在籠子的一角，默默地禱告，還真不忍心打擾。可是她還是管不住自己，終於朗聲說道：「想跟我上床嗎？」

公鸚鵡聽到這話，停止了禱告，轉身看了看母鸚鵡，忽然淚如雨下：「感謝上帝，我禱告這麼多年的願望終於實現了……」

一旦條件成熟，潛在需求就轉化為顯現需求，為企業提供無窮的商機。現實需求是指已經存在的市場需求，表現為消費者既有慾望，又有一定的購買力（貨幣支付能力）。潛在需求是指消費者雖然有明確意識的慾望，但由於種種原因還沒有明確顯示出來的需求。

潛在需求是十分重要的，在消費者的購買行為中，大部份需求是由消費者的潛在需求引起的。因此，企業要想在激烈的市場競爭中取勝，不但要著眼於顯現需求，更應捕捉市場的潛在需求，進而採取行之有效的開發措施。

企業一旦通過市場調查知曉了消費者的潛在需求，在充分把握市場動態的前提下，憑藉雄厚財力、先進技術，便可掌握市場領導地位。表現突出的是日本的轎車工業。20世紀70年代後，日本轎車業意識到節能、輕便、家用、廉價是未來轎車的發展趨勢，迅速開發研製成了新一代節能轎車，並通過提高工作生產率來降低價格，投放市場後，大受歡迎，一舉取代了美國轎車工業在世界上的領先地位。

中小企業通過滿足消費者的潛在需求，可達到生存、壯大

的目的。顯現需求,在市場上是各大廠家競爭的目標,如果中小企業也加入這一競爭行列,很可能由於資金少、規模小而陷於困境。而潛在需求則不同,它需要通過調查、分析、判斷才能瞭解,取決於決策者的經驗和直覺,往往存在於大多數企業不重視的領域。開發之後,可贏利無數。

企業滿足消費者的潛在需求,從感情上接近了消費者,在企業和消費者之間產生了「自己人效應」。易造就忠實消費者,從而為以後的行銷活動奠定良好的基礎。

48

巴黎歸來——笑談「沉沒成本」

一位婦女從巴黎回來,向她丈夫訴苦道:「在巴黎,每天要我付 500 法郎的房租,太貴了。」

她丈夫點頭表示同意,說:「500 法郎,的確太貴了。不過你在巴黎 15 天,一定看到很多好東西吧?先講一些給我聽。」

「好東西?」妻子嚷了起來,「我什麼也沒看到。我不能每天花 500 法郎房錢,讓房間整天空著!」

覆水難收,為了失去的而追悔莫及,不如為即將發生的奮發圖強。

　　一次，印度的「聖雄」甘地乘坐火車出行，當他剛剛踏上車門時，火車正好啟動，他的一隻鞋子不慎掉到了車門外。就在這時，甘地麻利地脫下另一隻鞋子，朝第一隻鞋子掉下的方向扔去。有人奇怪地問他為什麼，甘地說：「如果一個窮人正好從鐵路旁經過，他就可以拾到一雙鞋，這或許對他是個收穫。」

　　無獨有偶。阿根廷著名高爾夫球運動員羅伯特‧德‧溫森在面對失去時，表現得更加令人欽佩。一次，溫森贏得了一場球賽，拿到獎金的支票後，正準備驅車回俱樂部，就在這時，一位年輕女士走到他面前，悲痛地向溫森表示，她自己的孩子不幸得了重病，因為無錢醫治正面臨死亡。溫森二話沒說，在支票上簽上自己的名字，將它送給了年輕女士，並祝福她的孩子早日康復。

　　一週後，溫森的朋友告訴溫森，那個向他要錢的女子是個騙子，不要說她沒有病重的孩子，甚至都沒結婚呢！溫森聽後驚奇地說：「你敢肯定根本沒有一個孩子病得快要死了這回事？」朋友作了肯定的回答。溫森長長出了一口氣，微笑著說：「這真是我一個星期以來聽到的最好的消息。」

　　無論是甘地的鞋子還是溫森的支票，對於他們而言都如同潑出去的水，但他們都以博大的胸襟坦然面對自己的「失」。在經濟學中我們引入了沉沒成本的概念，代指已經付出且不可收回的成本。

　　關於「不可收回」的概念，可用《漢書‧朱買臣傳》中「覆水難收」的故事解釋。西漢時期有個讀書人朱買臣，家境貧寒，但他仍然堅持讀書。幾年時間過去了，他的妻子實在受不了貧

寒的生活，決定離開他嫁給一個家境比較殷實的人。

　　幾年後，朱買臣出人頭地，做了太守。當他衣錦還鄉時，很多人擠在街道兩旁，他的前妻也在人群中。當她看到朱買臣穿著官服、戴著官帽，威風凜凜地走過來時，她不禁為以前離開他而自責，主動上前要求和朱買臣重婚。朱買臣叫隨從端來一盆水，潑在地上，對前妻說：「潑出去的水，是再也收不回來了。」

　　後來，「覆水難收」比喻一切都已成為定局，不能更改。其實，「覆水難收」就是一種沉沒成本。舉例來說，如果你預訂了一張電影票，已經付了票款而且不能退票，但是看了一半之後覺得很不好看，此時你付的錢已經不能收回，電影票的價錢就是沉沒成本。無疑，甘地的一隻鞋子和溫森的支票都已經成為「沉沒成本」。

　　這是一個真實的故事。某食品大學在郊區買了一塊地皮，這裏比較荒涼但卻便宜。大學的起初用意是投資 30 萬元辦一座生產豆奶的校辦食品加工廠。結果一生產就虧損，很不景氣。如果就此打住，這 30 萬元對於大學來說也不算什麼。但是學校很不甘心，不願讓這筆錢就此打了水漂，於是又投資 70 萬從德國引進全套的進口設備，希望擴大生產規模，提高產品品質以贏得效益。結果還是一個字：賠。此時如果放棄這家工廠，將其折價處理，應該說損失還可以承受。但是學校的思維卻是這樣的：已經投入了 100 萬，如果放棄損失太大，不如繼續在這塊地皮上投入，以期扭虧為盈，於是又作出決策：投入 300 萬，在這裏建立實習基地……在這種思路的支配下，最後，這塊地

皮乾脆建成了該大學的西校區，一共投資了 2 億元。然而，隨著時間的推移，西校區而今已經成了笑談。它孤獨地矗立在荒郊野外，其他大學的新校區則全部搬進了大學城。

在這個例子中，大學顯然在對「沉沒成本」的理解上出現了偏差。所謂「沉沒成本」，是指過去已經發生的，在任何條件下都無法改變的成本支出。通常，它主要是指廠商花在機器、廠房等生產要素上的固定成本。從固定生產要素的無形損耗程度看，這些固定要素會因技術進步或產品的更新換代而引起貶值，從而產生無法補償的損失。沉沒成本不僅對於企業，對於個人來說也很常見。

在這裏需要指出，有時候沉沒成本只是價格中的一部份而非全部。比如，一台新買的電腦價值 6000 塊錢，可是新鮮勁兒還沒有過去。一種升級款式的電腦（這就是技術進步帶來的更新換代）價錢才 5000 元，而且還打出廣告，說原來的那款用 6000 元買的電腦「再加 2000 元就可更換一台新產品」。在這種情況下，為原來的電腦付出的成本中有很大一部份已經變成「沉沒成本」，除非你用這台電腦創造效益，收回部份投資。除此之外還有二手車市場，一輛新車在使用幾個月後準備賣出，在這麼短的時間裏，車況當然不會有多少損耗，但是價格卻不可能再回到原價。這時候，原價和現在賣價的差額就是沉沒成本。並且，如果不能及時出手，時間越長，這個沉沒成本就會越大。

成本一旦沉沒，就不再是機會成本。沉沒成本具有無關性，即不管企業如何對之作出決策，都難以改變。所以應對「沉沒成本」，最合理的方法就是管理者在繼續作出各種決策時，不再

考慮沉沒成本。當然，話說回來，一個企業無論如何都應該盡力減少沉沒成本，這需要管理者首先要努力避免失誤的決策，能從企業、市場的諸多方面對項目作出準確判斷。比如，本文提到的大學建廠的事情，決策者如果充分考慮到在這塊地皮投資具有很大的局限性，就可以避免低效率的巨額投資。管理者也應該認識到，在複雜的市場當中，投資決策的失誤是難以避免的，一旦出現，則需要避免將錯就錯，一錯到底，這才是真正考驗管理水準的時候。另外通過合資或契約，採用非市場的管理結構等，對減少沉沒成本都是十分有利的。

2000 年 12 月份，電腦晶片巨頭英代爾公司（Inter）宣佈取消整個 Timna 晶片生產線。Timna 是英代爾公司專為低端的 PC 市場設計的整合型晶片，當初在將鉅資投入到這個項目的時候，英代爾公司的預測是：今後電腦減少製造成本的途徑將是通過高度集成（整合型）的設計來實現，針對這一分析，公司大力著手生產整合型的 Timna 晶片。可是後來，PC 市場發生了巨大變化，PC 製造廠商通過其他的系統成本降低方法，已經達到了目標，為了 Timna 晶片投入的成本成了典型的沉沒成本。在這種情況下，英代爾公司的高層管理者果斷決定：讓這一項目下馬，從而避免在這個項目上消耗更多的資金。而後來的事實也證明，儘管 Timna 晶片給英代爾公司造成了損失，但及時放棄的做法使得公司得以將資源應用於其他領域，其收益很快便消除了沉沒成本帶來的不利影響。

在日常生活中，沉沒成本最典型的一個例子就是「丟票現象」。比如，假設你非常想去聽一場演講，但是在進場前，你卻

丟了用 100 元買的入場券。很明顯，此刻這 100 元已經成了沉沒成本，覆水難收了。該如何應對呢？從經濟學上分析，既然「非常想看」，就說明這場演講對你而言價值大於 100 元，值得買票。這時你應該馬上再買一張票，這樣來看聽講演的利益仍然大於機會成本(你所付第二張票的 100 元)——無論如何，不要再為 100 元的沉沒成本懊惱。當然，話說回來，如果你買完第一張票後發現這場演講對你來說意義不大(其價值小於 100元)，那你肯定不會再去第二次買票的。

　　以上兩個例子中的做法都是不再理會沉沒成本，這也正是大多數經濟學家的建議。因為不管沉沒的是什麼，又有多少，對未來而言，都已經沒有意義。徹底放棄那些沉沒的東西，才是最明智的選擇，才是智慧的體現。一個人在奮鬥過程中不可避免會走一些彎路，關鍵是及時發現錯誤，糾正方向。企業經營也是如此，沉沒成本既然已經發生，當務之急便是及早捨棄。該捨則捨，才能去爭取一個更好的未來。

心得欄

49

人盡其才──笑談「比較優勢」

年老的杰瑞先生的聽力愈來愈差了，他走到經理面前躊躇地說：「經理先生，我感到不久我就會被解僱，因為我知道我將再也聽不清楚顧客對我說些什麼了。」

「胡說！我正要重用你，要調你到意見台去。」經理說。

如果跟對手相比一無是處時，就利用自身的比較優勢吧。

即使一個國家在生產成本上沒有絕對優勢。但只要比較其他國家在生產成本上具有相對優勢，就可以通過生產其相對成本較低的商品去交換別國生產的相對成本較低的商品，並因此獲得比較利益，這就是比較優勢理論。例如，如果生產服裝和生產大豆的成本都比別的國家成本要高，生產不如進口；但是生產服裝的成本要低於生產大豆的成本，那就生產服裝，用出口服裝的利潤來購買大豆。

比較優勢原理現在廣泛用在各種競爭合作的比較當中，而不僅僅是企業間貿易等方面的問題。

如大學教授一般都要聘請助教，專門負責對學生的日常輔導，負責批閱學生的作業，同時還要幫助教授做好講授課程的

有關準備工作。但我們知道，一位學術造詣高深的教授，完全可以在承擔教學和科研工作任務的同時，兼顧這些工作。又如經驗豐富的外科大夫除了能夠給病人動手術以外，完全能夠親自為一個外科手術作各方面的準備，但外科大夫往往都要專門聘請護士小姐。再如企業的高級管理人員，除了可以全面打理公司業務外，還能非常熟練地處理公司的日常業務檔案。至於文件的列印，資料的分類、整理、歸檔等，公司經理們更應是行家裏手，但他們同樣還是要專門聘請秘書和打字員。

凡此種種，均因為社會在勞動分工中存在著絕對優勢或絕對劣勢中的比較優勢。教授、外科大夫、公司經理同助教、護士小姐、總經理秘書相比，前者儘管在各方面都享有絕對優勢，但他們更大的優勢或者比較優勢分別在教學和科研、主刀動手術和企業的經營管理方面。後者雖然處在全面劣勢地位，但他們在輔導學生的學業和批閱學生作業、對病員進行常規護理和處理公司的一般文件列印歸檔的日常事務上的劣勢相對較小，或者說他們在這些方面具有比較優勢。可見「兩優擇其甚，兩劣權其輕」不僅僅是指導國際貿易的基本原則，在社會生活的其他諸多方面，都應該成為進行合理社會分工以取得最大社會福利與勞動效率的原則。

在經濟學上，比較優勢的意思是說生產一種物品，機會成本較少的生產者在生產這種物品中有比較優勢，比較優勢主要是用來衡量兩個生產者的機會成本。除非兩個人有相同的機會成本，否則一個人就會在一種物品上有比較優勢，而另一個人將在另一種物品上有比較優勢。

　　舉個簡單的例子，喬丹是一位出色的籃球運動天才，在他的籃球生涯中留下了光輝的一頁。我們可以設想，他也很有可能在其他的某項活動中出類拔萃。例如，喬丹修剪自己家的草坪大概比其他任何人都快。但是僅僅由於他能迅速地修剪草坪就意味著他應該自己修剪草坪嗎？

　　回答這個問題可以用機會成本和比較優勢的概念。比如說喬丹能用 2 個小時修剪完草坪，在這同樣的 2 小時中，他能拍一部運動鞋的電視商業廣告，並賺到 1 萬美元。與他相比，住在喬丹隔壁的小姑娘瑪麗能用 4 個小時修剪完喬丹家的草坪。在這同樣的 4 個小時中，她可以在速食店工作並賺 30 美元。

　　在這個例子中，喬丹修剪草坪的機會成本是 1 萬美元，而瑪麗的機會成本是 30 美元。喬丹在修剪草坪上有絕對優勢，因為他可以用更少的時間幹完這件事。但瑪麗在修剪草坪上有比較優勢，因為她的機會成本低。

　　從絕對優勢上來說，喬丹比瑪麗更適合修剪草坪。但是從比較優勢上來說，瑪麗更應該修剪草坪，因為她修剪草坪的機會成本要比喬丹低得多。因此，喬丹去拍商業廣告、瑪麗修剪草坪符合經濟學的勞動分工。

　　其實，比較優勢的理論還可以解釋貿易的問題。只要兩個人有不同的機會成本，每個人都可以通過以低於自己生產時的機會成本的價格得到一種物品，而從貿易中獲益。這些利益的產生是由於每個人集中於他機會成本低的活動。

　　比較優勢的思想雖然深入人心，但是有不少人不以為然。曾有人建議林肯從英國購買便宜的鐵軌去建成橫跨大陸的鐵

路,林肯卻回答說:「在我看來,如果我們從英國購買鐵軌,我們得到鐵軌,他們得到錢,如果我們自己製造鐵軌,我們得到我們的鐵軌,並且我們得到我們的錢。」林肯的回答看似無懈可擊,只不過從貿易的角度來說,並沒有運用比較優勢爲美國謀得最大的利益。

在經濟生活中,機會成本和比較優勢的差別引起了交易(交換)的好處。每個人都知道,如果一件東西在購買時所花的代價比自己獨自生產時的費用小,就永遠不要自己獨自生產。例如,裁縫不想製作他自己的鞋子,而向鞋匠購買。鞋匠不想製作他自己的衣服,而僱裁縫製作。

貿易的基礎並不是絕對優勢,而是比較優勢。生產並出售自己比較有優勢的產品或勞務,購買自己不具有優勢的產品或服務,各方都可以獲益,這就是貿易的雙贏原則。按照比較優勢進行分工,即使是再落後的國家,也可以找到自己的比較優勢,也可以通過貿易強國。

心得欄

50

看上去挺美，可能就要破碎──市場泡沫

凡是吹過肥皂泡泡的人都會被它的七彩絢爛吸引，而孩子們更是樂此不疲。不過，我們也都明白，泡泡越大越圓越光鮮，離它的破滅往往就越接近，而且，這種破滅是瞬態完成的。在經濟學裏，也有一種現象和肥皂泡泡非常相似，那就是「泡沫經濟」。

泡沫經濟是指經濟過熱所造成的不正常膨脹，主要表現在房地產和股票方面。兩者價格往往先是反常地急劇上漲，到了最後，當其價格已經嚴重背離其實際價值時，必然導致價格突然暴跌，資產猛然收縮，從而帶來嚴重的經濟危機。

說起來，泡沫經濟倒還不是一個新鮮事物，早在 400 年前，西歐就第一次出現了「泡沫經濟」，不過它的主體有些特殊，不是現在常見的房地產和股票，而是美麗的鬱金香。

當時鬱金香從土耳其傳入了西歐，善於開發的荷蘭人很快就栽培出了更具觀賞性的變種鬱金香。物以稀為貴，這些鬱金香球莖的價格也隨之迅速上漲。在利益的驅動下，鮮豔的花朵成了投機的對象，以至於後來許多與培植鬱金香沒有什麼直接

關係的人也參與進來，並且許多人還真的一夜暴富。長此以往，漸漸地現貨交易已經難以滿足需要，於是期貨交易又開始產生。投資者們不分男女老少，個個滿面紅光、滿懷期待，希望借助鬱金香的華麗讓自己成為百萬富翁，為此，不知有多少人高息貸款，放手一搏。

然而，此時泡沫經濟突然顯現了它的可怕。1637 年 2 月 4 日，價格已經嚴重脫離其實際價值的鬱金香一夜之間變得像魔鬼一樣恐怖。這一天，希望鬱金香出手而獲得暴利的人們震驚地發現，鬱金香的價格急劇下跌，市場幾乎在轉眼之間就迅速崩潰。那些欠著高額債務進行買賣的人，一下子變得一文不名，許多人自殺，社會動盪不安。事態的混亂使得荷蘭整個國家陷入了經濟危機，鬱金香上演了一次著名的「泡沫事件」。

「鬱金香事件」之後，人類經濟史上的泡沫事件便頻頻發生。迄今為止，規模最大的一個肥皂泡沫發生在日本，而這要從 20 世紀 80 年代後期說起了。

在當時，日本這個巨大的經濟體曾紅極一時。這裏僅舉兩個例子就可以看出當時的市道是多麼景氣。在東京街頭，動輒就有人甩出大把鈔票，要打的到 300 公里外的名古屋，而東京的計程車司機一年收入可以達到 1000 萬日元。第二個例子就是大學生就業，當時流行一種「割青麥」的做法，即公司在學生臨近畢業時就與之簽約，但是還不會讓這個學生來公司參加實習，而是將他送到風光旖旎的夏威夷去度假──當然，是以「進修」的名義。公司為什麼這樣做？原因只有一個，就是怕人才被其他企業搶走。

　　但是在這種繁華的背景下面，卻隱藏著巨大的經濟泡沫。現代泡沫經濟的主角基本上是房地產和股票，日本也沒能例外。全球最繁華的商業街之一——東京銀座，在 1989 年泡沫經濟的最高峰時，其地價曾達到每坪(合3.3平方米)1.2 億日元，而一個東京的地價就相當於整個美國的土地價格。造成這種現象的原因便是在 20 世紀 80 年代中期，大量投資者將資金砸向房地產行業，從而使得日本地價瘋狂飆升。自 1985 年起，東京、大阪、名古屋、京都、橫濱和神戶六大城市的土地價格每年以兩位數的百分比上升，東京在 1990 年最高峰期的地價竟然是 1983 年的2.5 倍之多。「把東京的地皮全部賣掉就可以買下美國」，這樣的言論讓大部份日本人引以為傲。在那個年代，一向務實，對投機、股票沒有好感的日本人，竟然有超過一半的國民購買了股票。誰不買股票，誰就是笨蛋，因為一年的投資就會有100%的回報。

　　在這樣的形勢下，銀行拿出大把金錢來勸人買地，利息幾近於零，地價卻在不斷上漲。如果貸款購買土地，肯定會因土地升值而大賺一筆。除了房地產，老百姓還紛紛把銀行存款拿到股市。日本股市的市盈率曾高達 80 倍(當時美國、英國、香港的市盈率僅為 25～30 倍)。在「地市不倒」和「股市不倒」的神話裏，日本舉國歡騰。

　　然而，泡沫經濟的特點就在於它必然會突然破滅。日本房地產和股票的價格早已遠遠超過了它的實際價值，人們的買賣已經變成了純粹的投機和炒作。從 1990 年市場交易的第一天起，日經股價便迅猛地跌入了地獄，其跌勢之快令人瞠目結舌，

隨後，日本股票市場陷入了 10 多年的熊市。同年 9 月，日本 NHK 電視臺連續播出有關土地問題的特別節目，指出地價可以下跌，主張進行土地稅制改革，限制房地產惡性炒作。以此為轉捩點，日本地價自二戰結束後開始了第一次急速跌落。在泡沫經濟之前，花 5 億日元購買的一套房子到了 1990 年中期一下子降到了 1 億日元，貶值 80%。儘管這樣，大批的土地和房屋還是根本賣不出去，竣工的住宅空空如也，沒有住戶。1990 年當年日本的各大城市的房價平均下降 15%～20%。而到了 2005 年，日本全國的平均地價已經連續 14 年呈下跌趨勢。

日本「泡沫」經濟的破滅帶來了嚴重的後遺症，股價、地價大幅下跌，不動產業蕭條，股市長期低迷，欠息欠賬等不良債務大幅增加，企業對風險產業的投資熱情下降。而股價下落直接損害了一般的中小企業以及廣大的家庭。當這個人類經濟有史以來最大的泡沫破裂後，整整 15 年，日本都在為之還債：經濟蕭條、政局動盪、犯罪率上升。以東京地鐵的 JR 中央線為例，在泡沫破裂後，一度成為破產者自殺的熱門地點，為此，東京的地鐵不得不都安裝了遮罩門加以防範。直到現在，日本經濟還處在恢復期裏。

除此之外，泡沫經濟的案例還有很多。由於泡沫經濟的影響面廣，危害性大，世界上各個國家，包括經濟正在迅速發展的中國，都在研究泡沫經濟，探究它的深層機制，並採取了種種措施，以便預防或者降低它造成的不利影響。

51

兇猛的金融鱷魚——熱錢

　　熱錢，又稱遊資，或叫投機性短期資本，在國際金融市場上，它流動迅速，目標是以最低的風險換來最高的報酬。由此可以看出熱錢的三個最大特點：短期、套利和投機。這使得熱錢成為誘發市場動盪乃至金融危機的重要因素。當年在墨西哥爆發的金融危機，熱錢就起了極壞的作用。

　　在 1848 年的美國總統競選中，有一個專業的馬戲團小丑丹‧賴斯，在為扎卡里‧泰勒競選宣傳時，使用了樂隊花車的音樂來吸引民眾注意。此舉使泰勒的宣傳取得了成功，越來越多的政客為求利益而投向了泰勒。到 1900 年，威廉‧詹寧斯‧布萊恩參加美國總統選舉時，樂隊花車已成為競選不可或缺的一部份。由此，學界產生了一個術語：從眾效應——又被稱為「樂隊花車效應」。因為「從眾效應」同樣在平民中得到應驗：在總統競選時，參加遊行的人們只要跳上了搭載樂隊的花車，就能夠輕鬆地享受遊行中的音樂，又不用走路，因此，跳上花車就代表了「進入主流」。於是，越來越多的人跳上花車。這種效應在資本市場被稱為「熱錢羊群效應」，指的是一種典型的「套

利投機性質」的「異常情況」：受從眾效應影響，當購買一件商品的人數增加時，人們對它的偏愛也會增加。這種關係會影響供求理論所解釋的現象，因為供求理論假設消費者只會按照價格和自己的個人偏愛來買東西。比如在股票市場中，如果某一隻股票有很多人在買，那麼買的人就會越來越多。所以在證券交易市場中，從眾效應可以使某一證券短時間內提升至一個不合理的水準。而這些在短期內推動證券大幅上漲的資本，就是投機性短期資本，即熱錢。

在 20 世紀 80 年代後期，位於中北美洲的墨西哥為了加速本國經濟增長，不斷採取措施鼓勵外資進入。當時，在北美自由貿易區正在籌辦的情勢下（後於 1994 年 1 月 1 日正式成立），墨西哥的經濟前景也被廣泛看好。由於墨西哥在進出口貿易中經常出現逆差，政府便採取大量吸引國外資本的方法來保持國際收支平衡。這樣，到了 1993 年時，墨西哥外資流入量已經高達 300 多億美元，但是其中的投機性資金超過了 50%，並且主要投入於證券和貨幣市場。大量的短期投機資金即構成了「熱錢」，它們大大增加了墨西哥經濟體系的脆弱性，只要國內外政治、經濟形勢發生任何風吹草動，都可能引起資金外逃，爆發金融危機。

在 1994 年，發生了兩件對墨西哥非常不利的事情。一是美國聯邦儲備委員會 6 次提高基準利率，吸引了國際金融市場的資金向美國回流；二是這一年墨西哥總統大選，執政黨的一名總統候選人被暗殺，政局動盪，投資者對墨西哥經濟前景的信心動搖。在這兩個因素的共同作用下，大量資金從墨西哥外逃，

僅證券市場外流資金就高達 180 億美元。墨西哥的國際貿易逆差迅猛加劇，外匯儲備大量減少。為了改善這種情況，1994 年 12 月 20 日，墨西哥政府宣佈本國貨幣比索對美元匯率的浮動範圍擴大到 15%，但這實際上意味著比索的貶值。政府本來希望借此抑制資金外流，不料投資者更加失去信心，熱錢外流更為迅猛。從 20 日至 22 日，短短的三天時間，墨西哥比索兌換美元的匯價就暴跌了 42%，這在現代金融史上都是極為罕見的。從 1994 年 12 月至 1995 年 3 月，墨西哥發生了一場比索匯率狂跌、股票價格暴瀉的金融危機，直到以美國為主的 500 億美元的國際資本援助到位後，這場金融動盪才於 1995 年上半年趨於平息。然而這場金融危機的震撼力已經波及全球，首當其衝的便是阿根廷、巴西、智利等經濟結構與墨西哥相似的拉美國家。他們都存在著債務沉重、貿易逆差、幣值高估等經濟問題，由於外國投資者擔心墨西哥金融危機有可能擴展到整個拉美，便紛紛拋售這些國家的股票，由此引發了拉美股市猛跌。結果僅在 1995 年 1 月上旬，短短 10 多天裏，整個拉美證券市場就損失了近 90 億美元的市值。這場由熱錢釀成的金融風暴，迄今為止都讓世界談虎色變。

作為快速流動的投機資本，熱錢在世界各地遊蕩，並頻頻引爆金融危機。1997 年的亞洲金融風暴，就沉重打擊了許多國家，其影響還波及了中國。以韓國為例，在危機爆發前，韓國金融機構採取的是「短借長貸」的追求發展速度，但卻充滿風險的政策。但是當起源於東南亞的金融危機爆發後，大量熱錢以及其他外國資本迅速大舉撤離韓國，由此韓國突然出現了巨

額短期外債要求兌現的局面，整個國家的資金頓時面臨著枯竭，緊接著，韓元暴跌、股市瘋降和企業接連破產，韓國經濟陷入了前所未有的困境。另外，經濟前景曾被一度看好的泰國在 1997 年前奉行「高利率」政策，直接吸引大量「熱錢」湧入。然而當泰銖貶值後，「熱錢」迅速逃逸，泰國的經濟大廈隨之崩潰。

　　鑑於熱錢對一個國家的經濟、市場有著如此嚴重的危害，金融專家們一直在對各種熱錢危機進行深入分析，總結出危機發生前普遍存在的一些特徵：

　　1.在熱錢危機爆發前，國家已經有著持續多年的經濟高速增長。以泰國爲例，在 1990-1995 年，其 GDP 平均增長率高達9%，而且在 1997 年金融危機之前，泰國國民經濟已經連續 15年保持高速增長。

　　2.外部資金大量流入國內，造成普遍投資過度現象。在1995 年，韓國的投資總額佔 GDP 的比例高達 34%，1996 年便超過了 40%，由此導致電子、汽車等一些關鍵工業以及房地產出現生產能力過剩。

　　3.股票、房地產等資產價格迅速上漲。泰國在經濟危機爆發前，大量外資投入到房地產，房地產貸款比例高達 25%，但是房屋空置現象卻很嚴重。泰國股市、樓市都出現了過度繁榮的現象。

　　4.貨幣普遍被高估。墨西哥在危機前實施盯住美元的匯率政策，導致比索被高估。然而，一旦熱錢危機爆發，貨幣「內虛」的隱患立刻發作，匯率一瀉千里。

以越南爲例，在經歷熱錢危機後，在金融開放進程上不再過於求大求快，而是通過制度化對資金進行約束，引導它爲優化經濟結構服務。央行不僅縮減了貨幣供應量，還對貸款採取了更加嚴格的措施。此外，越南還計劃對外國資本佔有股份上限加以規定，據悉，目前越南的上市公司外國資本只允許最多佔有 49%。

52

錦上添花，不如雪中送炭

話說三國爭霸之前，周瑜並不得意。他曾在軍閥袁術部下爲官，被袁術任命當過一個小縣的縣令罷了。

這時候地方上發生了饑荒，年成很差，兵亂間又損失不少，糧食問題日漸嚴峻起來。百姓沒有糧食吃，就吃樹皮、草根，活活餓死了不少人，軍隊也餓得失去了戰鬥力。周瑜作爲父母官，看到這悲慘情形急得心慌意亂，不知如何是好。

有人獻計，說附近有個樂善好施的財主魯肅，他家素來富裕，想必囤積了不少糧食，不如去問他借。周瑜帶上人馬登門拜訪魯肅，剛剛寒暄完，周瑜就直說：「不瞞老兄，小弟此次造訪，是想借點糧食。」魯肅一看周瑜豐神俊朗，顯而易見是個

才子，日後必成大器，他根本不在乎周瑜現在只是個小小的居巢長，哈哈大笑說：「此乃區區小事，我答應就是。」

魯肅親自帶周瑜去查看糧倉，這時魯家存有兩倉糧食，各3000 石，魯肅痛快地說：「也別提什麼借不借的，我把其中一倉送予你好了。」周瑜及其手下一聽他如此慷慨大方，都愣住了，要知道，在饑饉之年，糧食就是生命啊！周瑜被魯肅的言行深深感動了，兩人當下就交上了朋友。

後來周瑜發達了，當上了將軍。他牢記魯肅的恩德，將他推薦給孫權。魯肅終於得到了幹事業的機會。

經濟學的核心思想是講供給和需求的，這在現實的市場上表現得很明顯，如果一種產品生產多了，又沒有那麼多需要，那麼價格自然就下跌了。在社交場合中，也是講究供給和需求的。有人遇到了麻煩需要幫助，有人有可能正好能助一臂之力，這就是典型的供求關係。不過，社交活動的供求還要複雜一點，因為這裏面涉及了供給和需求的時間問題。

為什麼說時間是個問題呢？首先並不是所有人都願意幫助別人、結交別人的，他們根本就不願意在社交場上供給什麼；其次，有些人是很勢力眼的，他們只願意接近那些正紅得發紫的人，根本不願意理那些失意的人。這就犯了大錯，往往錯失了良機，如果等那些人發達起來，一想到以前你根本不理人家，他還怎麼會反過來幫助你呢？關鍵時刻，拉人一把。幫助別人就是幫助自己，給別人一根火柴，自己的心也會亮起明亮的燈；給別人一隻手，就等於是給了需要幫助者一片藍藍的天。如果我們用友好的行動去幫助別人，往往會得到同樣友好的回報。

　　雪中送出一盆炭，日後獲得的收益真是不可限量啊。對身處困境中的人僅僅有同情之心是不夠的，應給以具體的幫助，使其渡過難關，這種雪中送炭，分憂解難的行為最易引起對方的感激之情，進而形成友情。這就是為什麼成功可以招引朋友，挫敗可以考驗朋友。命運就是愛開玩笑的，如果你沒有慧眼，根本就認不出那些具有發展潛力的人。英雄起於毫末，大凡做出豐功偉績的人，一開始往往並不為人所注意。倘若這個時候你能給他以幫助，豈不比日後他功成名就時再去趨炎附勢更聰明一些？雪中送炭時，今天的一簞食一瓢飲，可以解他人饑餓之急，就能帶來日後想不到的驚喜。

　　中國漢朝名將韓信年輕的時候，生活極度貧窮，經常找不到飯吃，無以充饑，只好在淮陰城下的小河邊釣魚。當時有很多婦女在河邊洗衣服，其中一個洗衣婦看到韓信面黃肌瘦，好像很久沒有吃飯的樣子，就主動把自己帶來的飯食讓給韓信吃。

　　這樣的日子過了許久，一餐又一餐，充滿恩情的飯食，就這樣一連吃了十幾天，天天如此。這讓韓信既感動又感激，他覺得恩重如山，於是他對洗衣婦說；「我將來一定要好好報答你。」不料想那個洗衣婦卻以很平淡的口吻回答說：「男子漢大丈夫應當自食其力，我是見你可憐才給你飯吃。看到別人挨餓我也會這樣做的，因此根本不希望得到你的任何回報。」

　　事過多年之後，洗衣婦自己也不知施捨了多少飯食，早把這區區小事忘記了，但韓信卻把她的恩德一直牢記在心。等他功成名就回到故鄉，第一件事就是找到當年的那位洗衣婦並且以重金酬謝。

想當年韓信平庸之時，誰想得到這個小子日後竟助劉邦成就大業？韓信不也是受過胯下之辱嗎？可見，英雄並不一定寫在臉上，並不一定帶著記號；今天的窮小子，未必就不是明日的棟樑材。

洗衣婦是聰明的，她聰明在首先有一顆善良的心，肯幫助落難的人，幫助他們渡過難關；她更聰明在幫助人的時候並不時時在乎回報。與暫時不得勢的人交往，其好處在於，一方面，可以未雨綢繆，超前蓄勢；另一方面，由於沒有多少功利色彩，更可能成為生死之交。

這個現象在經濟上最明顯不過了，就像買股票一樣，買了最有價值的原始股，這跟「冷廟」燒香的道理一樣。一般人燒香都選香火鼎盛的廟，是認為這種廟比較靈驗，可以庇護自己各方面順利如意。而越是香火鼎盛的廟，越是吸引香客。其實，人趨炎附勢的行為和燒香的行為一樣，總是向當權的人、當紅的人靠近，同道的當然奉承巴結，不同道的也想盡辦法拉上一點關係，就像人們走遍千山萬水也要到某個名寺燒一炷香一樣。

丹尼爾從父親的手中接過了一家飾品店，這是一家古老的飾品店，很早以前就存在而且出名了。

一天晚上，丹尼爾在店裏收拾，第二天他將和妻子一起去渡假。他打算早早地關上店門，以便為渡假做準備。突然，他看到店門外站著一個年輕人，面黃肌瘦、衣衫襤褸、雙眼深陷，一個典型的流浪漢。

丹尼爾是個熱心腸的人。他走了出去，對那個年輕人說道：「小夥子，有什麼需要幫忙的嗎？」

年輕人略帶靦腆地問道:「這裏是丹尼爾飾品店嗎？」他說話時帶著濃重的墨西哥味。

「是的。」

年輕人更加靦腆了，低著頭，小聲地說道:「我是從墨西哥來找工作的，可是整整 2 個月了，我仍然沒有找到一份合適的工作。我父親年輕時也來過美國，他告訴我他在你的店裏買過東西。哦，就是這頂帽子。」

丹尼爾看見小夥子的頭上果然戴著一頂十分破舊的帽子，那個被污漬弄得模模糊糊的「V」字形符號正是他店裏的標記。「我現在沒有錢回家了，也好久沒有吃過一頓飽餐了。我想……」年輕人繼續說道。

丹尼爾知道眼前站著的人只不過是多年前一個顧客的兒子，但是，他覺得應該幫助這個小夥子。於是，他把小夥子請進了店內，好好地讓他飽餐了一頓，並且還給了他一筆路費，讓他回國。

不久，丹尼爾便將此事淡忘了。過了十幾年，丹尼爾的飾品店越來越興旺，在美國開了許多家分店，他於是決定向海外擴展，可是由於他在海外沒有根基，要想從頭發展也是很困難的，為此丹尼爾一直猶豫不決。

正在這時，他突然收到一封從墨西哥寄來的陌生人的信，原來正是多年前他曾經幫過的那個流浪青年的信。

此時那個年輕人已經成了墨西哥一家大公司的總經理，他在信中邀請丹尼爾來墨西哥發展，與他共創事業。這對於丹尼爾來說真是喜出望外，有了那位年輕人的幫助，丹尼爾很快在

墨西哥建立了他的連鎖店，而且發展得異常迅速。

在別人困難時伸以援手，盡自己所能去真心誠意地在物質或精神上給他人以寬慰，不見風使舵，更不落井下石。在人際交往中，見到給人幫忙的機會，要立馬撲上去，像一隻饑餓的松鼠撲向地球上最後一粒松子一樣。因為人情就是財富，人際關係一個最基本的目的就是結人情，有人緣。成功者就是這樣善於發掘潛力股，更要懂得放寬心思不要緊盯著潛力股。多施捨一些於自己並不損失多少，而多付出一些自然會有更多人享受到幫助。渡過難關，還有什麼比這更有意義的呢？

53

大超市真的是低價錢嗎

在眾多知名的連鎖超市中，人們對於沃爾瑪低廉的價格和優越的品質有著深刻的印象。

如果你問沃爾瑪的員工：沃爾瑪成功的經營秘訣何在？他們大都回答：便宜。他們會舉例說，沃爾瑪 5 元錢進貨的商品 3 元錢賣。5 元錢進貨的商品 3 元錢賣，這就是沃爾瑪的「天天平價」。

在國外，每個到過沃爾瑪超級市場的人都知道，凡是在沃

爾瑪購物的人，手上都有一張印有「We sell for less always」英文字樣的消費憑據，意思是「天天平價，始終如一」。「天天平價，始終如一」，這就是沃爾瑪馳騁全球零售業沙場的行銷策略，這也是沃爾瑪成功經營的核心法寶。

古往今來，商家皆謀三分利 15 元錢進貨的商品 3 元錢賣，天底下怎會有這樣的事情呢？讓我們解讀解讀沃爾瑪的「天天平價，始終如一」吧。

實際上，商店不可能把所有的商品都如此打折銷售。商場裏只有部份商品如此打了折，不僅是部份打折，而且是輪流打折──今天是日用品打折，明天是調料打折，這週是煙酒打折，下週是食品打折。其他的商品呢？其他商品的價格與別的超市的價格則沒有區別。沃爾瑪真實的行銷狀況是這樣的。

先說消費者。那些知道打折商品又意欲購之的消費者顯然願意前去購物，但去超市是要花車費和時間的，既然去了，既然花了車費和時間，理性的選擇那能只購買打折商品呢？一般總是要購買一些別的商品。這和小高常去了五星級飯店一定要吃好菜是一個道理。那些不知道打折商品的人又當怎樣呢？雖然不知道具體打折的是些什麼商品，但既然有打折商品，而別的商品又不比別處的超市貴，爲何不奔著沃爾瑪去呢？

再說廠家吧。沃爾瑪的「天天平價」雖然使得商品的平均單價降低了，但由於「天天平價」吸引了消費者，提高了銷售量，總利潤一定不減反增。爲了吸引那部份即使知道打折也不購買打折商品的消費者，最大限度地增加銷售量，沃爾瑪不可能讓所有人事先都知道具體打折的商品。它是要讓一部份人知

道，又要讓一部份人不知道的。這大概就是「天天平價」表現為輪流打折的由來吧。

問題是別的超市不模仿嗎？如果別的超市模仿，到頭來平均單價降低了，銷售量也不會增加，那不是搬起石頭砸自己的腳嗎？事實上，一定有超市要模仿的。比如，中興、家樂福、樂購等大型超市就經常打折促銷。當然，這打折也是表現為輪流打折的。

可想而知，「天天平價」是要以低廉的成本和優質的服務作為支撐的。不能最大限度地降低成本，那是經不起「天天平價」考驗的，而提供優質的服務本質上也是降低成本。沃爾瑪正是通過如下一些措施來降低成本和提高服務的。

1.實施倉儲式經營管理。沃爾瑪商店裝修簡潔，商品多採用大包裝，同時店址絕不會選在租金昂貴的商業繁華地帶。

2.與供應商密切合作。通過電腦聯網，實現信息共用，供應商可以在第一時間瞭解沃爾瑪的銷售和存貨情況，及時安排生產和運輸。

3.以強大的配送中心和通訊設備作為技術支撐。沃爾瑪有全美最大的私人衛星通訊系統和最大的私人運輸車隊，所有分店的電腦都與總部相連，一般分店發出的訂單24小時之內就可以收到配發中心送來的商品。

4.嚴格控制管理費用。沃爾瑪對行政費用的控制十分嚴格，如規定採購費不得超過採購金額的1%，公司整個管理費為銷售額的2%，而行業平均水準為5%。

5.減少廣告費用。沃爾瑪認為保持「天天平價」就是最好

的廣告，因此不做太多的促銷廣告，而將省下來的廣告費用，用來推出更低價的商品回報顧客。

6.提供高品質的服務。「保證滿意」是沃爾瑪商店中懸掛最多的標語之一，這是沃爾瑪對顧客做出的承諾。沃爾瑪在努力做到提供廉價商品的同時，讓顧客享受到超值服務。

當然，「天天平價」還要以產品的極端豐富和多樣性為前提，還要以非熟人社會的存在為前提。只有這樣，才可以很好地輪流打折，才可以做到讓一部份人知道打折的具體商品，而另一部份人不知道打折的具體商品。

只有那些大型連鎖超市才能很好地做到這些。於是，我們觀察到大型連鎖超市大都在不同程度上實行了「天天平價」行銷策略，而那些小型的超市則更多地依靠近便的地理位置售賣日用品、食品、煙酒等商品而生存了。我們觀察到那些吸引四面八方消費者前來購物的大型超市實行「天天平價」行銷策略，但是那些社區的小型超市、商店卻從來沒有過輪流打折的做法。

心得欄

54

大閘蟹的差價

　　喜歡美食的人大概都知道中國陽澄湖大閘蟹，這是一個赫赫有名的品牌。

　　圍繞著這個品牌螃蟹，也引出許多飲食文化的趣事來。2004年，在江蘇一年一度的「螃蟹節」上進行螃蟹「狀元、榜眼、探花」的評選。評選出來的「蟹王蟹後」拍賣出 5 萬多元的「天價」！就是「榜眼」也賣到了 6000 元。一時間，螃蟹「擂臺賽」似乎成了品牌蟹促銷的共同法寶。

　　相比之下，那些沒有品牌的雜蟹黯然失色，也使得賣蟹者之間「收入兩重天」。

　　在南京的農貿市場上的蟹攤前可以看到，精明的買蟹婦女非常善於和螃蟹經營戶討價還價。賣蟹戶一開始聲稱自己賣的是正宗陽澄湖大閘蟹，開價每斤 150 元，但最後卻以每斤 20 元與顧客成交。對於陽澄湖大閘蟹怎麼會出現如此差價的疑惑，有位賣蟹戶不禁大倒苦水：「由於大多數消費者都認同品牌蟹，所以將雜蟹打上了『陽澄湖』蟹的標籤以吸引人氣賣個好價錢。如果吆喝是雜蟹，能賺個生活費就不錯了。」這位賣蟹

戶說，國慶前後，由於陽澄湖、固城湖等地的品牌蟹未到上市成熟期，他們賣雜蟹就賺了幾萬元。但隨著品牌蟹的成熟期到來及大量上市促銷，雜蟹的銷售佔有率逐漸被打壓。每年的 10 月後期，一次進一二百公斤的雜蟹賣上 4、5 天也賣不完，加上損耗在內，每天都要賠本 100 多元。

而就在雜蟹攤主抱怨經營難時，品牌蟹「江南蟹王」卻在忙著下貨打包送貨。攤主喜不自禁地說道，由於 2004 年陽澄湖蟹源緊張，所以蟹價從 2003 年的每斤 110 元漲到每斤 120 元，即便這樣，他每兩天就要走掉六七百斤貨。當然，一年也就忙 3 個月。對於賣蟹者收入差距這一話題，陽澄湖、固城湖等地的品牌蟹確實不錯，賣品牌蟹比賣雜蟹的每月收入要高出近 10 倍。但是品牌蟹如果沒有成功的促銷與消費者對品牌的認同，恐怕賣蟹者的收入差距也不會這麼大。當然，即使是同一產地、同一品種的好蟹，還可能因為經營者的品牌效應而獲得更高的產品附加值。他從 1999 年開始，因年年都有巨蟹而獲得羊皮巷螃蟹節「蟹王」的稱號，這讓他的銷售額足足上升了 40%多。

要打造一個好的品牌，所擁有的優勢將是毋庸置疑的。在市場競爭日趨激烈的經濟環境中，商品的平均生命週期縮短，新產品的市場導入頻繁，擁有知名品牌的企業會有更強的價格競爭能力。調查表明，一個知名品牌能將產品本身的價格提高 20%～40%甚至更高，沒有品牌或是品牌知名度較低的企業面臨著被市場淘汰的威脅，這就是「品牌效應」。在競爭中勝出、處於壟斷地位的品牌將價格保持在一種接近於壟斷價格的高度，而同時，大品牌憑藉規模優勢往往取得利潤的更大佔有率，比

小公司獲益更多；而那些在競爭中敗北的雜牌子則拼命採取低價以維持可憐的利潤，它們的市場佔有率也越來越小，直至從市場中徹底退出。「統治」市場利潤和市場佔有率的，正是那些品牌商品。品牌除了產品本身，還包含了附加在產品上的文化背景、情感、消費者認知等無形的東西，而後者往往是最重要的，因為它能向消費者提供超值享受。品牌能給客戶提供比一般產品更多的價值或利益，使企業永遠立於市場競爭的不敗之地。

尤其在大眾消費品領域，同類產品可供消費者選擇的品牌一般都有十幾個，乃至幾十個。如此眾多的商品和服務提供商，消費者無法通過比較產品服務本身來作出準確的判斷。這時，消費者為了迴避風險，往往偏愛擁有知名品牌的產品，以堅定購買的信心。

心得欄 ----------------------------

55

錢多了，幸福感卻沒了

2008 年某集團董事長因為不堪失眠和憂鬱的壓力自殺。從遺書來看，是因為面臨長期的工作壓力而想「尋求解脫」：「由於長期的工作壓力，近年來我的強迫症愈發嚴重，本想今年能放下工作，安心休養，醫治這種精神上的病症，但近期外部環境又給了我巨大的壓力，強迫性的動作，強迫性的思維，如影隨形，幾乎時時刻刻地困擾著我，伴隨著嚴重的失眠和憂鬱，使我無法面對生活……」

有專家統計，幸福感與人均收入有一個「兩頭小中間大」的關係：人均月收入在 2 萬元以下，因不能滿足日常所需，自我認為幸福的比率很低，僅為 15%左右；而人均月收入大致 3萬～8 萬元的人群，因為能滿足日常所需，過著平凡人的生活，擁有最珍貴的、最平凡的人間真情，所以自我幸福感的比率極高，達 80%左右；而超過 8 萬元以上的，往往因為承受著來自方方面面的壓力和風險，成天忙於工作，無暇顧及家庭和親情，無暇享受天倫之樂，自我認為幸福的比率最低，不到 10%。

傳統經濟學認為增加人們的財富是提高人們幸福水準最有

效的手段。其實財富僅僅是能夠帶來幸福的很小的因素之一，人們是否幸福，很大程度上取決於很多和絕對財富無關的因素。舉個例子，在過去的幾十年中，美國的人均 GDP 翻了幾番，但是許多研究發現，人們的幸福程度並沒有太大的變化，壓力反而增加了。這就產生了一個非常有趣的問題：我們耗費了那麼多的精力和資源，增加了整個社會的財富，但是人們的幸福程度卻沒有什麼變化。這究竟是爲什麼呢？

歸根結底，人們最終在追求的是生活的幸福，而不是有更多的金錢。因爲，從「效用最大化」出發，對人本身最大的效用不是財富，而是幸福本身。

金錢和財富同樣逃脫不掉邊際效用遞減規律。

1500 萬元當然比 1000 萬元更好，但是很少有人能夠因而讓幸福感也同等增加 50%。這實在是勉爲其難：吃不過三餐，睡不過一張床耳。財富增加了，幸福感不一定同比增加。這是世界之惑，人類之惑。除非在財富增加的每個臺階，有本事過一種全新的生活。

美國普林斯頓大學的丹尼爾·卡尼曼和艾倫·克魯格等人在 2004 年，曾向 909 名美國工作女性發出問卷，請她們記錄自己前一天的日常活動和對這些活動的感受。在被調查的女性中，有些人的年收入低於 2 萬美元，而有些人的年收入則超過 10 萬美元。

他們還對調查結果進行了預測，認爲和年收入超過 10 萬美元的「高收入女性」相比，那些年收入少於 2 萬美元的「低收入女性」的「壞心情」時間會比前者多 32%，因爲每年掙 2 萬

美元在美國實在算是「窮人階層」。但調查結果出乎他們的預料，那些年收入少於 2 萬美元的「低收入女性」的「壞心情」時間只比「高收入女性」多 12%，也就是說，人們的收入同幸福感的關係可能被誇大了。

從 1958 年到 1987 年，日本人的人均國內生產總值(GDP)增長了 5 倍，但日本人自我評價的幸福感則幾乎沒有增加。也就是說，當一國民眾的富裕程度達到人均 GDP1.2 萬美元時，金錢幾乎不再帶來幸福了。

卡尼曼和克魯格等人認為，快樂隨財富消失的奧秘在於，有錢人的生活變得更繁忙，反而沒有時間去享受簡單的快樂。

雖然人們的收入和幸福指數各不相同，賺錢的熱情都絲毫沒減，但也許正是這一點，才導致富人總覺得自己太累，而窮人反而會活得「很開心」。原因是，成功人士往往追求更高的成功目標，這就意味著放棄那些觸手可及的生活快樂，而這些小快樂往往是窮人們自得其樂的源泉。

卡尼曼等人在研究中總結了幸福感缺失的三大原因：

(1)人們在攀比中更能得到滿足和幸福，而不是個人財富的絕對增加。卡尼曼等人指出，一個社會的共同富裕並不會使其中的個體感到更滿足，相反，當人們在與同階層者進行比較後發現自己更富裕時，才會產生更明顯的滿足感和幸福感。

(2)物質消費只能帶來短暫的快樂，人們的消費需求隨著消費能力而增長。簡單地說，物質消費只能滿足人們一時的需求，基本不產生長期效應。而隨著財富的增長，人們的慾望和需求也在增長。

(3)生活方式。越有錢就越幸福也許只是一個假想，財富的增加往往意味著工作節奏加快和壓力的增大，結果是有錢人在越來越有錢的同時，也越來越忙碌，並面對更多的緊張和壓力。

幸福感更多來自於與他人比較的結果，而非與自己比較的結果。舉例來說，美國的國民平均收入從 4000 美元漲到了 12000 美元，那麼，平均國民收入增加了 3 倍，這值得慶賀，但一部份人在國民平均收入為 4000 美元時的收入只有 3000 美元，等別人都在拿 12000 美元的時候他只拿到了 6000 美元，雖然從個人意義上來說，其所得收入增長了 2 倍，但與其他人相比，他的收入增加得仍然過少，這時，他會覺得越來越不幸福。

幸福永遠都不是和物質的豐盈程度成正比。終日衣食不愁的人，可能日日以淚洗面，而食不果腹衣不蔽體的人，卻可能終日滿懷笑容。面對數不清的鈔票，我們可能高興得大笑一場，但是，真正持久的快樂，卻源於樂觀的心境。在對財富有了足夠的認識之後，請記住：我們的最終目標不是最大化財富，而是最大化人們的幸福。

56

一定只做自己最擅長的事

　　灣仔碼頭水餃在香港已是家喻戶曉，老闆臧健和因此被喻為「水餃皇后」，並被一家媒體評選為香港 25 名傑出女性之一。

　　臧健和曾經說：「創業時一定要有一個真正屬於自己的好產品，一個能夠贏得顧客口碑的產品，一個讓顧客在你的小店裏排隊的產品。有了這樣的產品，你才有可能闖出更大的天空。」20 世紀的最後 20 年，可謂是香港的黃金時期，炒樓炒股，沸沸騰騰，就是想不發財都難。而這 20 年，也是臧健和從創業到成功的 20 年，可為什麼在到處都是商機的香港，臧健和卻一直緊抱著幾元錢一袋餃子的小生意不肯放手呢？

　　這正是臧健和的賺錢智慧之一——做自己擅長的事情。

　　這是她自己在創業中的感悟。當房地產股市風起雲湧，一夜暴富者層出不窮時，臧健和也不是沒想過在金融地產的財富之海中打撈一筆，滿載而歸。

　　那些年裏，她也買過股票，但並沒有賺到什麼錢。她買進的時候是 80 多港元，後來漲到 100 多港元，經紀人建議她拋，可她卻覺得還是等一下再說，結果這一等，反而跌得慘不忍睹。

　　炒房她也嘗試過，但似乎比炒股更不在行。臧健和第一次買樓是 1983 年，住了 11 年，30 萬港元買進 300 萬港元賣出，算是賺了一筆。現在她買的這個房子比較豪華，花了 1500 萬港元，1994 年底的時候買進，到 1997 年的時候它已經升到 2500 萬港元了，但她因爲種種原因沒賣，因此錯過了好時機。

　　經過無數次嘗試，臧健和漸漸地明白了，既然她會包餃子，就要把包餃子當成自己的終身事業，把它做好，並且自己也有信心、有能力把它做好。別的呢，既然不是辦不好就是不明白，而且還會因分心而影響到自己的生意，那就乾脆不做，專心專意地包餃子。

　　包餃子的確是臧健和最擅長的事。臧健和最初的水餃是典型的北方包法，皮厚、味濃、餡鹹、肥膩，後來她針對香港人的口味，不斷地加以改進。薄皮大餡、鮮美多汁的水餃終於得到了顧客的認同，有一段時間，每天都會有數十位顧客排隊等在灣仔碼頭她的攤檔前吃水餃。

　　做自己最擅長的事才能成功。馬克・吐溫作爲職業作家和演說家，可謂名揚四海，取得了極大的成功。可是，馬克・吐溫在試圖成爲一名商人時卻栽了跟頭。馬克・吐溫投資開發打字機，最後賠掉了 5 萬美元，一無所獲；馬克・吐溫看見出版商因爲發行他的作品賺了大錢，心裏很不服氣，也想發這筆財，於是他開辦了一家出版公司。然而，經商與寫作畢竟風馬牛不相及，馬克・吐溫很快陷入了困境，這次短暫的商業經歷以出版公司破產倒閉而告終，馬克・吐溫本人也陷入了債務危機。

　　經過兩次打擊，馬克・吐溫終於認識到自己毫無商業才

能，於是斷了經商的念頭，開始在全國巡迴演說。這回，風趣幽默、才思敏捷的馬克‧吐溫完全沒有了商場中的狼狽，重新找回了感覺。最終，馬克‧吐溫靠工作與演講還清了所有債務。

　　社會上大多數的人，只會羨慕別人，或者模仿別人做的事，很少有人能認清自己的專長，瞭解自己的能力，然後鎖定目標，全力以赴，所以不能夠成大事。據調查，有 28%的人正是因為找到了自己最擅長的職業，才徹底掌握了自己的命運，並把自己的優勢發揮得淋漓盡致。這些人自然都跨越了弱者的門檻，而邁進了成功者之列；相反，有 72%的人正是因為不知道自己的「對口職業」，而總是彆彆扭扭地做著不擅長的事，因此，不能脫穎而出，更談不上成大事了。實際上世界上大多數人都是平凡人，但他們都希望自己成為不平凡的人──成大事者，夢想成大事，才華獲得賞識，能力獲得肯定，擁有名譽、地位、財富。不過，遺憾的是，真正能做到的人，似乎總是不多。

　　如果你用心去觀察那些成大事的成功者，幾乎都有一個共同的特徵：不論聰明才智高低與否，也不論他們從事那一種行業、擔任何種職務，他們都在做自己最擅長的事。

　　一位知名的經濟學教授曾經引用三個經濟原則做了貼切的比喻。他指出，正如一個國家選擇經濟發展策略一樣，每個人應該選擇自己最擅長的工作，做自己專長的事，才會勝任愉快。換句話說，與別人相比時，不必羨慕別人，自己的專長才是最有利的，這就是經濟學強調的「比較利益原則」，這是第一。

　　第二個是「機會成本原則」。一旦自己做了選擇之後，就得放棄其他的選擇，兩者之間的取捨就反映出這一工作的機會成

本,於是你瞭解到必須全力以赴,增加對工作的認真度。

第三個是「效率原則」。工作的成果不在於你工作時間有多長,而是在於成效有多少,附加值有多高。如此,自己的努力才不會白費,才能得到適當的報償與鼓舞。

每個人都有特長,都有擅長和不擅長的東西,但很多人卻認為:只有那些擁有高等學歷的人才有特長。其實這是錯誤的,事實上,只要是人,都有特長,都有上帝賦予我們的強於他人的能力,只是有的人及時發現和發揮了自己的特長,而有的人把這種資源白白地浪費掉了。

57

買賣雙方的碰撞——均衡價格

買者: 你這件衣服多少錢? 賣者: 550 元。

買者: 太貴了,我最多給 250 元。

賣者: 250 多不好聽啊,乾脆我以進價賣給你,450。

買者: 還是太貴了,300 元怎麼樣?

賣者: 300 元太便宜了,要不咱們都讓讓,400 元就成交。

買者: 350 元給不給? 不給我就走人。

賣者: 等會兒、等會兒,350 就 350 吧。這次絕對是虧本

賣給你了。

當然賣者是不會虧本的，在買賣雙方的博弈過程中，350元成爲雙方都能接受的價格，於是一筆交易成功了。

馮夢龍的《笑府選》中有這樣一個故事：

有個讀書人要購買貨物。同鄉的人告訴他說：「商人賣東西通常很貴，你要記得還個半價。不管他討價多少，你還價一半，就對了。」這個讀書人聽了，認為很有道理，便牢記於心。

果然，當他到一網緞店買綢料時，凡是討價六兩銀子的，他就還價為三兩；討價一兩的，他就還價五錢。店老闆見此人如此砍價，不高興了，說：「算了，乾脆你也不要買了，小店就奉送兩匹給你吧。」

這位讀書人拱手致禮道：「豈敢豈敢，學生(古時讀書人的自謙)只要一匹就夠了。」

需求說明了某一商品在某一價格下的需求量，而供給說明了某一商品在某一價格下的供給量。要說明該商品價格的決定因素，就必須將需求和供給結合起來考慮。在競爭激烈的商品市場上，對於某種商品的任一價格，其相應的需求量和供給量並不一定相等，但在該商品各種可能的價格中，必定有一價格能使需求量和供給量相等，從而使該商品市場達到一種均衡狀態。均衡價格是指一種商品需求量與供給量相等時的價格，這時該商品的需求價格與供給價格相等。該商品的需求量與供給量相等稱爲均衡數量。如下圖，需求曲線 D 與供給曲線 S 相交於 E，在這一點就實現了均衡。E 所對應的價格 P_0 即爲均衡價格，E 所對應的產量 Q_0 即爲均衡產量。

均衡價格是在市場上供求雙方的競爭過程中自發形成的，
均衡價格的形成就是價格決定的過程。需要強調的是，均衡價
格的形成完全是在市場上供求雙方的競爭過程中自發形成的，
有外力干預的價格不是均衡價格。

圖 1　價格與產量對比圖

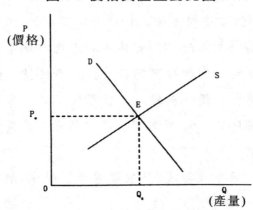

在市場上，需求和供給對市場價格變化做出的反應是相反
的。由於均衡是暫時的、相對的，而不均衡是經常的，所以供
不應求或供過於求經常發生。當供過於求時，市場價格下降，
從而導致供給量減少而需求量增加；當供不應求時，市場價格
會上升，從而導致供給量增加而需求量減少。供給與需求相互
作用最終會使商品的需求量和供給量在某一價格水準上正好相
等。這時既沒有過剩（供過於求），也沒有短缺（供不應求），市
場正好均衡。這個價格就是供求雙方都可以接受的均衡價格，
市場也只有在這個價格水準上才能達到均衡。

當一個市場價格高於均衡價格時，物品的供給量將超過需
求量，這樣就會出現物品的過剩——在現行價格時賣者不能賣

出他們想賣的所有物品,這種情況被稱為超額供給。例如,當水果市場上存在超額供給時,水果商就會發現,他們的冷藏室中裝滿了他們想賣而賣不出去的水果,他們對這種超額供給的反應是降低價格,而且價格要一直下降到市場達到均衡時為止。同樣,如果水果的市場價格低於均衡價格,此時,物品需求量將超過供給量,這樣就會存在物品短缺——需求者不能按現行價格買到他們想買的一切,這種情況被稱為超額需求。例如,當水果市場出現超額需求時,買者不得不排長隊等候購買水果,由於太多的買者搶購太少的物品,賣者可以做出的反應是提高自己的價格而不是失去銷售量。隨著價格上升,市場又一次向均衡變動。

因此,許多買者與賣者的活動自發地把市場價格推向均衡價格。一旦市場達到其均衡價格,所有買者和賣者都得到滿足,也就不存在價格上升或下降的壓力。不同市場達到均衡的快慢是不同的,這取決於價格調整的快慢。但是,在大多數自由市場上,由於價格最終要變動到其均衡水準,所以,過剩與短缺都只是暫時的。實際上,這種現象如此普遍存在,以至於有時被稱為供求規律——任何一種物品價格的調整都會使該物品的供給與需求達到平衡。

58

洗澡也要交這麼多錢──完全壟斷

流傳著一則有關壟斷的笑話：某人住進了鎮上的一家招待所，經過一天顛簸，他想去澡堂洗個熱水澡。

他來到澡堂門口，被一個服務生攔住：「先生，您要洗澡的話請先交納 15 元的初裝費，我們將會為您安裝一隻噴頭。」

他交完錢，剛想進去，又被服務生攔住：「先生，對不起，為了便於管理，我們的每個噴頭都有編號，請您先交納 10 元的選號費，選好的號碼只供您一人使用。」

他有些生氣，但還是交錢選了 8 號。服務生又說：「您選的是個吉利的號碼，按規定還得交 8 元的特別附加費。」他壓了壓火，說：「那我改成 4 號。這不是吉利號碼，總用不著交什麼特別附加費了吧？」

服務生說：「4 號是普通號碼，當然不用交特別附加費，但您得交 5 元的改號費。」

他無奈地搖搖頭，交了錢後理直氣壯地問：「這下我可以進去洗澡了吧？」

服務生笑著說：「當然可以，您請！」他瞪了他一眼，踱著

步往裏走。服務生突然又補充道:「對不起,我還得告訴您: 由於 4 號噴頭僅供您一人使用, 所以不管是否來洗澡, 您每月都要交納 7 元 5 角的月租費。此外, 您每次洗澡要按每 30 分鐘 6 元的價格收費。另外, 每月交費的時間是 20 日之前, 如果您逾期未交, 還要交納一定的滯納金……」

「夠了, 夠了, 我不洗了! 」他氣壞了, 扭頭就走。

「您真的不洗了嗎? 」服務生微笑道,「如果您不再使用 4 號噴頭了, 那您還得交 9 元 8 角的銷號費。只有這樣, 您以後才能不用向我們交納任何費用。」

他實在很生氣, 和服務生吵了起來。不一會兒, 經理趕到, 在瞭解到情況後笑著對他說:「先生, 對不起, 也許您還不知道, 洗澡業在我們這裏是壟斷經營, 還好您沒有泡池子, 不然還要收您的『漫遊』費呢。」

壟斷的意思是「唯一的賣主」, 它指的是經濟中一種特殊的情況, 即一家廠商控制了某種產品的市場。比如說, 一個城市中只有一家自來水公司, 而且它又能夠阻止其他競爭對手進入它的勢力範圍, 這就叫做完全壟斷。

既然整個行業獨此一家, 顯然這個壟斷企業便可以成為價格的決定者, 而不再為價格所左右。可以肯定的是, 完全壟斷市場上的商品價格將大大高於完全競爭市場上的商品價格, 壟斷企業因此可以獲得超過正常利潤的壟斷利潤, 由於其他企業無法加入該行業進行競爭, 所以這種壟斷利潤將長期存在。

但是, 壟斷企業是不可能任意地抬高價格的, 因為, 任何商品都會有一些替代品。如果電費使人負擔不起的話, 恐怕人

們還會用蠟燭來照明。所以，較高的價格必然抑制一部份人的消費，從而使需求量降低，不一定能給企業帶來最大的利潤。

理論壟斷企業成為價格的決定者，並不意味著壟斷企業產品的價格單一。有時候，壟斷企業要面對需求狀況變動不同的數個消費群體，必須分情況制定出有區別的價格來。對需求價格彈性較大的可採用低價策略，對需求價格彈性較小的可採用高價策略，以便獲得較理想的收益。

理論上純粹的完全壟斷市場必須同時滿足以下三個條件：市場上只有一家企業；該企業的產品不存在相近的替代品；進入該市場存在著障礙。現實中真正滿足這三個條件的市場幾乎沒有，因為人們總能找到各種替代品。

要打破壟斷絕非輕而易舉。通常，完全壟斷市場有三座護衛「碉堡」，其一是壟斷企業具有規模經濟優勢，也就是在生產技術水準不變的情況下，壟斷企業之所以能打敗其他企業，靠的是生產規模大、產量高，從而總平均成本較低的優勢。其二是壟斷企業控制某種資源。美國可口可樂公司就是長期控制了製造該飲料的配料而獨霸世界的，南非的德比公司也是因為控制了世界約 85%的鑽石供應而形成壟斷的。其三是壟斷企業具有法律庇護。例如：許多國家政府對鐵路、郵政、供電、供水等公用事業都實行完全壟斷，對某些產品的商標、專利權等也會在一定時期內給予法律保護，從而使之形成完全壟斷。

通常認為，完全壟斷對經濟是不利的，因為它會使資源無法自由流通，造成資源浪費，而且消費者也由於商品定價過高而得不到實惠。「孤家寡人」的存在也不利於創造性的發揮，有

可能阻礙技術進步。可是話又說回來，這些壟斷企業具有雄厚的資金和人力，正是開發高科技新產品必不可少的條件。另外，由政府壟斷的某些公用事業，雖免不了因官僚主義而效率低下，但不以追求壟斷利潤爲目的，對全社會還是有好處的。

在現代商業社會中，「壟斷」是一個讓人討厭的辭彙，當一家強大的企業在某個行業中形成了壟斷時，消費者們就一片恐慌，因爲壟斷企業具有了隨意定價的權力，它們可以店大欺客、「魚肉百姓」了。此時，消費者們往往訴諸法律和政府，對壟斷企業進行限制，以避免自己被壟斷企業奪走財富。

但是，壟斷企業也有兩類：一類是憑藉非市場的因素形成的壟斷，比如某些國有大型企業，依靠國家大量的投資建立起來，國家法律還不允許其他企業介入該領域，於是就形成了壟斷，比如我國的鐵路系統、郵政系統；而另一類則是在市場中通過長期的競爭形成的壟斷企業，比如賣軟體的微軟公司和賣鑽石的迪比爾斯公司，這種壟斷被稱爲「自然壟斷」。

消費者往往把兩種壟斷一視同仁，認爲只要是壟斷，都會侵害消費者的利益。但是，既然微軟公司已經壟斷了市場，他們爲什麼不把自己的視窗作業系統的價格定到 100 萬元一份呢？爲什麼迪比爾斯公司不把 1 克拉鑽石賣到 100 萬元呢？

在微軟作業系統還沒有稱霸該軟體領域時，有 Netscape 公司的作業系統與之競爭。最終，微軟作業系統成爲了最後的贏家，而 Netscape 作業系統如今只能當做免費軟體提供給使用者。在作業系統領域，除了微軟作業系統是賣錢的，其他大小作業系統如今基本上都成爲了不賺錢的免費軟體。

　　從市場中搏殺出來的微軟作業系統顯然屬於「自然壟斷」，微軟公司可以憑藉自己的壟斷地位來謀求一些利益。比如，他們在中國製造出了「黑屏事件」，對使用盜版微軟作業系統的用戶進行制裁，用來促進自己正版軟體的銷售。而一套正版微軟作業系統價格爲數千元，讓許多消費者難以承受。

　　雖然已經壟斷了作業系統，但微軟公司似乎並不能爲所欲爲，他們萬萬不敢就自己的作業系統漫天要價，原因何在呢？

　　潛在的替代品讓微軟十分忌憚，比如 Linux 等作業系統。從定價角度分析，微軟公司給自己的軟體定價的底線一般在自己的成本附近，而上限則是讓潛在的競爭者即使殺入該領域，也無利可圖。可以設想，假如微軟作業系統的價格提高了 10 倍甚至更高，那麼賣作業系統將成爲暴利行業，像 Netscape 公司這樣的潛在競爭者就會乘勢而起，用自己價格相對比較低的替代產品擠佔微軟公司的市場佔有率，獲取利益。原本免費的 Linux 軟體也會被人加強功能後販賣，由於比微軟公司的作業系統便宜，就會有大量的消費者拋棄微軟作業系統而轉投其他替代軟體門下。

　　由於作業系統市場是一個自由競爭的市場，只要微軟公司稍微露出一點破綻，就會被其他公司所利用，因此微軟公司的「自然壟斷」地位並非人們想像中的那樣強大，這大概是爲什麼微軟公司創始人比爾·蓋茨會經常說「微軟公司離倒閉只有 6 個月」的原因吧。

　　微軟公司的例子告訴我們，「自然壟斷」其實並不可怕，無需消費者動用政府和法律手段對其合法經營進行限制。不過，

還是有人對自然壟斷戒心重重，他們擔心在沒有潛在替代品的市場中，如果一家公司壟斷了市場，消費者就要吃大虧了。

「鑽石恒久遠，一顆永流傳」，這句廣告詞想必許多人都很熟悉，這是壟斷了國際鑽石交易市場的迪比爾斯公司爲鑽石做的宣傳語。迪比爾斯公司的壟斷地位有多強？全球鑽石交易市場上出售的鑽石，至少有 80%都是迪比爾斯公司賣出去的，剩下的一小部份是由於政治原因，迪比爾斯公司無法介入某些國家的市場而「遺漏」的。可以毫不誇張地說，迪比爾斯公司是鑽石市場上說一不二的老大。據說每年迪比爾斯公司訂貨會上，從來不會出現討價還價的現象，迪比爾斯公司只是公佈一下各類鑽石當年的銷售價格，至於那些合作的銷售商是否接受，迪比爾斯公司根本不理會。而那些銷售商也只能接受，因爲他們無法從其他地方得到鑽石。

銷售商們連替代品都找不到，難怪每年只能任由迪比爾斯公司擺佈，但是迪比爾斯公司就可以爲所欲爲，隨意爲鑽石定價了嗎？答案是不能！雖然世界市場上幾乎找不到代替迪比爾斯鑽石的其他潛在鑽石賣家，可是迪比爾斯公司還是會遇到強大的替代品，那就是其他珠寶！

如果鑽石的價格過於高昂，讓消費者難以承受，他們就會考慮，是不是該買點兒黃金耳環、翡翠戒指、珍珠項鏈呢？站在消費者的角度，鑽石和這些珠寶同屬一類，如果鑽石價格高了，他們自然對鑽石的消費量就會減少，轉而消費其他珠寶，這樣一來，迪比爾斯公司就坐不住了。這就是爲什麼迪比爾斯公司拼命做廣告的原因，因爲它要樹立鑽石在人們心中的美好

形象，讓人們更願意買鑽石，而不是黃金、翡翠、珍珠這些替代品。

迪比爾斯公司的例子告訴我們，一家公司即使依靠自己的實力徹底壟斷了某個領域的市場，這種情形也並不可怕，總有這樣那樣的替代品在旁邊對著它冷笑，準備抓住機會取而代之。

59

想要把企業做大做強，要懂規模經濟

女：成功的男人背後一定有個女人。

男：失敗的男人背後呢？

女：一定是有太多的女人。

投入要適度，規模適中，否則將導致「規模不經濟」。

大規模生產的利益在工業上表現得最為清楚。大工廠的利益在於專門機構的使用與改革、採購與銷售、專門技術和經營管理工作的進一步劃分。

規模報酬理論是經濟學上一個非常實用的理論，企業如果想在激烈的競爭中得到最大收益，同時避免資源的浪費，就必須儘量在規模報酬理論的框架之內行事。這一點，格蘭仕公司的成功給了我們很多的啟示。

　　早在 2003 年，全世界每生產 4 台微波爐其中就有 1 台是格蘭仕公司製造的，格蘭仕成功的最主要原因，就是他們應用了規模報酬理論。

　　現在，市場的發展帶來了數不清的商機，企業面對市場的選擇也是多方面的。但格蘭仕的戰略卻是，只選擇一個較單一的產業，那就是微波爐，格蘭仕就是採用這種大規模的生產來實現自己的名企之路的。

　　幾年前，格蘭仕微波爐在國內的市場佔有率就佔了 70%左右，在國外已經佔有 35%的市場佔有率。格蘭仕的員工都知道這個道理，那就是，他們的成績是應用了規模效應理論的結果。這個理論指出，一種產品的生產，只有達到了一定的規模，才能夠獲得比較好的效益。

　　在格蘭仕人的發展戰略中，微波爐生產的最小經濟規模是 100 萬台，這個目標早在 1996 年到 1997 年間就已經實現了。之後，規模每上升一個臺階，生產成本便下降一個臺階，這樣的結果就為企業的產品降價提供了條件。格蘭仕的做法是，當生產規模達到 100 萬台時，把出廠價定在規模是 80 萬台企業的成本價之下；當生產規模達到 400 萬台時，把出廠價又下調至規模是 200 萬台的企業的成本價之下；當規模達到了 1000 萬台以上時，又將出廠價定在了規模是 500 萬台企業的成本價之下。這種在成本減少的基礎上進行的降價，是一種相當合理的降價。其結果是把均衡價格以下的企業淘汰出局，**繼續擴大自己的市場佔有率。**

　　當然，隨著規模漸漸擴大，微波爐行業的規模經濟水準不

斷上升，整個行業的技術水準與規模效應帶來的是成本的不斷降低。毫無疑問，生產成本一降低，價格就會隨之下降，降價的直接受益者就是消費者。

從微波爐的價格可以看出，這一理論是真實存在的。自1993 年格蘭仕進入微波爐行業之後的 15 年內，微波爐的價格從每台3000 元以上降到了每台 300 元左右，基本上相當於 1993年的 1/10。微波爐的降價帶給消費者的收益，肯定要歸功於格蘭仕的成功。

格蘭仕的成功要歸功於規模報酬，那麼什麼是規模報酬呢？所謂的規模報酬，就是指在技術水準與要素價格不變的條件下，當全部要素都按一定的比例變動時，產量變動的狀態，也稱爲規模收益。

假設一家月產化肥 10 萬噸的工廠，使用的是 10 個單位的資本，5 個單位的勞動，如今把企業的生產規模擴大一倍，也就是使用 20 個單位的資本與 10 個單位的勞動，這種生產規模的改變帶來的收益變化也許有以下幾種情形：一是產量增加的比例大於生產要素增加的比例，也就是說產量在 20 噸以上，此情形稱爲規模收益遞增；二是產量增加的比例小於生產要素增加的比例，也就是產量小於 20 噸，此情形叫做規模收益遞減；三是產量增加的比例等於生產要素增加的比例，也就是說產量是 20 噸，此情形叫做規模收益不變。由此可以看出，規模報酬存在這樣三個階段，也就是遞增、遞減與不變。

那麼，規模報酬爲什麼會發生變化呢？在這一點上，西方經濟學家以內在經濟和外在經濟來解釋這一問題。

所謂內在經濟，就是指一家生產企業在生產規模擴大時，由自身內部所引起的收益增加。比如一家生產企業的生產規模擴大，可以綜合利用其他副產品，並實現更為精細的內部份工，減少生產與購銷費用，充分發揮管理者的效率，減少管理者的比例等。不過，如果一家生產企業的生產規模太大，就會由自身內部的原因引起收益減少，這就是內在不經濟了。比如一家生產企業的生產規模太大，就會出現管理不便，管理效率降低，內部通訊費用的增加等問題。

所謂外在經濟，就是指整個行業規模擴大時，給個別生產企業帶來的收益增加。例如，整個行業的發展可以讓個別生產企業在交通、信息以及人才等方面得到某些好處而增加了收益。不過，如果某一行業的規模太大，也會給個別生產企業帶來損失，讓其成本增加，收益減少，這就是外在不經濟。比如整個行業擴大就會引起交通運輸緊張，生產要素的供給不足，環境污染，產品銷售困難等問題，從而讓個別生產企業的收益減少。

總而言之，一家生產商的生產規模太大或太小都不是好事，因此，每個生產企業都應該根據自身的特點來確定一個適度的規模。生產企業選擇適度規模的原則是儘量讓生產規模處於規模收益不變的階段。如果一家生產企業的規模收益是遞增的，那就表示這家生產企業的生產規模太小，這時就應該擴大規模來獲得規模收益遞增的利益，直至達到規模收益不變。如果一家生產商的規模收益是遞減的，就表示它的生產規模太大，這時就應該縮小生產規模來減少規模太大所帶來的損失，

直至達到規模收益不變。

雖然規模大有很多好處，可是還必須知道，強調規模經濟並非表示公司規模愈大愈好。合理的規模才能夠充分利用企業的種種資源，才可以實現單位產品成本最低的規模。上市公司不能夠盲目追求規模的擴大，在擴大企業規模的同時，還要處理好自身的資金鏈和管理能力，按現代企業制度的要求，以資本作為紐帶組成真正能夠協調一致的產業集團，並加強產業集團的管理能力，才能夠實現規模經濟。

在解決實際問題時，規模報酬理論是經濟學上一個很實用的理論，企業若想在競爭中得到最大收益，同時避免資源浪費，就必須儘量在規模報酬理論的框架之內行事，這一理論是一座連接經濟學抽象理論和現實應用的橋樑，任何企業決策者在做出決策時，都千萬不能忽視。

西元 383 年，符堅親率步兵 60 萬、騎兵 27 萬、羽林郎(禁衛軍)3 萬，共 90 萬大軍從長安南下。同時，符堅又命梓潼太守裴元略率水師 7 萬從巴蜀順流東下，向建康進軍。

近百萬行軍隊伍「前後千里，旗鼓相望。東西萬里，水陸齊進」。符堅驕狂地宣稱:「以吾之眾旅，投鞭於江，足斷其流。」這就是著名的「投鞭斷流」的來歷。

東晉王朝在強敵壓境，面臨生死存亡的危急關頭，以丞相謝安為首的主戰派決意奮起抵禦。經謝安舉薦，晉孝武帝任命謝安之弟謝石為征討大都督，謝安之侄謝玄為先鋒，率領經過 7 年訓練，有較強戰鬥力的 8 萬「北府兵」沿淮河西上，迎擊秦軍主力。派胡彬率領水軍 5000 增援戰略要地壽陽，又任命桓

沖為江州刺史，率 10 萬晉軍控制長江中游，阻止秦巴蜀軍順江東下。

雙方在淝水展開激戰。結果經過淝水之戰，前秦軍被殲和逃散的共有 70 多萬，唯有鮮卑慕容垂部的 3 萬人馬尚完整無損。符堅統一南北的希望徹底破滅，不僅如此，北方暫時統一的局面也隨之解體，再次分裂成更多的地方民族政權，鮮卑族的慕容垂和羌族的姚萇等重新崛起，各自建立了新的國家，符堅本人也在兩年後被姚萇俘殺，前秦隨之滅亡。

前秦的軍隊規模不可謂不大，但最終還是吃了敗仗。看來，規模不一定能產生必然的正面效果。

規模經濟又稱規模利益，指隨著生產能力的擴大，單位成本下降，即長期費用曲線呈下降趨勢。

若廠商的產量擴大一倍，而廠商增加的成本低於一倍，則稱廠商的生產存在規模經濟。與規模經濟對應的是規模不經濟。一般來說，隨著產量的增加，廠商的生產規模逐漸擴大，最終廠商擴大規模使得生產處於規模經濟階段。

產生規模經濟的原因主要有四點：第一，隨著生產規模的擴大，廠商可以使用更加先進的生產技術。在實際生活中，機器、設備往往有不可分割性，有些設備只有在較大的生產規模下才能得到使用。第二，規模擴大有利於專業分工。第三，隨著規模的擴大，廠商可以更為充分地開發和利用各種生產要素，包括一些副產品。第四，隨著規模的擴大，廠商在生產要素的購買和產品的銷售方面就擁有更多的優勢，隨著廠商產量的增加，這些優勢逐漸顯現出來。

　　由此我們可以看出，規律經濟理論主要有兩個含義：一是指生產的批量規模，二是指企業的規模。這裏所說的企業規模，是指生產同樣產品的若干生產線（或工廠）聯合成一個經濟實體（企業）中形成的經營規模的擴張。這種性質的規模擴張，同樣能產出比分散生產經營更高的效益。這種效益主要來源於企業規模擴大後，管理人員和工程技術人員的專業化，企業設備和資源的利用率提高，並且使企業更具有挑戰性。

　　但是，規模經濟並不是意味著廠商的規模越大越好，對於特定的生產技術，當廠商的規模擴大到一定程度後，生產就會出現規模不經濟。造成規模不經濟的原因主要是管理的低效率。由於廠商規模過大，信息傳遞費用增加，信息失真，滋生官僚主義，帶來了成本的增加，出現規模不經濟。

　　「人多力量大」，這些耳熟能詳的口號總是能讓人聯想到衝天的幹勁和熱情。在國外，類似的名言警句也比比皆是，如「微風積聚成颱風」（越南）、「巨大的松濤聲，是從每棵樹上發出來的」（歐洲）、「蚊子如果一齊衝鋒，大象也會被征服」（伊朗）等，它們都在說明一個道理：只有形成規模，才能發揮強大的力量。

　　從經濟學上講，這就涉及一個組織規模問題。用專業術語描述，就是「規模報酬」問題。它是指在其他條件不變的情況下，企業內部各種生產要素按相同比例變化時所帶來的產量變化。「一根筷子容易折，一把筷子折不斷」固然是事例，但「一個和尚挑水喝，兩個和尚抬水喝，三個和尚沒水喝」卻也是一個著名的故事。無數的事實早已證明，人多力量確實大，但未

必就一定會有更高的效率。

我們看到隨著生產規模的變化，企業的規模報酬也在發生變化。那麼，使得規模報酬變化的原因是什麼呢？在經濟學上，將這個原因稱做「規模經濟」，是指由於產出水準的擴大或者生產規模的擴大而引起產品平均成本的降低。反之，如果產出水準的擴大或者生產規模的擴大而引起的產品平均成本的升高，則將其稱作「規模不經濟」。

一個管理者當然希望自己的企業隨著規模的增大，生產會出現規模報酬遞增的情況，因為這往往意味著「規模經濟」的實現。在實際生產中，我們也看到大部份企業都在力爭擴大生產規模。

但是，我們也知道「三個和尚沒水喝」，企業一味追求大規模，未必就實現高效益。

這是因為各種生產因素都是有一定極限的，當生產規模達到一定程度後，就不太可能還要追求規模經濟的優勢。否則就往往會發生「規模不經濟」，企業生產變得不合理了。

專業化分工固然可以提高效率，但它不可能無限地加以細分，否則會帶來副作用。專業化分工往往使得工作變成機械化運動，工人變得像一台機器，久而久之，工人就會產生厭煩情緒，導致效率下降。輸油管道的直徑也不能無限擴大，否則鋪設成本必然大大增加。發電廠電力輸送越遠，電力的損耗就會因距離的一味增大而迅速上升。這些例子都說明，如果一味追求規模經濟，必然會導致單位成本的上升，變成「規模不經濟」。

從管理學的角度說，大規模生產必然會帶來管理上的低效

率。對任何一家企業而言，生產規模愈大便意味著管理層次愈多，企業內的協調和控制也就愈加困難，作出正確決策以及執行決策，也就需要更長時間，並且執行的有效性很難得到保證。這種管理上的局限性必然會帶來規模報酬遞減。

認識規模經濟的規律，對於企業家是有著深刻意義的。企業急於做大，這幾乎是企業家的通病。盲目擴張，而不是著力於做實做強，導致頻頻出現「規模不經濟」，最後全軍覆沒，這方面的經驗教訓太多。企業家追求擴張，這個目的沒有錯，但是一定要在核心業務做實做強的基礎上進行。只有在一切條件具備的情況下，企業規模變大，實現長久的規模經濟才會水到渠成。

心得欄 _____

_____

_____

_____

_____

60

小孩為什麼不來玩了──激勵制度

　　一個老年人喜歡安靜，他選擇住在環境優美的市郊，但有一群孩子每天都到這裏來玩，很吵鬧。老人很厭煩這些小孩們，不希望自己在如此吵鬧的環境中生活，但是如果直接攆他們走，恐怕也達不到他所預期的目標。

　　於是他對孩子們說，你們來陪我，我很高興，以後我每天給你們一人 5 塊錢。孩子們都很高興。幾天後，老人說，以後給不了這麼多了，每人只能給 1 塊錢，孩子們不太高興，但也勉強接受了。又過了幾天，老人說，以後每天只能給 1 毛錢了。這次孩子們不幹了，他們很氣憤：這麼少的錢以後再也不來了！

　　經濟學的基本前提是承認人的本性是利己的，也就是說，人們行為的目標是個人利益的最大化。當老人對小孩們的激勵逐漸減少時，小孩們都認為自己的利益已經受到了損害，不願意再陪老人玩了。在這些小孩看來，過來玩是因為有金錢的激勵，當激勵減少時，他們當然憤憤不平。老人就是成功運用反激勵達到了自己的目的。

　　什麼是激勵機制呢？一種制度把個人利益與組織整體利益

統一起來，讓個人在實現自身利益的同時也實現了組織的整體利益，這樣的制度就是激勵機制。激勵機制一旦形成，它就會內在地作用於組織系統本身，使組織機能處於一定的狀態，並進一步影響著組織的生存和發展。

在能力一定的情況下，激勵水準的高低將決定其工作成績的大小。綜合運用多種激勵方法是有效提高激勵水準的一大法寶。激勵機制是否產生了影響，取決於激勵方法是否能滿足個人的需要。主要的激勵方法包括以下幾種：

一是物質激勵。通過滿足個人利益的需求來激發人們的積極性與創造性。只對成績突出者予以獎賞，如果見者有份，既助長了落後者的懶惰，又傷害了優秀者的努力動機，從而失去了激勵的意義。

二是精神激勵。通過滿足個人的自尊、自我發展和自我實現的需要，在較高層次上激發個人的工作積極性。精神激勵主要有目標激勵、榮譽激勵、感情激勵、信任激勵、尊重激勵。

三是任務激勵。讓個人肩負起與其才能相適應的重任，由社會提供個人獲得成就和發展的機會，滿足其事業心與成就感。

四是數據激勵。明顯的數據對人產生明顯的印象，激發強烈的幹勁。數據激勵，就是把各人的行為結果用數字對比的形式反映出來，以激勵上進，鞭策後進。

五是強化激勵。對良好行為給予肯定，即正強化，使之能繼續保持；對不良行為給予否定與懲罰，即負強化，使之能記住教訓，不再犯同樣的錯誤。

激勵機制對個人某種符合組織期望的行為具有反覆強化、

不斷增強的作用，在這樣的激勵機制作用下，組織不斷發展壯大，不斷成長。此外，儘管激勵機制設計者的初衷是希望通過激勵機制的運行，能有效地激發個人的積極性，實現組織的目標，但是，無論是激勵機制本身不健全，還是激勵機制不具有可行性，都會對一部份人的積極性起抑制作用和削弱作用，這就是激勵機制的致弱作用。

61

紅頂商人胡雪岩會致富

　　清朝時，紅頂商人胡雪岩十分重視對顧客的服務，將顧客的滿意作為自己經商的根本。他要求凡出自胡慶餘堂的藥品一律貨真價實，並要求員工必須遵守「戒欺」的店規。凡事以顧客為上，遇到藥品品質不高要收回調換時，不得怠慢，直到顧客滿意為止。

　　一次，一名來自遠方的客人在胡慶餘堂買了一盒胡氏辟瘟丹，結果打開一看，發現藥有雜味。於是，他前來退貨，胡雪岩聽說後，上前審視藥丹，結果，發現是因新換藥櫃引起藥物串味。他隨即向顧客致歉，並令店員另換新藥。誰知，此藥已經售完。為免遠道而來的客人失望，胡雪岩將客人留宿家中，

並承諾三天之內必把藥丹親自奉上。果然，三天后，這名客人拿到了新的藥丹，客人在感動之餘更是對胡慶餘堂的服務讚不絕口。後來，憑藉優質的藥品和服務，胡慶餘堂的規模越辦越大，百年來幾遭磨難而經久不衰，至今仍享譽國內外。

胡雪岩堅持將顧客的滿意放在做生意的第一位，才取得了日後生意和人生上的成功。作為一代藥商，他留給後人的致富秘訣也是此條。其實很多優秀的企業家都將顧客是否滿意視為成功的不二法門。在經濟學中，有這樣一個詞語用來充當顧客是否滿意的尺規角色，即顧客滿意度。

本質上講，顧客滿意度反映的是顧客的一種心理狀態，它來源於顧客對企業的某種產品服務消費所產生的感受與自己的期望所進行的對比。也就是說「滿意」並不是一個絕對概念，而是一個相對概念。企業不能閉門造車，留戀於自己對服務、服務態度、產品品質、價格等指標是否優化的主觀判斷上，而應考察所提供的產品服務與顧客期望、要求等的吻合程度如何。

一般來說，消費者在使用商品（包括有形產品和服務）以後，會根據自己的消費經驗，對商品作出一個自我評價，並在此評價的基礎上形成對該產品的態度，即是否感到滿意。在別人眼中，消費者的這種感受充其量只算作是一種心理活動，但在善用統計和測量的經濟學家看來，這種滿意同樣是可以被評估和測量的。如同其他的生活數據一樣，滿意也可以利用定量的計算方法來衡量，而這個衡量的結果就是顧客滿意度指數。

此時，有人就會問了，「滿意」怎麼可能會被測量出來呢？這個滿意度指數怎麼可能被測量出來呢？生活中還存在著這樣

一個公式：滿意＝實際效果＞預期。也就是說，在購買和接受服務之前，都會預先設想到我們應該會有怎樣一個體會，也就是說有一個期望值。

　　自然而然的，在體驗產品和服務時，顧客就會產生一個實際的效果感受。倘若這些效果遠遠低於客戶的期望值，那麼客戶心理就會亮出不滿意的紅燈；如果實際效果與期望值差不多，客戶會感覺到一般滿意；如果實際效果超過了期望值，甚至帶來驚喜，客戶就會非常滿意。舉一個簡單的例子：

　　斯賓諾的西裝裏經常攜帶大量的發票及各式收據。一次洗衣服時，西裝裏有一張數額不菲的支票被洗了，等到發現時，支票已經殘損不堪。這張支票足以讓他破產。當他聽說英國銀行新提供了一種服務，能將破損的支票還原。儘管斯賓諾對這種服務並不抱太大期望，他還是走進了銀行。經過一番鑑定後，果然，斯賓諾得到了全部的錢。於是，當銀行的服務員讓他為服務打分時，斯賓諾毫不猶豫地給出了滿分！

　　在這個故事裏，當斯賓諾聽說銀行有恢復殘損支票的服務時，我們可以假定他對銀行服務的預期評價為 30（假定顧客評價 100 時為滿意），而當他得到全額的還款時，現實就遠遠超出了自己的預期，他不僅對此感到滿意，甚至還很激動，則我們可以假定他的實際效果評價為 120。通過這樣的數值表示，我們就能很清楚地看到斯賓諾的滿意程度。同樣地，很多其他的服務也都可以通過一系列的數理測量和計算在滿意度指數上體現出來，從而讓我們看出顧客對產品滿意的不同表現。

　　對於顧客來說，滿意度指數越高就會對這種產品越給予承

認，自然會樂意繼續消費這種產品，倘若相反，則會對產品有意見，甚至於投訴。顧客的滿意度指數越高，他們對企業產品的忠誠度越高，也越能更好地維護企業的顧客群體。奇怪的是，很多企業並沒有重視客戶流失，而是把更多的精力放在開發新的客戶上，要知道：保留一個老客戶的成本遠遠低於開發一個新客戶的成本！這一點，對於企業實際上是至關重要的。因為一句滿意，就會產生一些新的顧客，也會因為一句不滿意，流失掉另外一些顧客。

62

私闖園林者為什麼不再私闖

明朝人況鐘從小吏提拔為郎官，由於楊士奇、楊溥、楊榮的推薦，做了蘇州知州。皇帝召他到朝堂，賜給他皇帝自己簽署的文書，授予他不待上奏、自行處置事務的權力。

他剛到蘇州，管事人拿著公事案卷來上呈，他不問下吏對事情處理得是否得當，便判個「可以」。這樣，下吏們便藐視他，認為他沒有能力。接著衙門中發生的弊病、漏洞就越來越多。通判趙某千方百計地欺凌況鐘，他也只是嗯嗯而已。

一個月以後，況鐘令手下人準備好香燭，把掌管禮儀的禮

生也叫來，所屬官員全都聚集起來。況鐘對大家說:「有一封皇
帝的詔書沒有來得及向大家宣佈，今天就來宣佈這道詔諭。」
當官員們聽到詔書中有「所屬官員如做不法之事，況鐘有權自
己直接捉拿審問」這一句話的時候，全都震驚了。

宣讀詔書的禮儀結束後，況鐘升堂，召來了趙某，依照趙
某的罪行嚴厲處罰了他。

自此，下屬中的那些不法之徒再也不敢胡來了。

由此可以看出，適當的威懾是非常重要的。實際上博弈論
中的威脅就是對不肯合作的人進行懲罰的一種回應規則。威脅
既有強迫性的威脅，比如恐怖分子劫持一架飛機，其確立的回
應規則是假如他的要求不能得到滿足，全體乘客都將死於非
命;也有嚇阻性威脅，比如美國威脅前蘇聯，如果前蘇聯在古
巴建立導彈基地，美國就會實施打擊。一般而言，威脅都是在
策略選擇之前作出的，因此在受到對方的威脅時首先必須考慮
其可信度問題。

要通過威脅來影響對方的行動，就必須讓自己的威脅不超
過必要的範圍。因此，在博弈中，一個大小恰當的威脅，應該
是大到足以奏效，而又小到足以令人信服。如果威脅大而不當，
對方難以置信，而自己又不能說到做到，最終不能起到威脅的
效果。

博弈的參與者發出威脅的時候，首先可能認為威脅必須足
以嚇阻或者強迫對方。接下來才考慮可信度，讓對方相信，假
如他不肯從命，一定會受到相應的損失或懲罰。假如對方知道
反抗的下場，並且感到害怕，他就會乖乖就範。

但是，我們往往不會遇到這種理想狀況。首先，發出威脅的行動本身就可能代價不菲。其次，一個大而不當的威脅即便當真實踐了，也可能產生相反的作用。因此可以說，發出有效的威脅必須具備非凡的智慧，我們來看一下女高音歌唱家瑪·迪梅普萊如何威脅那些私闖園林的人們。

這位女歌唱家有一個很大的私人園林。但是總會有人到她的園林裏採花、拾蘑菇，甚至還在那裏露營野餐。雖然管理員多次在園林四週圍上了籬笆，還豎起了「私人園林，禁止入內」的木牌，可是這些努力無濟於事。當迪梅普萊知道了這種情況後，就吩咐管理員製作了很多醒目的牌子，上面寫著「如果有人在園林中被毒蛇咬傷，最近的醫院在距此 15 公里處」的字樣，並把它們樹立在園林四週。從那以後，再也沒有人私闖她的園林了。

威脅的首要選擇是能奏效的最小而又最恰當的那種，不能使其過大而失去可信度。但是有時候威脅是不可信的。

其實，博弈論中的威脅策略也可應用到企業經營中。

在某個城市只有一家房地產開發商 A，沒有競爭下的壟斷利潤是很高。現在有另外一個企業 B 準備從事房地產開發。面對著 B 要進入其壟斷的行業，A 想，一旦 B 進入，自己的利潤將受損很多，B 最好不要進入。所以 A 向 B 表示，你進入的話，我將阻撓你進入。假定當 B 進入時 A 阻撓的話，A 的收益降低到 2，B 的收益是-1。而如果 A 不阻撓的話，A 的利潤是 4，B 的利潤也是 4。

因此，A 的最好結局是「B 不進入」，而 B 的最好結局是「進

入」而 A「不阻撓」。這兩個最好的結局不能構成均衡，那麼結果是什麼呢？A 向 B 發出威脅，如果你進入，我將阻撓。而對 B 來說，如果進入，A 真的阻撓的話，它將會得到-1 的收益，當然此時 A 也有損失。對於 B 來說，問題是 A 的威脅可置信嗎？

B 通過分析得出 A 的威脅是不可置信的。原因是，當 B 進入的時候，A 阻撓的收益是 2，而不阻撓的收益是 4。4＞2，理性人是不會選擇做非理性的事情的。也就是說，一旦 B 進入，A 的最好策略是合作而不是阻撓。因此，通過分析，B 選擇了進入，而 A 選擇了合作。

因此，我們都應該從博弈論中認識到威脅的重要性，能設法使自己的威脅具有可信度，並能以理性的視角判斷出他人威脅的可信性，從而使博弈的結果變得對自己更加有利。

心得欄

63

瑞士人如此「懶惰」──社會保障

由於比較完善的社會福利制度，瑞士人上至政府官員下到黎民百姓，生活都是悠然舒適，很少見到有人「為五斗米折腰」。

瑞士努力發展旅遊業，政府和商家都施展渾身解數，吸引遊客在瑞士消費，但是大多數城市的商店和餐館在週日和節假日都是不營業的。一般的瑞士餐館，晚上 10 點以後大廚就熄了爐火，不再接待客人。而瑞士商店除了週四營業到晚上七八點之外，平常都早早關門打烊，因為員工必須趕回家去享受天倫之樂。

在瑞士，休息是最重要的權利，「會休息的人才會工作」這句話，幾乎被瑞士人當成座右銘。為政府工作在瑞士算是不錯的鐵飯碗，福利條件好，工資待遇也不低，而且上班時間寬鬆，喝完兩杯咖啡就幾乎到了該下班的時間。

如何安排每年的休假更是瑞士人的頭等大事，許多人通常在前一年就開始計劃如何安排日程。他們通常不顧手頭的工作進展，該休假就休假，就算老闆多給加班費也不幹，天大的事情都得等到渡完假回來再辦。瑞士人休假是純粹的休息，不帶

手機不穿西裝，或者上山或者下海，完全換了一個生活環境。

在我們看來，瑞士人無疑是「懶惰」的，要追究瑞士人「懶惰」的背後原因，我們不能不瞭解社會保障制度。

社會保障是指國家和社會通過立法對國民收入進行分配和再分配，對社會成員特別是生活有特殊困難的人們的基本生活權利給予保障的社會安全制度。社會保障的本質是維護社會公平進而促進社會穩定發展。

社會保障的思想自古有之。希臘政府從西元前 560 年起，就對傷殘的退伍軍人及其遺屬發放撫恤金；給失業者、殘疾人以衣服、食物和津貼；貧窮的病人可以享受醫療救助。15、16 世紀之交，英國由於圈地運動的原因，大量農民喪失生計，流入城市，危及城市正常生活和社會穩定。1601 年，英國政府頒佈《伊莉莎白濟貧法》以緩解貧困者的生存危機。到了壟斷資本主義時期，德國首相俾斯麥於 1883～1889 年間先後制定並頒佈《疾病保險法》等保險立法，這些保險法標誌著現代社保制度的誕生。1935 年，美國羅斯福政府頒佈《社會保障法》，實行老年保險和失業保險。1945 年，在第二次世界大戰後英國首次大選中獲勝的工黨全面實施《貝弗裏奇報告》中提出的建設福利國家的主張，全面實行社會保障。1948 年，英國宣佈建成「福利國家」，歐美發達資本主義國家也相繼效仿。

可以說，社會保障是市場經濟發展的必然產物。勞動者的社會保障是所有社會都面臨的問題，只要存在人類和人類社會，勞動者的社會保障問題就始終存在。但市場經濟的高效率和高風險，使社會保障制度顯得尤為重要，社會保障對經濟的

發展也只有在市場經濟條件下才能發揮其完整而巨大的維繫作用。全球的社會保障模式，大致可分爲國家福利、國家保險、社會共濟和積累儲蓄四種，分別以英國、前蘇聯、德國、新加坡爲代表。

　　一般來說，社會保障由社會保險、社會救濟、社會福利、優撫安置等組成。其中，社會保險是社會保障的核心內容。

　　廣義的社會福利就是國家爲改善和提高全體社會成員的物質生活和精神生活所提供的福利津貼、福利設施和社會服務。

64

窮人會感覺幸福的幸福指數

　　有一個窮人，他和妻子、幾個孩子共同生活在一間小木屋裏，屋裏整天吵鬧不休，他感到家裏就像地獄一般，於是他便去找智者求教。智者說：「只要你答應按我說的去做，就一定能改變你的境況。你回家去，把奶牛、山羊和雞都放到屋裏，與人一起生活。」窮人聽了，簡直不敢相信自己的耳朵，但他事先答應要按智者的話去做，只好先去試一試再說。情況自然是更加糟糕，窮人在痛苦不堪中過了兩天。

　　第三天窮人又來找智者。他痛不欲生，哭訴著說：「那隻山

羊撕碎了我房間的一切東西，雞飛得到處都是，它們讓我的生活如同噩夢，人和牲畜怎麼能住在一起呢？」智者說：「趕快回家，把它們全都弄出屋去。」過了半天，窮人又找到智者。他是一路跑來的，滿臉紅光、興奮難抑。他拉住智者的手說：「謝謝你，我現在覺得我的家就是天堂了！」

　　窮人把尋求幸福的方法寄託在智者身上，但智者並沒有讓窮人的處境有任何改觀，而是讓窮人經受了一段時間更嚴重的痛苦後，才感受到了幸福。事實上，一個人生活的幸福與否，從來沒有一個恒定的標準，在更多的情況下，幸福是一個人在現實生活中的感受，是與先前的生活、與週圍人的生活的一種比較。

　　美國經濟學家保羅・薩謬爾森提出了一個關於幸福的方程式：幸福＝效用/慾望。

　　簡單地說，幸福就是效用和慾望的比較。效用是人消費某一種物品時得到的滿足程度，慾望則是對某一種物品效用的強烈需要。比如金錢能夠給人帶來效用，每個人都有發財的強烈慾望，當一個人賺到了錢後，他就有一種幸福感。根據這個公式，如果兩個人的財富慾望水準相等，都是 10 萬元，那麼賺了 5 萬元的人就比賺了 2 萬元的人幸福。但是如果賺了 5 萬元的人的慾望是 10 萬，賺了 2 萬元的人的慾望是 2 萬，那麼賺了 2 萬元的人雖比賺了 5 萬元的人窮，但卻比賺了 5 萬元的人幸福。如果效用超過了慾望，幸福感就會消失。

　　現代經濟學認為，財富僅僅是能夠給人帶來幸福的因素之一，人們是否幸福，在很大程度上還取決於許多和財富無關的

因素，如感情、健康、精神等。一些社會學家和經濟學家通過大量的調查研究，發現美國人擁有的財富比歐洲人多，但是美國人的幸福指數卻並不比歐洲人高。

　　一般來說，人往往越是缺少什麼，什麼就越能夠給他帶來幸福。重病中的人恢復健康，遊子回到母親的懷抱，其幸福的感覺是無法比擬的。人的慾望是無窮的，一個慾望滿足了，又會產生新的慾望。比如你原來是租房住的，當你住進自己房子的願望得到滿足後，你就會非常幸福。但是這種幸福也許持續不了多久，新的慾望就產生了，比如買車、住更好的房子等，這時又會感到不幸福了。

　　幸福感和與週圍人的比較有關。比如你雖然買了一套自己的房子，和以前租房住相比有了很大的改觀，但是你的朋友都在住別墅，所以房子給你帶來的效用仍然很小，你的慾望滿足的程度很小，所以你幸福的指數也小。但是如果你住的是別墅，而你的同事朋友住的都是樓房，你就會感到非常幸福。所以我們常會用「比上不足，比下有餘」、「知足常樂」來安慰自己。

　　英國作家蕭伯納有一句名言：「經濟學是一門使人幸福的藝術。」知道了幸福的經濟學含義，將有助於我們正確地對待生活、把握人生。

65

黃金真相

黃金可能是目前世界上最奇怪的金屬了，有人說它能當錢用，可是我們去菜市場買菜卻不會帶上塊金子；要說它不是錢，它又偏偏儲存在各國中央銀行的金庫裏。也有人說黃金是一種商品，屬於珠寶的品種之一，可是除了人們佩戴的金戒指外，大部份開採出來的黃金都變成一塊塊長方形的金條，並不具有美感，也不被人佩戴在身上。關於黃金的價格就更是眾說紛紜了，有人說黃金長期將貶值，因為它似乎沒有什麼使用價值；也有人說黃金長期將升值，因為紙幣相對於各種商品正在不斷貶值。

從經濟的角度看，黃金的真面目究竟是什麼呢？

截至 2006 年，人類有史以來總共從礦石中提煉出了約 15.8 萬噸黃金。如果所有這些黃金熔合成一大塊，它的體積大約有 8000 立方米，大概相當於 3.25 個奧林匹克游泳池的大小。這個量其實非常小，要知道，每一天世界上生產的鋼材的量是幾千年來黃金總量的 20 倍！2001 年，全球黃金產量是 2600 噸左右，產量如此低的原因是自然界中黃金確實非常稀少，在地球

地殼中，只有 3/10 億是金元素。

　　產量很低，而人們卻依然熱衷於尋找並提煉黃金，這是因為人們生產黃金主要不是為了消費，而是為了收藏。黃金用於收藏，這是黃金的一個本質屬性，它決定了黃金方方面面的特徵。想一想其他的商品，比如石油，人們開採石油是為了消費，每年開採的石油早晚都會被消耗掉。但是人們開採並提煉出黃金後，除了很少量用於工業被消耗掉外，絕大部份黃金都被各國中央銀行或私人收藏起來了。

　　黃金就是這樣一種特殊的商品，因此當我們分析市場上黃金價格的變動時，就要小心了。一般來說，決定一種商品的價格主要由供給量和需求量決定，供給大於需求，則價格下降；供給小於需求，則價格上升。但是，黃金的供給量是多少呢？我們不能以每年新增的那點黃金作為它的供給量，因為去年、前年甚至一千年前的黃金還沒有被「消費」呢！從歷史數據上看，每年新開採出來的黃金只能讓黃金總量增加 1.7%左右。所以，黃金的供給量應該以地球上已經開採、冶煉出來的全部黃金的量來表示。

　　聽上去這似乎很奇怪，我們在計算蘋果價格的時候不會把歷史上人們採集的所有蘋果數量累計來充當供給量，但是對於黃金，真實的供給量就是開採出來的黃金總量。今天開採出來的 1 克黃金和 2000 年前古羅馬時期開採出來的 1 克黃金沒什麼區別，在歷史的長河中，過去開採的黃金既沒有像紙幣那樣貶值得一塌糊塗，也沒有像古董那樣變得價值連城（極少數具有考古意義的金飾品除外），而新開採出來的黃金完全可以作為過去

開採的黃金的替代品。

黃金的價格依然由供給和需求決定，由於黃金的供給量每年增加很少，短期內我們可以認為供給量相對不變，因此決定黃金價格漲跌的主要因素就是黃金的需求量了。黃金不能吃、不能穿，人們買來黃金就是為了壓箱底，它對於大多數人似乎沒有使用價值，那麼人們為什麼還對黃金有強烈的需求呢？

少量黃金用於製作珠寶首飾，比如金戒指、金項鏈等，所以一些人以為黃金的價格由人們對黃金珠寶首飾的需求決定。其實不然，當街道變得潮濕時，並不會引起降雨，相反降雨才會引起街道潮濕；同理，絕大多數的黃金珠寶首飾都是由高 K 值的黃金製作的，是黃金的內在價值決定了這些珠寶首飾的價格。人們對黃金這種金屬有需求，帶動了對黃金珠寶首飾的需求。人們需要黃金，主要因為黃金的確是錢，我們可以拿黃金與國家法定貨幣（以紙幣為代表）兌換，而各國的中央銀行都多多少少儲存一部份黃金，因為它們非常清楚，黃金是「硬通貨」，可以兌換其他貨幣。黃金被大量囤積起來，正是由它的貨幣屬性決定的。

而且，黃金還有一個比各國法定貨幣優越的特點，它不需要由法律規定它的價值，也不需要政府承諾它有價值，它本身就是所有人、所有國家都承認的錢，所以許多人把黃金稱作「純粹的貨幣」。

既然是純粹的貨幣，黃金的價格就應該完全由市場需求決定了。但是黃金卻很不幸，在最近幾十年，它被迫與一些強大的敵人作戰，這場戰爭干擾了黃金的價格。

黃金有過無比風光的時代。在古代，黃金被人們當做貨幣來使用，它被加工成金幣、金條、金元寶等形狀，作爲計價工具。即使到了近現代，各國政府紛紛印刷紙幣作爲流通貨幣，黃金也一度與紙幣掛鈎，這就是所謂的金本位制。特別是第二次世界大戰之後到 1970 年前後，世界貨幣體系實際上是美元以某個價格與黃金掛鈎進行兌換，而其他各國的貨幣按照匯率與美元掛鈎兌換，黃金實質上成爲最後的支付工具。

在金本位制下，黃金和美元需要相互兌換，相互扶持，兩者親如兄弟，但是到了 1971 年，兩者卻「反目成仇」了。早在這一年之前，美元投放到市場上的數量就遠遠超出了美國聯邦儲備局金庫中的黃金數量，美元有貶值的趨勢。到了這一年，英國政府發現苗頭不對，要求美國把本國持有的 30 億美元兌換成黃金。美國政府當然無力拿出這麼多的黃金，於是金本位制轟然倒地，美元與黃金脫鈎，開始了無盡的貶值之路。

對於不斷貶值的美元和其他各國的紙幣來說，黃金是它們最大的敵人。別忘了，黃金本身就是一種商品，因此相對於薄薄的紙幣來說，黃金天然就具有保持自身價值的特性。一個國家可以宣佈另一個國家的紙幣在本國非法，於是那些紙幣在這個國家就一錢不值了；但是即使一個國家宣佈黃金在本國無價值，人們依然喜歡收藏黃金，用黃金交換其他商品時依然暢通無阻。

從 1971 年到現在，美元大概喪失了自身 90%的購買力，也就是說，當年以 1 美元計價的商品，現在要花 10 美元才能買得起。不斷新增投放到市場中的美元讓美元的價值下降了，新增

的美元往往用來支付不斷增加的美國聯邦政府債務和公眾債務。這個潛伏的通貨膨脹每個月都在侵蝕著美元的購買力，其他國家的紙幣也好不到那裏去，也都走在不斷貶值的道路上。

而黃金卻保持了它的購買力，因為它是錢，是「純粹的貨幣」。如果我們觀察以美元計價或是以黃金計價的商品價格，就會發現美元計價的商品物價飛漲，而黃金計價的商品價格保持穩定，假設當年一定量黃金能夠兌換一卡車蘋果，那麼今天同樣量的黃金還是能兌換一卡車蘋果。

如果公眾們知道了這個真相，紛紛拋棄本國的紙幣，改用黃金或其他貴金屬交易，各國的中央銀行除了儲備的那點黃金外，立刻就一文不名了。所以，各國政府、中央銀行不得不想盡辦法讓公眾們支持紙幣，而排斥黃金。比如，對黃金交易徵稅，開動宣傳機器貶低黃金的價值，宣揚長期來看黃金並不保值。這些手段確實在一段時間內起到了作用，比如在金本位制取消後的幾年，驚恐的人們紛紛購買黃金，讓黃金的價格飆升到了每盎司 800 美元。此後，由於各國政府針對黃金的各種措施、宣傳，黃金的價格終於一路走低，在 20 世紀末跌到每盎司250 美元左右。黃金似乎被它的敵人打倒了。

黃金的敵人，也就是那些發行紙幣的政府、中央銀行其實不願意承認，黃金的價值是由市場決定的。各國中央銀行竭力讓黃金的價格保持在低位，讓人們對紙幣更有信心一些。然而，正是人們對自身資產有保值的需求，才賦予了黃金以價格，黃金市場的價格可以被暫時蒙蔽、暫時扭曲，但市場的力量是不可阻擋的。

　　爲了把黃金對紙幣的價格維持在低位，各國中央銀行經常要拿出自己庫存的黃金，來「平抑物價」。拿價值低估的黃金去換價值高估的紙幣，這其實是一種「賠本買賣」，結果導致了中央銀行金庫中的黃金不斷減少。第二次世界大戰剛結束時，大約 68%的黃金儲存在各國中央銀行的金庫中，而現在，它們只擁有市場中 10%的黃金。這個數量讓中央銀行逐漸喪失了對黃金價格的控制權，黃金終於開始嶄露崢嶸。

　　自 2001 年以來，黃金價格不斷走高，2008 年 3 月 17 日上午，倫敦黃金現貨市場上，黃金的定價突破了每盎司 1000 美元！公眾驚歎黃金在市場上的精彩表現，紙幣發行者們則在一旁痛苦不堪，毫無辦法。此後，雖然黃金價格暫時回落，但許多經濟學家堅信，黃金正在重新獲得自己過去所擁有的購買力，一些大膽的學者甚至預測，在 10～12 年內，黃金的價格將飆升到每盎司 8000 美元！

　　這不是開玩笑，因爲中央銀行已經徹底喪失了對黃金市場的影響力，接下來就只能眼睜睜看黃金的表演了。說實話，黃金其實並沒有升值，在過去的 60 年中，它對其他商品的購買力其實沒太大變化，只是以美元爲代表的法定貨幣貶值，逐漸氾濫成災，最後走向崩潰邊緣。

66

銀行是怎樣垮掉的

1985 年 3 月 15 日，全世界的電視觀眾從新聞節目中看到美國俄亥俄州的居民們爭先恐後地湧向幾十家銀行，競相提款。一位胖老太太衝著一位出納員大聲嚷道：「銀行爛透了！」一位電視機修理工人說：「人們對銀行失去了信任！」儘管一些銀行的門上懸掛著大牌子，上面寫著醒目大字：「保證兌現所有存款」，但是焦急的顧客已不敢相信這種許諾。天黑了，人們還是從四面八方湧來，有的拿著睡袋，有的提上煤油取暖器，有的還背著電視機……他們決心在銀行門前露宿，以便第二天捷足先登，排隊取款。

據統計，僅 3 月 14 日這一天，存戶就取走了 6000 萬美元，而俄亥俄州全部儲蓄信貸基金只有 13000 萬美元，眼看就要一掃而光！一個個告急的電話打進州長的辦公室。經過緊急磋商，俄亥俄州命令關閉全州 71 家儲蓄信貸銀行。

2007 年 1 月，同樣的情景又出現在臺灣。無數提款人湧向臺灣中華商業銀行的每個分行，排隊等待提錢的號碼牌一直發到 1600 號。銀行雖擺出堆放得很高的現鈔，櫃員也拼命為前來

提錢的人喊話鼓舞其信心，但許多存戶仍堅持把錢結清。「我對政府沒信心，錢領出來比較保險！」一名婦人當場在高雄分行提領 300 萬元現金，還拒絕警員護送，騎著摩托車飛車離去。現場還有情緒激動的民眾破口大罵：「還我錢來！」有些民眾不耐久候，就在銀行門前的自動櫃員機前排隊，能領多少就先領多少。僅 1 月 5 日一天之內，中華商業銀行就被提走了近 200 億元新臺幣。

這就是金融家們的噩夢——擠兌。銀行擠兌是存款人集中大量提取存款的行為，是一種突發性、集中性、災難性的危機。自從銀行誕生以來，擠兌現象就相伴並存。世界上最早的兩家銀行是 1272 年和 1310 年在義大利設立的巴爾迪銀行和佩魯齊銀行，它們都是因為擠兌於 1348 年倒閉的。20 世紀 70 年代以來，銀行危機發生的頻率越來越高，世界上有 100 多個國家和地區的銀行曾發生過銀行擠兌的災難。

整個國家的慘劇往往由此開始。銀行倒閉後，大量工商企業的正常運轉由於失去了資金支持也相繼宣告破產；小額儲戶的存款則再也取不回來，千家萬戶瀕於破產的邊緣；工人因此而大量失業，人民生活水準大幅下降，更無力去市場購買商品；國家經濟由此開始進入了惡性循環，並要倒退很多年。

1929-1933 年間美國經濟大蕭條也是從銀行擠兌開始的，當時美國大約有 1.1 萬家銀行倒閉或被兼併。那時出生的嬰兒長期缺乏營養和醫療護理；有 200 萬～400 萬中學生中途輟學；大量的無家可歸者棲身於鐵道邊簡易的紙棚內；許多人忍受不了生理和心理的痛苦而自殺；社會治安惡化；窮人被活活餓死

的事件不斷出現。

　　既然後果這麼嚴重，那銀行的儲戶們為什麼還要蜂擁而至，不約而同地採取擠兌的方式來整垮銀行呢？我們可以舉個例子分析一下。

　　劉備、關羽、張飛三人桃園結義之後，劉備提出了一個宏偉的計劃，要恢復漢室，建功立業。他對關羽和張飛說：你們各拿出 100 萬貫錢放在我這兒，作為咱們開創基業的經費。第一年招兵買馬要花掉 60 萬貫錢，我手上還剩下 140 萬貫；第二年，等咱們取了荊州，這筆錢就可以翻番變成 280 萬貫。到時候，你們每個人連本帶息可以拿回去 140 萬貫錢。關羽和張飛一聽兩年之後可以拿回來 40%的利息，全都笑顏逐開，二話不說交了錢。劉備便拿著這筆經費去拉隊伍、佔山頭去了。

　　關羽和張飛在劉備的集資活動中可以有三種選擇，一是等兩年之後各自從劉備那裏領回 140 萬貫錢；二是一年之後就提前向劉備逼債，先下手的人能拿回自己的本錢 100 萬貫錢，去晚了的那個就只能拿回 40 萬貫錢，同時到達就平分 140 萬貫錢；三是即使別人已經提前一年逼債了，自己仍信守兩年的約定，結果劉備的事業因為經費不足沒有了希望，自己一分錢也拿不回來。顯然對二人來說，最好的選擇是忍耐兩年，獲得一個大豐收，而最糟的選擇就是別人已經去逼債了，自己還在家待著。

　　過了一年，劉備連打了幾次敗仗，被呂布、曹操欺負得抬不起頭來。張飛自己在家就開始琢磨了：劉備這小子喜歡說大話，看現在這樣子要想取荊州有點兒懸啊。他現在手裏還有 140

萬貫錢，我還是趕緊把我借給他的那 100 萬貫要回來保險一點，去晚了就只能拿回 40 萬貫，不去就一文錢也拿不回來了。碰巧關羽也是這麼想的。這哥兒倆一個扛著青龍偃月刀，一個提著丈八蛇矛，上劉備家去了。劉備本來還想好好解釋一下，讓兩位兄弟稍安毋躁，再等一年，一看這個樣子，也不敢囉嗦，只好把錢櫃打開。錢櫃裏只有 140 萬貫，關羽和張飛武藝相當，誰也打不過誰，就只好一人帶著 70 萬貫錢回家了，利息沒賺到，還損失了 30 萬貫。劉備恢復漢室的事業當然也就泡湯了，只好繼續以打草鞋為生。

在現實生活中，這個故事中的劉備就相當於是一家銀行，而關羽和張飛就是銀行的存款客戶。銀行擠兌往往是由於謠言四起，存款客戶不再放心將錢放在銀行中，紛紛去銀行拿回存款，在很短的時間內，銀行又無法籌措大量的現金。最終的結果就是銀行倒閉，很多人只能抽回銀行存款的一部份，甚至是一分錢的存款都拿不到。在國外，許多銀行因擠兌風潮倒閉的現象，就是源於此。

要想避免銀行在擠兌中破產，最重要的就是讓儲戶對自己充滿信心。關羽和張飛平時就覺得劉備愛說大話，再加上連打了幾次敗仗，對劉備失去了信心，才上門逼債的。如果劉備平時就能腳踏實地，一板一眼，表現得可靠一點，在謀取天下的時候也慎重一些，不斷地擴大戰果，恐怕也不會遭到結義兄弟的拋棄。對銀行而言，就是要嚴格管理，建立有效的公司治理結構、有效的激勵機制和內部控制體系，不斷創造業績，給儲戶以信心。

銀行信息的透明度也很重要。如果劉備總是不告訴關羽和張飛自己的事業運行情況，有點兒什麼風吹草動，關、張二人就會聽信謠言，往最壞的地方想，即使劉備一直在打勝仗也有可能遭到擠兌。

最後的辦法就是找第三方做擔保。劉備可以請諸葛亮爲自己擔保，如果兩年之後沒有取得荊州，由諸葛亮替劉備償還本金。這樣的話，關羽和張飛就放心了，也不至於提前逼債。我們的國有銀行都是由國家在後面撐腰，所以老百姓都很放心。可是銀行業要想生存，絕不能長期依靠國家，將來必須建立起一種存款保險制度。1933 年，爲了避免大危機中許多銀行破產倒閉局面再次發生，美國國會通過了《聯邦存款保險法》，並授權建立聯邦存款保險公司，就是製造了一個諸葛亮在身後。

心得欄

- -

- -

- -

- -

- -

67

差役的生財之道

　　清代學者方苞曾經因為一宗文字案被牽連入獄，在刑部大牢中他親眼目睹了這樣一件事：有三個犯人被判挨同樣數目的板子，為了少吃點苦頭，三個人事先都向打板子的差役行賄。第一個人送了 30 兩銀子，稍微打傷了一點骨頭，養了一個月的傷；第二個人送了 60 兩銀子，只打傷了一點皮肉，不到一個月就好了；第三個人送了 180 兩銀子，打完了板子當晚就可以下床走路了。

　　方苞很驚歎差役們精確的手法，有的雖然被打得皮破血流，卻傷不到骨頭，有的只看見皮膚紅腫，內傷卻很要命。原來這些差役們為了練就輕重自如的打板子技術，狠下了一番功夫。據說練的時候是把一塊豆腐擺在地上，拿板子打上去，只准有響聲，不准打破；打完之後豆腐裏面都爛了，外面依舊是正正方方的一塊，絲毫不動。

　　練就這樣一手功夫，打人的時候自然是要輕則輕，要重則重。有人問差役：「犯人有的富，有的窮，既然都給你拿了錢，何必還有傷筋動骨和皮肉之傷的區別呢？」差役直截了當地回

答:「沒有區別，誰願意多出錢?」

不只負責打板子的差役，就連負責捆人的差役也有生財的辦法。每年秋決的時候，全體死刑犯都會被捆綁到西市待命。他們中間十之六七最後會被皇帝赦免，可是如果不給差役些好處，這些死刑犯在五花大綁的時候可能就會被勒得骨斷筋折，即便免死，回家以後也得在床上躺幾個月，甚至留下終身殘疾。方苞不解地問一個老差役:「你跟那些死刑犯也沒什麼深仇大恨，目的只不過是希望弄點錢而已;犯人果真拿不出錢來，不如積德放他一馬，何必還弄得別人死去活來呢?」老差役說:「我必須立下規矩警告其他犯人，如不這樣，就人人心存僥倖了。」

清政府黑牢裏的差役雖然狠毒，可是他們的這種做法卻無意中切合了經濟學家們極力推崇的機制——分離均衡，也就是說當你不掌握別人信息的情況下，要建立一種機制將你需要的人篩選出來。

差役們苦練打人和捆人的手法，為的就是將沒錢的、比較有錢的、最富裕的犯人分類篩選出來，有錢的多交點，沒錢的少交點;除非你肯豁出命去，否則當然是能拿出多少錢就拿出多少錢。差役們借此實現了利益最大化。

在我們今天的現實生活中，分離均衡現象經常可以看到。美國紐約的國立自然歷史博物館是世界上同類博物館中的佼佼者，但是門票價格卻出奇地低。有人問館長:「這麼一點門票收入，怎麼能夠維持這麼龐大的博物館呢?」館長回答:「我們這個博物館的開支根本不靠門票收入。」「那賣門票豈不是多此一舉?」館長說:「如果我們完全不收費，很多閒雜人員一定會湧

進來，到時候說不定會有人在畢卡索的繪畫前面賣熱狗。整個博物館莊嚴肅穆的氣氛豈不全都被破壞了？所以我們要求觀眾進來之前必須花點小錢買張票，以表示對博物館的尊重和誠意。」

博物館的策略其實跟差役們是一樣的，就是想辦法把閒雜人員從真正的藝術愛好者中剔除出來。

分離均衡對於保險公司來說也非常有用，因為保險公司與投保人之間通常都處於一種信息不對稱的狀態，保險公司難以確切地知道投保人的真實情況。比如說同是汽車盜搶險，每個投保人都知道自己汽車被盜的概率有多大，可是保險公司很難知道這一點。於是那些覺得自己汽車被盜概率比較大的人就會積極投保，保險公司很容易因此而虧損。

在這種情況下，有些保險公司做出了自以為正確的決定，提高保費，避免虧損。可是結果卻適得其反，高昂的保費使那些丟車概率比較小的人放棄了投保，因為他們覺得交那麼多的保費不值得。而那些高風險的人則根本不在乎，因為他們知道保險公司的賠償會很快來到。結果該來的不來，該走的沒走。

那麼明智的保險公司該怎麼做呢？從分離均衡的角度看，就是應該設計出不同類型的合約，將不同風險的投保人區分開。有些保險合約規定投保人要交很高的保費，不過出事兒以後保險公司賠得也多，這比較適合那些高風險的人。

另一些保險合約則規定比較低的保費，保險公司賠得也少，比較適合低風險的人。這樣保險公司就把不同風險的投保人區分開了，保證了自己的最大利益。

68

蠟燭商們的請願書

1845 年，法國下議院的議員們接到了一封以全體法國蠟燭商名義寫來的請願書。這種請願書在當時並不罕見，很多行業協會都希望取得行政上的優惠政策，總是千方百計地遊說議院。可是這封請願書卻讓議員們備感尷尬，哭笑不得。信的內容是這樣的：

先生們：

我們法國蠟燭、燭臺、燭剪、油燈、路燈、熄燈器的製造商和油類、牛脂、樹脂以及一切有關照明的生產者正在遭受到一個外來競爭者無法忍受的損害，它在照明方面的生產，其所處地位似乎遠比我們自己所處的地位優越。它用驚人的低價手段，完全衝垮了我們全國的市場。這個競爭者不是別的，這裏所說的就是太陽。

為了維護我國商人的合法權益，抵制太陽的競爭，我們懇請你們通過一條法令，強制老百姓把全國所有的門窗統統關閉起來，把所有設在外面和裏面的窗板、門簾、窗簾都放下來。總之，把一切空隙和裂縫都堵塞起來，把陽光驅逐出法國。

　　如果你們盡可能地堵塞一切自然光線的通道，從而造成市場對人造光線的需求，那麼，我們這些法國一切有關照明的製造商將會獲得充分的市場空間，而且法國的其他產業也會深受其惠。如果對動物油脂的消費增加，就必然會有較多的牛和羊；如果對植物油的消費增加，則橄欖樹的種植將擴大，我們的荒地將獲得充分利用，種滿含有樹脂的樹。如此一來，偉大的法國必然會越來越繁榮。

　　綜上所述，我們認為，通過抵制陽光的法令非常有必要，請你們斟酌而行。既然你們對國外的鐵、穀物、紡織品等，由於其價格已近於零而把它們摒於國門之外，那麼對供應價格已經是零的陽光，有什麼理由不把它堵塞起來呢？我們要求平等的政策保護。

　　蠟燭商們為了保護自己的利益，竟然要求遮住太陽？面對這種異想天開的主意，議員們除了無可奈何地搖搖頭，居然找不出駁斥的理由來。因為他們自己正打算通過一項法令，提高對一切外國貨的進口稅，以保護法國的工業。既然為了保護其他行業可以提高進口稅，不讓外國商品進入，那麼為了保護蠟燭商們，遮住太陽也是順理成章的事情。

　　寫這封信的促狹鬼並不是蠟燭商，而是一個名叫弗雷德里克‧巴師夏的青年。他要求遮蔽太陽的事蹟已經成了經濟學上的一個經典故事。

　　巴師夏是 19 世紀上半葉法國經濟學界的一個才子，但他的個人身世是夠悲慘的。他出生在巴揚，幼年即成為孤兒，更糟的是還得了肺結核。他曾在大學肄業，後來從事商業，但是他

沒有商業頭腦；他又轉向農業，但情況也同樣不利：就像托爾斯泰小說中那個好心腸的伯爵一樣，越是辛苦經營他的家業，事情就越糟。

他嚮往英雄行為，但是他的軍事冒險帶有一種堂吉訶德味道。當 1830 年波旁家族逃出法國時，巴師夏集攏了 600 個青年，帶領他們不顧一切地衝進了一個波旁王朝的堡壘。遺憾的是，這個堡壘一槍未放，就毫無抵抗地投降了，還舉行了一次盛宴，請他們共進美酒。滿腔氣概的巴師夏英雄無用武之地，一時傳為笑談。

他所做的一切似乎註定是要失敗的。閒散之餘，他轉而注意到經濟學，開始閱讀報紙，討論時事問題。朋友們描述他說：來到巴黎，卻沒有空去請教一下巴黎的帽商或成衣商，他頭髮長長的，戴著頂窄小的帽子，穿著件鬆鬆垮垮的大衣，手裏拿著把雨傘，使人極容易把他看成一個普通鄉下佬，初次到城市來觀光一下都市景物的。但是這個鄉村學者卻有一支鋒利的筆。

一個要好的朋友勸他，不妨將他的所見寫成文章在報紙上發表，於是他寫了一篇關於自由貿易的文章，投給巴黎的一家日報。他的見解頗為獨到，而且文字的風格尖銳辛辣，於是這個來自鄉間的默默無聞的學者，從此一舉成名。他在巴黎報紙上看到法國的議員和部長們，為其貪圖私利的政策曲加辯解時，他即以尖刻的言詞進行反駁，使巴黎的讀者笑得前仰後合。蠟燭商們的請願書就是為諷刺下議院提高關稅而作。

巴師夏對任何形式經濟學上的矛盾想法都加以奚落。但是他最為痛恨的是，在國家利益的藉口下建立保護關稅，掩蓋私

底下的貪婪之心，在自由經濟的幌子下為貿易設置障礙。巴師夏非常樂於破壞這種表面上言之成理而實際別有用心的做法。

　　他曾經諷刺商業部長說，政府實行保護關稅大大有好處，國外鋒利的大斧子不能進口，人們就只能使用自製的小鈍斧。這樣一來，原來用大斧只須砍 100 次的，現在用小斧頭就得砍 300 次；原來只須 1 個小時就能完成的工作，到那時就得用 3 個小時。這對勞動是多麼有效的鼓勵啊！

　　法國議會討論如何修建從巴黎到馬德里的鐵路時，一位叫西米奧特的議員建議，讓鐵路在波爾多中斷一段，這樣就可以使波爾多地方的搬運行李工人，商店、劇院的服務人員與老闆，以及輪船上的船員等各種人的收入增加，從而波爾多的財富增加，法國的財富也增加。巴師夏立即抓著這一點不放，他說，說得真妙，其實何必以波爾多為限，如果波爾多有權可以從路線中斷之舉中獲得利益，那麼，為了全體的利益，翁古拉姆、波阿圖、圖爾、奧爾良也應享有同樣的權利。他還建議把這一條節節中斷的鐵路命名為「起反作用的鐵路」——不是有利於交通，而是增添麻煩。

　　樂觀的經濟學家巴師夏熱衷於為自由貿易辯護。他認為自由交換是社會存在和延續的基礎，人類通過交換而產生交往和聯繫，社會也靠交換而得以存在和延續。自由交換會帶來平等與社會和諧，使交換的平等轉變為社會的平等。

69

筷子是否毀滅青山

被告人：一次性筷子（又名方便筷子、衛生筷子）

被控罪行一：毀壞森林，破壞環境。

加工一次性筷子要用到木材，而木材來自森林裏的樹木。森林對環境的意義很大，它可以淨化空氣，減少灰塵等污染物；森林中棲息著許多生物的物種，保護森林就是保護生物的多樣性；綠野青山本身就是一幅美麗的風景，讓觀賞者愉悅……而這一切，都被一次性筷子給毀掉了！

被控罪行二：衛生筷子不衛生。

一次性筷子打著衛生的旗號欺騙消費者，其實許多一次性筷子的加工地點十分骯髒，使筷子帶上了各種肉眼難辨的細菌；加工一次性筷子使用的許多膠都不合格，對人體有很大的毒害。一次性筷子危害身體健康！

被控罪行三：用完就扔，浪費資源。

把木材做成傢俱，可以用幾年甚至幾十年，但是把木材做成一次性筷子，隨用隨扔，這是對自然資源的巨大浪費。在地球上資源越來越短缺的今天，浪費資源就是犯罪！

看起來，一次性筷子的罪行是確鑿了，那麼一次性筷子是否認罪呢？

一次性筷子的抗辯

抗辯人：一次性筷子

首先，說我們一次性筷子毀壞了森林，這是不公平的。其實在木材的總消耗量中，生產一次性筷子所消耗的木材只佔總消耗量的 0.5%～1%，比起木材使用大戶造紙業來說少得多。紙張是為人所用，筷子也是為人所用，都給人們帶來了方便和利益，為什麼要控訴一次性筷子卻不控訴紙張呢？

一次性筷子不衛生，並不是因為使用木材造成的，而是某些筷子生產者的生產工廠衛生條件不合格，並且違法使用廉價且危害人體的化學品。這不是一次性筷子的錯，真正守法的生產者生產的一次性筷子是符合衛生標準的。

許多一次性筷子使用後就被丟掉了，這種資源的浪費讓人痛心。然而，利用廢筷子造紙的技術已經很成熟了，為什麼筷子廠家不回收這些用過的筷子進行再加工呢？

問題的答案是經濟學中兩個最基本的名詞：成本和收益。筷子廠家不回收筷子，不是技術上有難度，而是回收筷子的成本高過了收益。當廠家發現回收那些筷子並進行重新加工所帶來的收入還抵不上支出的時候，他們是不會去做這個賠本買賣的。所以，許多一次性筷子如今依然得不到回收，這是由經濟規律決定的。

從理論上來說，一次性筷子不但不會破壞環境，反而能改善我們的環境。因為一次性筷子的需求量大，會促使許多廠家

種植大量的速生林，待樹木成材後用來加工筷子賺錢。這樣一來，一次性筷子的使用甚至能激發人們植樹造林的熱情。

70

巨人倒下，通用汽車破產

2009 年 6 月 1 日，美國通用汽車公司(GM)申請破產保護，美國政府將對其進行破產重組。通用汽車股價跌至 76 年新低，這家百年老店走到了歷史最低點。

企業作爲一個有機生命體，有興盛發達，有落魄衰亡。通用汽車公司申請破產是企業在生命週期最後做出的理性抉擇。

經濟學上所謂的破產，是指當債務人的全部資產無法清償到期債務時，債權人通過一定程序將債務人的全部資產供其平均受償，從而使債務人免除不能清償的其他債務，並由法院宣告破產解散。如果債權人投票通過重整計劃則破產者有可能重新恢復經營，否則可能會進入清算程序。進入破產清算就意味著公司生命的真正終結。

通用汽車公司申請的破產保護，是指不管債務人是否有償付能力，當債務人自願向法院提出或債權人強制向法院提出破產重組申請後，債務人要提出一個破產重組方案，就債務償還

的期限、方式以及可能減損某些債權人和股東的利益做出安排。這個方案要給予其一定的時間提出,然後經過債權人通過,經過法院確認,債務人可以繼續營業。

通用汽車公司希望通過破產保護,實現其鳳凰涅槃的過程。通用汽車公司通過破產保護擺脫了大部份債務;保留了核心品牌和優良生產線;大幅裁員及終結高薪高福利,節約成本。代之而起的將是一家嶄新的通用汽車公司。

在這家新公司中,美國政府將持有 60%的股份,加拿大政府及安大略省政府、美國汽車工人聯合會(UAW)下屬醫療基金和未擔保債權人將分別持股 12.5%、17.5%和 10%。

新的通用汽車將包括全球的核心品牌(包括別克、雪佛蘭、凱迪拉克、GMC)、核心技術和優質資產,預計將在大約 60〜90天內從原通用汽車公司中分離出來,實現新的獨立公司運作。除此之外新公司的成立還伴隨著裁員、關閉工廠等一攬子計劃。

大型企業破產需要支付高昂的社會成本,企業越大支付的成本越高。破產有幾大社會成本,一是保障失業勞工的利益,二是順利清理債權債務關係,三是解決公司產品與品牌等方面的後遺症。

美國的破產保護法的關鍵是減少社會成本。此法旨在通過重組挽救企業,避免社會支付最大的代價。否則,每個企業一破產就清算,關門大吉,那將是向社會扔下一枚炸彈。通用公司申請破產保護,而不是直接破產清算,就是爲了扔掉包袱,在法律的護翼下實現重組,儘快復蘇。破產保護是對還有復蘇希望的企業給以鳳凰涅槃的機會。企業在特定的時間內(通常爲

120 天)出售資產，保留優質資產，實施產業調整，以期度過危機。例如在此次通用汽車公司的破產保護中，通用汽車公司能保證照常運營，其股票和債券可以繼續交易，而原有的債權債務關係也保持不變。相比其他破產方式而言，破產保護提供了債權人與投資者與債務方博弈的權益，還能讓利益相關者為公司的生存、復蘇做出理性妥協。

資產重組是減少成本的重要環節。在通用的債務重組過程中，美國政府出資 500 億美元獲得 60%的股權，成為通用汽車公司的控股股東，而包括共同基金和上千名個人投資者在內的通用汽車公司債券持有人將債權換股權，以入股新通用汽車公司的方式，抵消目前通用汽車公司約 270 億美元的債務。這減少了社會震盪的範圍，阻止負面影響傳遞到債券與股權市場。

企業破產最直接的受害者就是企業的員工了。通用汽車公司申請破產保護將額外導致相關產業鏈上 130 萬人失業，可能將美國失業率推高 1%。這時，股權成為了保障員工利益的最後手段，工會獲得公司 17.5%的股權，這樣工會必須提高企業的效率、增加產品的銷量，使手中的股權增值。

如果企業不實行破產保護，而實行破產清算，失業的人數將成倍增長，所有僱員都將失去工作，他們得到的作為最後保障的股權也將毫無意義。申請破產保護是一種「自願」的破產，「自願」破產使得受困企業有了選擇「重生」的機會。對通用汽車公司而言，良好的品牌和優質的生產線，仍可以為新公司「復活」打下基礎。品牌是通用汽車公司的無形資產，「好」的通用汽車公司掌握核心品牌後完全有可能重生。

71

工作中要少用「北風」，多用「南風」

北風和南風比威力，看誰能把行人身上的大衣脫掉。北風首先來一個冷風，寒冷刺骨，結果行人為了抵禦北風的侵襲，便把大衣裹得緊緊的。南風則徐徐吹動，頓時風和日麗，行人因為覺得春暖上身，始而解開紐扣，繼而脫掉大衣，南風獲得了勝利。

這就是著名的南風法則，也叫做溫暖法則，它來源於法國作家拉封丹寫的一則寓言。這則寓言形象地說明了一個道理：溫暖勝於嚴寒。運用到管理實踐中，南風法則要求管理者要尊重和關心下屬，時刻以下屬為本，多點「人情味」，多注意解決下屬日常生活中的實際困難，使下屬真正感受到管理者給予的溫暖。這樣，下屬出於感激就會更加努力積極地為企業工作，維護企業利益。

在企業裏，管理者是通過激發他人工作積極性來完成工作的人，就好比是一個大家庭的「家長」，每一個員工就是家庭成員。「家長」擔負著「家和萬事興」的責任和使命，只有正確把握好方式方法，堅持用真誠、平等、溫暖的情懷去管理，才能

讓人感覺到春天般的希望，才能使全「家」上下具有共同的奮鬥目標和價值追求，對家有強烈的歸屬感和認同感，對組織有充分的信任感和依託感。如此這般，才能人人心情舒暢，保持春天般積極向上的心態，齊心協力幹事創業，進而推動企業繁榮發展。

企業發展，貴在人和。要人和，就離不開「暖意融融」的南風一樣的人文關懷。事實早已經證明，凡是具有蓬勃生命力的企業，都有一套能讓員工從內心自然接受的管理手段。例如，日本的松下公司在管理中就非常注重對員工使用「南風法則」。

20世紀30年代初，受世界金融危機的影響，許多公司都開始採取裁員、降薪等手段以求自保，很多人因此失去工作，生活毫無保障。松下公司也受到了金融危機的傷害，銷售額銳減，產品都堆積在倉庫，資金週轉不靈。當時，好幾位公司董事都提出裁員來應對危機。這時，因病在家休養的松下幸之助並沒有採納這些建議，而是決定採取與其他公司完全不同的做法：員工一個不減，生產實行半日制，工資按全天支付。與此同時，他要求全體員工利用閒暇時間去推銷庫存商品。松下幸之助的這一做法獲得了全體員工的一致擁護，大家千方百計地推銷商品，只用了不到3個月的時間就把積壓商品推銷一空，就這樣，在全體員工的共同努力下，松下公司順利渡過了難關。

在松下的經營史上，曾有過好幾次這樣的危機，但松下幸之助在困難中依然堅守信念，不忘員工的經營思想，使公司的凝聚力和抵禦困難的能力大大增強，每次危機都在全體員工的奮力拼搏、共同努力下安全度過，松下幸之助也因此贏得了員

工們的一致稱頌。

　　松下以員工為企業之本的做法在獲得了員工們大力歡迎的同時，也為松下公司培養起了一個無堅不摧的團隊。二戰結束以後的很長一段時間內，松下公司都十分困難。而在這種情況下，佔領軍出臺了要懲罰為戰爭出過力的財閥的政令，松下幸之助也被列入了受打擊的財閥名單。眼看松下公司就要被消滅了，這時，意想不到的局面出現了：松下電器公司的工會以及代理店聯合組織起來，掀起了解除松下財閥指定的請願活動，參加人數多達幾萬。在當時的日本，許多被指定為財閥的企業基本上都是被工會接管和佔領了。工會起來維護企業的事還是頭一遭。面對遊行隊伍，佔領軍當局不得不重新考慮對松下的處理。到第二年5月，佔領當局解除了對松下財閥的指定，從而使松下擺脫了一場噩運。正是因為松下幸之助始終貫徹以人為本、尊重職工、愛護職工的企業經營理念，才保證了自己的絕處逢生。

　　正因為松下員工在松下裏的每一分、每一秒都能感受到被關懷、被真情所包圍的幸福，心情自然也就如暢遊春天百花園一樣愉悅，自然就會積極而努力地工作。一位哲學家這樣說，能給別人帶來幸福快樂的企業，才是真正幸福快樂向上的企業。這句話的真正內涵也許就在於此。在經濟日益市場化的今天，企業管理者只有像「南風」一樣去深入員工的心靈，才能營造「心齊氣順勁足家和」的局面，形成強有力的核心競爭力。有了這些，企業在競爭中就能無往而不勝。

72

美女推銷員的絕招——笑談「引致需求」

　　有位漂亮的女推銷員業績驚人，同行們都向她討教推銷方法。

　　她說：「我每次上門，都同那個家庭的男主人講明商品用途，然後說這次不必急著買，以後我會再來。這時候男主人總是很高興，而女主人則馬上掏錢買下。」

　　對一種產品的需求是由另外一種需求引起的，這種需求就是引致需求。引致需求(Derived demand)是馬歇爾在其《經濟學原理》一書中首次提出的經濟概念，是指對生產要素的需求，是由對該要素參與生產的產品需求派生出來的，又稱「派生需求」。對一種生產要素的需求來自(派生自)對另一種產品的需求，其中該生產要素對這一最終產品會做出貢獻。例如：消費者為什麼需要麵包？因為麵包能夠提供直接的效用。麵包商為什麼需要麵粉？顯然，他並不期望從麵粉中得到直接的效用。他盤算的是，用麵粉來生產消費者需要的麵包以獲取收益。正是消費者對麵包的需求引致了麵包商對麵粉這樣的生產要素的需求。因此，經濟學家就把對生產要素的需求稱為引致需求。

　　引致需求是歷史的產物，是生產力發展到一定階段才產生出來的。例如，在原始的生產條件下，人們都是直接去抓魚、打獵、養牲畜，然後自己消費，不存在引致需求。只有出現了商品，隨著商品經濟的發展，出現了專門從事商品生產用來交易以賺取利潤的資本生產，爲了滿足消費者需要而派生出來了對生產要素的需要，這時候引致需求才出現。

　　隨著迂廻生產線越來越長，行業分工越來越細，派生需求也越來越多。例如，生產一件衣服，生產者需要購買布料、染料、扣子、拉鏈等，而布料生產商又需要去購買棉花作爲生產原料，那麼，棉花、布料都是衣服的引致需求。懂得引致需求原理，對於投資者來說是很重要的。因爲終端消費者的直接需求是有限的，如果只盯著直接需求，那麼資本就會集中到消費品領域，諸如：食品、衣服、鉛筆、橡皮等。事實上，分析市場需求，應該瞭解當前的市場動向，投資於二級市場，或者三級市場，例如：電腦、手機廠商的零件供應商、紐扣生產，等等，結合自己的優勢，在產業鏈上找到適合自己的位置。

73

手機哭了——笑談「核心競爭力」

諾基亞一說到銷售量，愛立信就哭了。

愛立信一說到中文輸入，摩托羅拉就哭了。

摩托羅拉一說到型號多，西門子就哭了。

西門子一說到 DIY，三星就哭了。

三星一說到外觀技術，阿爾卡特就哭了。

阿爾卡特一說到操作介面，飛利浦就哭了。

飛利浦一說到待機時間，所有的手機都哭了。

TCL 一說到返修率，所有的手機都笑了。

中國手機一說到模仿能力，所有的進口手機都不吭聲了。

核心競爭力是一個企業在激烈的競爭中保持不敗之地的有力武器。核心競爭力是企業競爭力中那些最基本的能使整個企業保持長期穩定的競爭優勢、獲得穩定超額利潤的競爭力，是將技能資產和運作機制有機融合的企業自身組織能力，是企業推行內部管理性戰略和外部交易性戰略的結果。通俗地講，核心競爭力就是一種獨特的、別人難以靠簡單模仿獲得的能力。

一般來說，企業的核心競爭力具有對競爭對手而言越高的

進入壁壘，核心競爭力結構中的智慧化成分所佔的比重越大，企業便可憑藉其核心競爭力獲得越長期的競爭優勢。導致核心競爭力喪失的第一個常見原因是盲目、過度多元化，背離自己的核心專長，結果喧賓奪主，優勢不再。

成功企業大都恪守兩個字：專注，或叫「目不斜視」。運用自身專長與把握外部商機相比何者更重要？當然是前者。商機並不一定都屬於自己。只有當商機與自己的核心專長碰巧吻合時，那才屬於自己。

74

最愛他的肉——笑談「消費者偏好」

有幾個秀才在談論蘇東坡。

一個說：「我喜愛東坡的詩。」

一個說：「我喜愛東坡的賦。」

這時來了一個屠夫，說：「我也最愛東坡。」

那兩個秀才聽了說：「你一個殺豬的，愛上先生的那一點呢？」

屠夫答道：「我最愛東坡肉。」

蘿蔔白菜各有所愛，消費者在選擇商品時偏好各不相同。

　　消費者偏好是消費者根據自己的需要，對可能消費的商品進行的排列。不同的人在相同收入、相同價格條件下會購買不同的商品組合，這是因爲他們的偏好各不相同。如，有 A 和 B 兩個商品組合，A 是由 3 個雞蛋和 5 個蘋果組成的，B 是由 4 個雞蛋和 4 個蘋果組成的。消費者應該能夠判斷：或者 A 組合比 B 組合好，或者 B 組合比 A 組合好，或者 A 組合與 B 組合相同。不同的消費者有不同的選擇，但無論選擇的結果如何，每個人都能作出判斷。

　　對於產品製造商來講，消費者偏好是消費心理效果中一個重要概念，是消費者接受廣告資訊而對某特定品牌的可接受程度。西方經濟學理論在談到「消費者偏好」時，講企業目的是通過提供該商品品牌的一些資訊。影響人們的嗜好，從而影響對該商品品牌的需求。商業廣告作爲一個資訊傳播活動，不應該是僅限於廣告作品中所提供的產品資訊而已，而應該達到商業廣告傳播的心理效果影響，即形成「消費者偏好」。

　　市場供給的豐富使得消費者通過選擇來滿足對產品其非功能性因素的偏好。從而使過去「人人差不多，家家差不多」的同質消費、模仿性消費狀態變得更加帶有個性化色彩和文化、感情氣氛，這在西方稱爲「軟消費」。廣告業跟蹤目標消費者群體心理需求因素的發展變化，並相應針對其「偏好」進行廣告創作，生產產品「附加價值」而建立穩固的「偏好」關係。這樣的創作空間遠遠大於產品的功能性因素訴求表現。許多世界著名品牌的成功就是有力的佐證，如：萬寶路、麥當勞、IBM等都走出一條與其目標消費者群共同成長的品牌之路。

75

豈不更快——笑談「企業併購」

有一人奉命去送緊急公文，上司特別地給了他一匹快馬。但他卻只是跟在馬的後面跑。

路人問他：「既然如此緊急，為什麼不騎馬？」

他說：「六隻腳一起走，豈不比四隻腳更快？」

企業併購必須能夠充分整合資源，發揮協同效應，否則極可能失敗。

企業併購(Mergers and Acquisitions)即企業之間的兼併與收購行為，是企業法人在平等自願、等價有償的基礎上，以一定的經濟方式取得其他法人產權的行為，是企業進行資本運作和經營的一種主要形式。

併購協同效應主要來自以下幾個領域：在生產領域，可產生規模經濟性，可接受新技術，可減少供給短缺的可能性，可充分利用未使用生產能力；在市場及分配領域，同樣可產生規模經濟性，是進入新市場的途徑，可以擴展現存分佈網，增加產品市場控制力；在財務領域，充分利用未使用的稅收利益、開發未使用的債務能力；在人事領域，吸收關鍵的管理技能，

使多種研究與開發部門融合。

然而全球 60%～70%的合併案例都栽在併購的最大陷阱——人力和文化的整合中，從而導致失敗。正如英國《經濟學家》中一個尖刻的比喻所言,「企業合併要比好萊塢明星結合的失敗率更高」。

早年，TCL 收購法國湯姆遜，以及明碁收購西門子手機，這在當時戰略層面都曾被認爲是可行的收購，最終都敗在了「人」之上。包括聯想收購 IBM，這一蛇吞象的壯舉，目前也還處在艱難的文化整合之中。

在確定被併購企業的高層管理團隊以後，依照被併購企業整合的要求，對被併購企業的各類人員進行識別，順次確定中層管理人員，確定應該保留的僱員名單，實行快速整合原則。人力資源的快速整合是整個併購整合的需要，只有快速穩定被併購企業的人力資源隊伍，才能儘快使被併購部份快速創造價值。但對被併購企業的快速整合必須以對被併購企業人力資源的充分識別爲前提。

另一個在併購過程中常被忽視的問題是整合時的整體規劃，整合問題是最難解決的問題，尤其在資金、技術環境、市場變化非常劇烈的時代，整合就更加不容易了。有沒有能力整合好，這是每個準備出手收購的企業必須考慮的問題。

76

笑談「貼牌生產」(OEM)

一日，克林頓要去參加一個很重要的會議，時間很緊迫，可他的司機害怕交警，不肯加速。於是克林頓便讓司機坐到後排，自己開車。不一會兒，交警就截住了這輛車。但是交警不知如何處理，只好通知交通部長。

交通部長便問：「怎麼了？這個人很顯赫嗎？」

「不知道！不過克林頓總統是他的司機！」交警如實回答。

「狐假虎威」在一定程度上可以爲中小企業爭得一定的生存空間和發展機會——這就是「貼牌生產」的奧妙。

貼牌(OEM)指一個廠家根據另一家廠商的要求,爲其生產產品和產品配件,亦稱爲定牌生產或授權貼牌生產,俗稱代加工。即A方看中B方的產品,讓B方生產,用A方商標,A方叫委託貼牌企業,B方爲貼牌企業。委託貼牌的企業負責研發、設計、市場開發;貼牌企業負責按照要求進行生產。一篇文章說,貼牌企業與被貼牌企業之間很像在玩「狐假虎威」的遊戲。

據統計,約有 90%的家用電器製造企業都爲國際知名品牌貼牌生產過。

貼牌作為商業時代一種「共存雙贏」的發展模式，作為一種社會資源的市場整合方式和一種企業的生存方式，有其強大的生命力。具體說來，貼牌有以下幾方面的優點：

首先，有利於分工。對於委託方來說，可以減少廠房和設備等固定資產的投資，不需要很多資金，就可以有自己的產品，集中精力從事設計、研發、銷售，避免浪費時間，可以發揮自己的優勢，把生產相關的技術和工作交給專業企業，可以提高產品品質，縮短生產週期。對於代理加工的中小企業來說，自己沒有實力去塑造知名品牌、開拓銷售網路，也沒有精力去直接面對消費者市場，那麼最好的辦法還是實實在在做好製造，幫助別人加工生產。

其次，對中小企業而言，貼牌既是一種生存方式，也是一種很好的學習方式。例如，格蘭仕最早的時候，純粹是給國外企業做貼牌生產，自己完全不管市場。後來，他們慢慢創立了自己的品牌，自己開始開發市場，再後來下大力氣推出自己的品牌，一舉成為國內微波爐行業中的老大。

所以從某種意義上來說，貼牌實際上是弱小企業「借船出海」、迅速發展壯大的一條有效途徑。為他人做嫁衣總不是長久之計，總是借老虎之威的狐狸是難以生存的。貼牌企業現實的做法應是想辦法，多在貼牌模式中積聚資本、學習經驗、塑造品牌、加強研發、不斷打造核心競爭力，設法早日成為「老虎」。

77

「優勝劣汰」還是「劣勝優汰」

　　19世紀中期，進化論的奠基人、英國生物學家查理斯·達爾文爵士經過20餘年的勤求苦索後，揭示出了生物進化的基本規律——優者生存，劣者淘汰。19世紀末，中國的嚴複先生在向國人介紹達爾文的《物種起源》時，還把這一規律引入人類社會領域，提出了「物競天擇，適者生存」的著名論點。現如今，物競天擇、優勝劣汰的法則已是家喻戶曉。

　　然而在人類的社會中，壞人欺負好人，卑鄙戰勝高尚，劣質商品消滅優質商品的現象卻屢見不鮮。學者們告訴我們，其實在我們的世界裏還存在一條完全相反的規律：劣勝優汰。

　　1859年的一天，英國女王伊莉莎白一世忽然接到了宮廷顧問湯瑪斯·格雷欣爵士呈遞的奏章。奏章的內容讓英國女王大吃一驚，因為這位著名的金融家、慈善家、皇家證券交易所及格雷欣學院的創建者認為，由於英國市場上流通的金幣品質正在變得越來越糟，英國的經濟正處於危險之中。

　　這是怎麼回事呢？原來，當時英國市場上流通的金幣有新有舊，新金幣分量足，而舊的金幣或者因為磨損，或者因為有

些人故意從上面切點下來而變得越來越輕。舊幣雖然分量不足、品質低劣，但是面額與優良的新幣一樣，仍然可以使用，於是人們總是把足值的金幣留下來用於儲藏，甚至乾脆拿去融化掉，而把不足值的舊幣儘快花掉。

不僅英國商人和消費者自己這樣幹，更嚴重的是，其他國家在與英國進行貿易的時候，也把英國鑄造的新金幣收藏起來，而把劣質金幣支付給英國。久而久之，足值的優良貨幣在市面上漸漸消失，不足值的錢幣充斥著市場，貨幣貶值變得越來越嚴重，最終整個貨幣體系走到了崩潰的邊緣。

為了避免這種「劣幣驅逐良幣」的狀況，英國不得不重鑄貨幣。但是時隔不久，劣幣再次將良幣逐出了流通領域，這種情況在英國歷史上發生了很多次。後來，人們便用格雷欣爵士的名字命名了「劣幣驅逐良幣」這種經濟法則──格雷欣法則。

心得欄

78

東西越貴，你買得越多

買東西要挑便宜的，這是絕大多數家庭生活的重要準則。爸爸媽媽掙錢都不容易，什麼東西漲價了，自然而然就會少買一些。如果有誰看見東西貴就拼命往家買，一定會被視為敗家子。可是也許你沒有注意過，在我們的經濟社會中，價格上漲帶動需求量上漲的例子並不罕見。

比如，1845 年愛爾蘭發生了災荒，土豆價格大幅度上漲，按理說，愛爾蘭人就應該少買點兒土豆才對，可是調查的結果與人們預測的完全相反，土豆的需求量隨著價格一起節節攀高。這是怎麼回事兒？由於是英國統計學家羅伯特‧吉芬最早發現了這種現象，人們就將這個問題稱為「吉芬難題」。

後來人們終於弄清了問題出在那裏。在當時的愛爾蘭，土豆和肉是日常生活中最基本的兩種食物，如果土豆的價格上漲了，理論上講會出現兩種截然相反的結果。

一種結果是由於土豆價格上升，相對於肉來說，土豆變得昂貴了，所以消費者便會少買幾個土豆，把錢省下來多買點兒肉。這在經濟學上被稱為「替代效應」，也就是我們日常對價格

上漲所作出的最直接的反應。土豆貴了，我少吃幾個還不行嗎？

　　但是，還有另一種結果。當土豆價格上漲時，消費者的收入若以土豆的價格來衡量，消費者顯然相對變窮了。這樣一來，消費者要想買到足夠的食物，填飽一家人的肚子，就必須好好計劃一下，改變自己的飲食結構。既然手頭的錢變少了，就只好少吃點肉。土豆雖然漲價了，可還是比肉便宜，把買肉的錢省下來多買幾個土豆，至少可以讓家人不餓肚子。這在經濟學上被稱為「收入效應」。

　　在 19 世紀中葉的愛爾蘭，購買土豆的消費支出在大多數的貧困家庭中佔的比例相當大，於是土豆價格的上漲導致貧困家庭實際收入水準大幅度下降。在這種情況下，變得更窮的人們不得不大量地增加對劣等商品（相對肉而言）土豆的購買。很明顯，在這種情況下，收入效應超過了替代效應，令吉芬百思不得其解的奇特現象就出現了。這種土豆也因此被稱為吉芬商品。

　　吉芬商品得以產生的前提條件有兩個：其一，這種商品是必需品；其二，不存在更廉價的替代選擇。理解了吉芬商品，我們就不會對一些越貴越買的現象驚訝了。

圖 書 出 版 目 錄

下列圖書是由憲業企管顧問（集團）公司所出版，以專業立場，為企業界提供最專業的各種經營管理類圖書。

1. 傳播書香社會，凡向本出版社購買（或郵局劃撥購買），一律 9 折優惠。

   服務電話 (02) 27622241　(03) 9310960　　傳真 (02) 27620377

2. 請將書款用 ATM 自動扣款轉帳到我公司下列的銀行帳戶。

   銀行名稱：合作金庫銀行　　帳號：5034-717-347447

   公司名稱：憲業企管顧問有限公司

3. 郵局劃撥號碼：18410591　　郵局劃撥戶名：憲業企管顧問公司

4. 圖書出版資料隨時更新，請見網站　www.bookstore99.com

5. ┌────────────┐ 回饋讀者，免費贈送《環球企業內幕報導》電子報，
   │ 電子雜誌贈品 │
   └────────────┘
   請將你的 e-mail、姓名，告訴我們編輯部郵箱 huang2838@yahoo.com.tw
   即可。

─────經營顧問叢書─────

編號	書名	價格	編號	書名	價格
4	目標管理實務	320 元	19	中國企業大競爭	360 元
5	行銷診斷與改善	360 元	21	搶灘中國	360 元
6	促銷高手	360 元	22	營業管理的疑難雜症	360 元
7	行銷高手	360 元	23	高績效主管行動手冊	360 元
8	海爾的經營策略	320 元	25	王永慶的經營管理	360 元
9	行銷顧問師精華輯	360 元	26	松下幸之助經營技巧	360 元
10	推銷技巧實務	360 元	30	決戰終端促銷管理實務	360 元
11	企業收款高手	360 元	32	企業併購技巧	360 元
12	營業經理行動手冊	360 元	33	新產品上市行銷案例	360 元
13	營業管理高手（上）	一套	37	如何解決銷售管道衝突	360 元
14	營業管理高手（下）	500 元	46	營業部門管理手冊	360 元
16	中國企業大勝敗	360 元	47	營業部門推銷技巧	390 元
18	聯想電腦風雲錄	360 元	52	堅持一定成功	360 元

56	對準目標	360元	112	員工招聘技巧	360元
58	大客戶行銷戰略	360元	113	員工績效考核技巧	360元
59	業務部門培訓遊戲	380元	114	職位分析與工作設計	360元
60	寶潔品牌操作手冊	360元	116	新產品開發與銷售	400元
63	如何開設網路商店	360元	122	熱愛工作	360元
69	如何提高主管執行力	360元	124	客戶無法拒絕的成交技巧	360元
71	促銷管理（第四版）	360元	125	部門經營計劃工作	360元
72	傳銷致富	360元	127	如何建立企業識別系統	360元
73	領導人才培訓遊戲	360元	128	企業如何辭退員工	360元
76	如何打造企業贏利模式	360元	129	邁克爾·波特的戰略智慧	360元
77	財務查帳技巧	360元	130	如何制定企業經營戰略	360元
78	財務經理手冊	360元	131	會員制行銷技巧	360元
79	財務診斷技巧	360元	132	有效解決問題的溝通技巧	360元
80	內部控制實務	360元	133	總務部門重點工作	360元
81	行銷管理制度化	360元	134	企業薪酬管理設計	
82	財務管理制度化	360元	135	成敗關鍵的談判技巧	360元
83	人事管理制度化	360元	137	生產部門、行銷部門績效考核手冊	360元
84	總務管理制度化	360元			
85	生產管理制度化	360元	138	管理部門績效考核手冊	360元
86	企劃管理制度化	360元	139	行銷機能診斷	360元
87	電話行銷倍增財富	360元	140	企業如何節流	360元
88	電話推銷培訓教材	360元	141	責任	360元
90	授權技巧	360元	142	企業接棒人	360元
91	汽車販賣技巧大公開	360元	144	企業的外包操作管理	360元
92	督促員工注重細節	360元	145	主管的時間管理	360元
94	人事經理操作手冊	360元	146	主管階層績效考核手冊	360元
97	企業收款管理	360元	147	六步打造績效考核體系	360元
98	主管的會議管理手冊	360元	148	六步打造培訓體系	360元
100	幹部決定執行力	360元	149	展覽會行銷技巧	360元
106	提升領導力培訓遊戲	360元	150	企業流程管理技巧	360元
109	傳銷培訓課程	360元	152	向西點軍校學管理	360元

228	經營分析	360 元
229	產品經理手冊	360 元
230	診斷改善你的企業	360 元
231	經銷商管理手冊（增訂三版）	360 元
232	電子郵件成功技巧	360 元
233	喬・吉拉德銷售成功術	360 元
234	銷售通路管理實務〈增訂二版〉	360 元
235	求職面試一定成功	360 元
236	客戶管理操作實務〈增訂二版〉	360 元
237	總經理如何領導成功團隊	360 元
238	總經理如何熟悉財務控制	360 元
239	總經理如何靈活調動資金	360 元
240	每天學點經濟學	360 元
241	業務員經營轄區市場（增訂二版）	360 元

《商店叢書》

4	餐飲業操作手冊	390 元
5	店員販賣技巧	360 元
8	如何開設網路商店	360 元
9	店長如何提升業績	360 元
10	賣場管理	360 元
11	連鎖業物流中心實務	360 元
12	餐飲業標準化手冊	360 元
13	服飾店經營技巧	360 元
14	如何架設連鎖總部	360 元
18	店員推銷技巧	360 元
19	小本開店術	360 元
20	365 天賣場節慶促銷	360 元
21	連鎖業特許手冊	360 元

23	店員操作手冊（增訂版）	360 元
25	如何撰寫連鎖業營運手冊	360 元
26	向肯德基學習連鎖經營	350 元
28	店長操作手冊（增訂三版）	360 元
29	店員工作規範	360 元
30	特許連鎖業經營技巧	360 元
32	連鎖店操作手冊（增訂三版）	360 元
33	開店創業手冊〈增訂二版〉	360 元
34	如何開創連鎖體系〈增訂二版〉	360 元
35	商店標準操作流程	360 元
36	商店導購口才專業培訓	360 元

《工廠叢書》

1	生產作業標準流程	380 元
5	品質管理標準流程	380 元
6	企業管理標準化教材	380 元
9	ISO 9000 管理實戰案例	380 元
10	生產管理制度化	360 元
11	ISO 認證必備手冊	380 元
12	生產設備管理	380 元
13	品管員操作手冊	380 元
15	工廠設備維護手冊	380 元
16	品管圈活動指南	380 元
17	品管圈推動實務	380 元
20	如何推動提案制度	380 元
24	六西格瑪管理手冊	380 元
29	如何控制不良品	380 元
30	生產績效診斷與評估	380 元
31	生產訂單管理步驟	380 元
32	如何藉助 IE 提升業績	380 元
34	如何推動 5S 管理（增訂三版）	380 元

35	目視管理案例大全	380 元
36	生產主管操作手冊(增訂三版)	380 元
37	採購管理實務（增訂二版）	380 元
38	目視管理操作技巧(增訂二版)	380 元
39	如何管理倉庫（增訂四版）	380 元
40	商品管理流程控制(增訂二版)	380 元
42	物料管理控制實務	380 元
43	工廠崗位績效考核實施細則	380 元
46	降低生產成本	380 元
47	物流配送績效管理	380 元
49	6S 管理必備手冊	380 元
50	品管部經理操作規範	380 元
51	透視流程改善技巧	380 元
55	企業標準化的創建與推動	380 元
56	精細化生產管理	380 元
57	品質管制手法〈增訂二版〉	380 元
58	如何改善生產績效〈增訂二版〉	380 元
59	部門績效考核的量化管理〈增訂三版〉	380 元
60	工廠流程管理〈增訂二版〉	380 元
61	生產現場管理實戰案例〈增訂二版〉	380 元

《醫學保健叢書》

1	9 週加強免疫能力	320 元
2	維生素如何保護身體	320 元
3	如何克服失眠	320 元
4	美麗肌膚有妙方	320 元
5	減肥瘦身一定成功	360 元

6	輕鬆懷孕手冊	360 元
7	育兒保健手冊	360 元
8	輕鬆坐月子	360 元
9	生男生女有技巧	360 元
10	如何排除體內毒素	360 元
11	排毒養生方法	360 元
12	淨化血液 強化血管	360 元
13	排除體內毒素	360 元
14	排除便秘困擾	360 元
15	維生素保健全書	360 元
16	腎臟病患者的治療與保健	360 元
17	肝病患者的治療與保健	360 元
18	糖尿病患者的治療與保健	360 元
19	高血壓患者的治療與保健	360 元
21	拒絕三高	360 元
22	給老爸老媽的保健全書	360 元
23	如何降低高血壓	360 元
24	如何治療糖尿病	360 元
25	如何降低膽固醇	360 元
26	人體器官使用說明書	360 元
27	這樣喝水最健康	360 元
28	輕鬆排毒方法	360 元
29	中醫養生手冊	360 元
30	孕婦手冊	360 元
31	育兒手冊	360 元
32	幾千年的中醫養生方法	360 元
33	免疫力提升全書	360 元
34	糖尿病治療全書	360 元
35	活到 120 歲的飲食方法	360 元

36	7 天克服便秘	360 元
37	爲長壽做準備	360 元

《幼兒培育叢書》

1	如何培育傑出子女	360 元
2	培育財富子女	360 元
3	如何激發孩子的學習潛能	360 元
4	鼓勵孩子	360 元
5	別溺愛孩子	360 元
6	孩子考第一名	360 元
7	父母要如何與孩子溝通	360 元
8	父母要如何培養孩子的好習慣	360 元
9	父母要如何激發孩子學習潛能	360 元
10	如何讓孩子變得堅強自信	360 元

《成功叢書》

1	猶太富翁經商智慧	360 元
2	致富鑽石法則	360 元
3	發現財富密碼	360 元

《企業傳記叢書》

1	零售巨人沃爾瑪	360 元
2	大型企業失敗啓示錄	360 元
3	企業併購始祖洛克菲勒	360 元
4	透視戴爾經營技巧	360 元
5	亞馬遜網路書店傳奇	360 元
6	動物智慧的企業競爭啓示	320 元
7	CEO 拯救企業	360 元
8	世界首富　宜家王國	360 元
9	航空巨人波音傳奇	360 元
10	傳媒併購大亨	360 元

《智慧叢書》

1	禪的智慧	360 元
2	生活禪	360 元
3	易經的智慧	360 元
4	禪的管理大智慧	360 元
5	改變命運的人生智慧	360 元
6	如何吸取中庸智慧	360 元
7	如何吸取老子智慧	360 元
8	如何吸取易經智慧	360 元
9	經濟大崩潰	360 元
10	每天學點經濟學	360 元

《DIY 叢書》

1	居家節約竅門 DIY	360 元
2	愛護汽車 DIY	360 元
3	現代居家風水 DIY	360 元
4	居家收納整理 DIY	360 元
5	廚房竅門 DIY	360 元
6	家庭裝修 DIY	360 元
7	省油大作戰	360 元

《傳銷叢書》

4	傳銷致富	360 元
5	傳銷培訓課程	360 元
7	快速建立傳銷團隊	360 元
9	如何運作傳銷分享會	360 元
10	頂尖傳銷術	360 元
11	傳銷話術的奧妙	360 元
12	現在輪到你成功	350 元
13	鑽石傳銷商培訓手冊	350 元
14	傳銷皇帝的激勵技巧	360 元
15	傳銷皇帝的溝通技巧	360 元

| 16 | 傳銷成功技巧（增訂三版） | 360元 |
| 17 | 傳銷領袖 | 360元 |

《財務管理叢書》

1	如何編制部門年度預算	360元
2	財務查帳技巧	360元
3	財務經理手冊	360元
4	財務診斷技巧	360元
5	內部控制實務	360元
6	財務管理制度化	360元
8	財務部流程規範化管理	360元
9	如何推動利潤中心制度	360元
10	總經理如何熟悉財務控制	360元
11	總經理如何靈活調動資金	360元

《培訓叢書》

1	業務部門培訓遊戲	380元
2	部門主管培訓遊戲	360元
3	團隊合作培訓遊戲	360元
4	領導人才培訓遊戲	360元
8	提升領導力培訓遊戲	360元
9	培訓部門經理操作手冊	360元
11	培訓師的現場培訓技巧	360元
12	培訓師的演講技巧	360元
14	解決問題能力的培訓技巧	360元
15	戶外培訓活動實施技巧	360元
16	提升團隊精神的培訓遊戲	360元
17	針對部門主管的培訓遊戲	360元
18	培訓師手冊	360元
19	企業培訓遊戲大全（增訂二版）	360元

為方便讀者選購，本公司將一部分上述圖書又加以專門分類如下：

《企業制度叢書》

1	行銷管理制度化	360元
2	財務管理制度化	360元
3	人事管理制度化	360元
4	總務管理制度化	360元
5	生產管理制度化	360元
6	企劃管理制度化	360元

《主管叢書》

1	部門主管手冊	360元
2	總經理行動手冊	360元
3	營業經理行動手冊	360元
4	生產主管操作手冊	380元
5	店長操作手冊（增訂版）	360元
6	財務經理手冊	360元
7	人事經理操作手冊	360元

《總經理叢書》

1	總經理如何經營公司(增訂二版)	360元
2	總經理如何管理公司	360元
3	總經理如何領導成功團隊	360元
4	總經理如何熟悉財務控制	360元
5	總經理如何靈活調動資金	360元
6	如何推動利潤中心制度	360元
7	領導魅力	360元

《人事管理叢書》

1	人事管理制度化	360元
2	人事經理操作手冊	360元
3	員工招聘技巧	360元
4	員工績效考核技巧	360元
5	職位分析與工作設計	360元

6	企業如何辭退員工	360 元
7	總務部門重點工作	360 元
8	如何識別人才	360 元
9	人力資源部流程規範化管理（增訂二版）	360 元

《理財叢書》

1	巴菲特股票投資忠告	360 元
2	受益一生的投資理財	360 元
3	終身理財計劃	360 元
4	如何投資黃金	360 元
5	巴菲特投資必贏技巧	360 元
6	投資基金賺錢方法	360 元
7	索羅斯的基金投資必贏忠告	360 元
8	巴菲特為何投資比亞迪	360 元

《網路行銷叢書》

1	網路商店創業手冊	360 元
2	網路商店管理手冊	360 元
3	網路行銷技巧	360 元
4	商業網站成功密碼	360 元
5	電子郵件成功技巧	360 元
6	搜索引擎行銷密碼(即將出版)	

《經濟叢書》

1	經濟大崩潰	360 元
2	石油戰爭揭秘(即將出版)	

建立企業圖書館

當市場競爭激烈時：

培訓員工，強化員工競爭力
是企業最佳對策

「人才」是企業最大的財富。如何提升人才，是企業永續經營、戰勝對手的核心競爭力。積極培訓公司內部員工，是經濟不景氣時期的最佳戰略，而最快速的具體作法，就是**「建立企業內部圖書館，鼓勵員工多閱讀、多進修專業書籍」**

建議您：請一次購足本公司所出版各種經營管理類圖書，作為貴公司內部員工培訓圖書。（使用率高的，準備多本；使用率低的，只準備一本。）

最　暢　銷　的　工　廠　叢　書

	名　稱	特价		名稱	特價
1	生產作業標準流程	380 元	2	生產主管操作手冊	380 元
3	目視管理操作技巧	380 元	4	物料管理操作實務	380 元
5	品質管理標準流程	380 元	6	企業管理標準化教材	380 元
8	庫存管理實務	380 元	9	ISO 9000 管理實戰案例	380 元
10	生產管理制度化	360 元	11	ISO 認證必備手冊	380 元
12	生產設備管理	380 元	13	品管員操作手冊	380 元
14	生產現場主管實務	380 元	15	工廠設備維護手冊	380 元
16	品管圈活動指南	380 元	17	品管圈推動實務	380 元
18	工廠流程管理	380 元	20	如何推動提案制度	380 元
21	採購管理實務	380 元	22	品質管制手法	380 元
23	如何推動 5S 管理（修訂版）	380 元	24	六西格瑪管理手冊	380 元
25	商品管理流程控制	380 元	27	如何管理倉庫	380 元
28	如何改善生產績效	380 元	29	如何控制不良品	380 元
30	生產績效診斷與評估	380 元	31	生產訂單管理步驟	380 元
32	如何藉助 IE 提升業績	380 元	33	部門績效評估的量化管理	380 元
34	如何推動 5S 管理（增訂三版）	380 元	35	目視管理案例大全	380 元
36	生產主管操作手冊（增訂三版）	380 元	37	採購管理實務（增訂二版）	380 元
38	目視管理操作技巧（增訂二版）	380 元	39	如何管理倉庫（增訂四版）	380 元
40	商品管理流程控制（增訂二版）	380 元	41	生產現場管理實戰案例	380 元

　　上述各書均有在書店陳列販賣，若書店賣完，而來不及由庫存書補充上架，請讀者直接向店員詢問、購買，最快速、方便！

　　請透過郵局劃撥購買：

　　　郵局劃撥戶名：憲業企管顧問公司

　　　郵局劃撥帳號：18410591

回饋讀者，免費贈送《環球企業內幕報導》電子雜誌，請將你的 e-mail、姓名，告訴我們 huang2838@yahoo.com.tw 即可。

經營顧問叢書㉔⓪　　　　　售價：360 元

有趣的生活經濟學

西元二〇一〇年七月　　　　　　　初版一刷

編著：沃夫特・凱頓

策劃：麥可國際出版有限公司（新加坡）

編輯：蕭玲

校對：焦俊華

發行人：黃憲仁

發行所：憲業企管顧問有限公司

電話：（02）2762-2241　　（03）9310960　　0930872873

臺北聯絡處：臺北郵政信箱第 36 之 1100 號

銀行 ATM 轉帳：合作金庫銀行　　帳號：5034-717-347447

郵政劃撥：18410591　　憲業企管顧問有限公司

江祖平律師顧問：紙品書、數位書著作權與版權均歸本公司所有

登記證：行政業新聞局版台業字第 6380 號

本公司徵求海外版權出版代理商（0930872873）

ISBN：978-986-6421-63-1

擴大編制，誠徵新加坡、臺北編輯人員，請來函接洽。